CULTURA POLÍTICA E ASSISTÊNCIA SOCIAL:
uma análise das orientações de gestores estaduais

Dados Internacionais de Catalogação na Publicação (CIP)
(Câmara Brasileira do Livro, SP, Brasil)

Oliveira, Heloisa Maria José de
 Cultura política e assistência social : uma análise das orientações de gestores estaduais / Heloisa Maria José de Oliveira. São Paulo : Cortez, 2003.

Bibliografia.
ISBN 978-85-249-0984-9

1. Assistência social – Brasil 2. Assistência social – Brasil – Política governamental I. Título.

03-7055   CDD-361.30981

Índices para catálogo sistemático:

1. Brasil : Assistência social e cultura política : Bem-estar social
    361.30981
2. Brasil : Cultura política e assistência social : Bem-estar social
    361.30981

Heloisa Maria José de Oliveira

CULTURA POLÍTICA E ASSISTÊNCIA SOCIAL:
uma análise das orientações de gestores estaduais

1ª edição
2ª reimpressão

CULTURA POLÍTICA E ASSISTÊNCIA SOCIAL
Heloisa Maria José de Oliveira

Conselho editorial: Ademir Alves da Silva, Dilséa Adeodata Bonetti, Maria Lúcia Carvalho da Silva, Maria Lúcia Silva Barroco e Maria Rosângela Batistoni

Capa: DAC
Preparação de originais: Ana Maria Barbosa
Revisão: Maria de Lourdes de Almeida
Composição: Linea Editora Ltda.
Assessoria editorial: Elisabete Borgianni
Coordenação editorial: Danilo A. Q. Morales

Nenhuma parte desta obra pode ser reproduzida ou duplicada sem autorização expressa da autora e do editor.

© 2003 by Autora

Direitos para esta edição
CORTEZ EDITORA
Rua Monte Alegre, 1074 — Perdizes
05014-001 — São Paulo-SP
Tel.: (11) 3864-0111   Fax: (11) 3864-4290
E-mail: cortez@cortezeditora.com.br
www.cortezeditora.com.br

Impresso no Brasil — abril de 2014

Dedicatória

Aos meus quatro amores: Sergio, Gustavo, Thiago e Bruno e à *bella* Letícia.

Agradecimentos

O trabalho intelectual nunca é resultado de um esforço isolado, porque representa, muito mais, a síntese de um pensar coletivo. Sendo assim, resta a difícil tarefa de incluir, de forma breve, os nomes de todos aqueles que participaram da tentativa de montar este "quebra-cabeças". Cada um desses nomes ou instituições mereceria um agradecimento personalizado, mas serão apenas citados, sem adjetivos e sem ordem de preferência ou hierarquia, tentando, quem sabe de forma "democrática", igualá-los em importância, reconhecimento e valor. Dessa forma, agradeço, sinceramente:

Ao corpo docente da PUC/SP, especialmente à professora Maria do Carmo Brant de Carvalho, orientadora da tese de doutoramento que dá origem a este livro e, da mesma forma, aos professores Maria Carmelita Yazbek, Aldaiza Sposati, Mariângela Belfiori Wanderley, Dilsea A. Bonetti, Salvador Sandoval, Rita de Cássia Pereira Lima e à Secretária Carmem Lúcia Robbi Barbosa.

Aos professores Erni José Seibel, do Curso de Ciências Sociais da UFSC, e Fabián Echegaray, do Curso de Ciência Política da UNIVALI.

Às professoras Maria Célia Paoli, do NEDIC/FFLCH/USP, Vera Regina Pereira de Andrade, do programa de pós-graduação em Direito/UFSC, e Denise Pires, do programa de pós-graduação em Enfermagem/UFSC.

Às Assistentes Sociais e auxiliares de pesquisa Letícia Lessa da Silva e Carmem Lúcia da Silva.

Aos especialistas (juízes) que participaram da etapa de construção da metodologia da pesquisa: professores Ivete Simionatto, Vera Maria Ribeiro Nogueira, Iliane Kohler, Beatriz Augusto de Paiva e Rosana de Carvalho Martinelli Freitas, do Curso de Serviço Social; Antônio de Miranda Wosny, do Curso de Enfermagem, Lígia Helena H. Luchmann, do Curso de Ciências Sociais — UFSC; médicos Drs. Flávio Magajewski e Júlio Marchi; Enfermeira Teresa Cristina Gaio; sociólogos Carmem Ramos e Célio Vanderlei Moraes (Florianópolis) e Manoel Cabral de Castro (São Paulo); Assistentes Sociais Ana Lígia Gomes (Brasília) e Káthia Muller (Florianópolis); professoras Berenice Rojas Couto — PUC/RS e

Ivanete S. Boschetti Ferreira — UnB/Brasília e aos professores Evaldo Vieira, Maria Carmelita Yazbek, Dilsea A. Bonetti e Mariângela Belfiori Wanderley — PUC/SP.

Ao corpo docente, discente e técnico-administrativo do Curso de Serviço Social da UFSC; de modo especial, às servidoras Rosana Gaio, Berenice, Ondina e Juliana e às professoras Marly, Catarina, Krystyna, Regina Célia, Nilva, Ivete, Vera, Teresa, Marlisinha, Ester, Iliane, Graça, Edaléa, Geney (*in memorian*); e Rosana Martinelli, Luziele e Beatriz, parceiras do NETA.

À equipe do CRESS, particularmente à Comissão de Assistência Social e aos participantes do Fórum de Assistência Social de Santa Catarina.

Aos "gestores" da Assistência Social, tanto da Secretaria de Estado do Desenvolvimento Social e da Família/SDF, como dos Conselhos de Assistência Social/CEAS, Idoso/CEI e Criança e Adolescente/CEDCA.

Por fim, a todos os que fazem parte da "rede" de amizade, de parentesco e de apoio (emocional, doméstico, técnico...), meu reconhecimento e afeto.

[...]
E não estou alegre nem triste.
Esse é o destino dos versos.
Escrevi-os e devo mostrá-los a todos
Porque não posso fazer o contrário
Como a flor não pode esconder a cor,
Nem o rio esconder que corre,
Nem a árvore esconder que dá fruto.

Ei-los que vão já longe [...]
E eu sem querer sinto pena
Como uma dor no corpo.

Quem sabe quem os lerá?
Quem sabe a que mãos irão?

[...]
Submeto-me e sinto-me quase alegre,
Quase alegre como quem cansa de estar triste.
[...]

Fernando Pessoa.

SUMÁRIO

Listas de quadros 13

Listas de siglas e abreviaturas 14

Prefácio 15

Introdução 19

Capítulo Primeiro • Eixos analíticos que estruturam a ação político-administrativa da Assistência Social 31

   1.1 A democracia, em suas versões elitista, participativa e delegativa 31

      1.1.1 A democracia, na visão do elitismo competitivo 33

      1.1.2 Democracia participativa: mais igualdade e justiça social? 38

      1.1.3 Democracia delegativa: modelo brasileiro? 45

   1.2 A tecnocracia em harmonia com o discurso autoritário-desenvolvimentista e a ideologia neoliberal 55

      1.2.1 Ambigüidades conceituais e pressupostos da tecnocracia 57

      1.2.2 E tudo começou com Weber e Schumpeter? 60

      1.2.3 O discurso tecnoburocrático, no contexto do Estado autoritário desenvolvimentista 67

      1.2.4 Tecnocracia, burocracia e neoliberalismo: a "roupa-nova" da elite 73

1.3 O clientelismo à brasileira: *"Você sabe com quem está falando?"* .. 80
    1.3.1 O Estado patrimonial sob a ótica weberiana 83
    1.3.2 Faoro e Schwartzman e o patrimonialismo à brasileira . 86
    1.3.3 O clientelismo e a prática do favor 94

Capítulo Segundo • Assistência Social e Cultura Política:
os caminhos da discussão e da operacionalização dos conceitos ... 105

2.1. Cultura Política e Assistência Social: uma interlocução
necessária 105
    2.1.1 A Assistência Social no contexto dos sistemas de
    Proteção Social 106
    2.1.2 Assistência Social e Cultura Política: entre a democracia,
    a tecnocracia e o clientelismo 115

2.2 A construção do desenho quali-quantitativo da pesquisa 129
    2.2.1 A operacionalização dos conceitos e a elaboração do
    questionário 130

Capítulo Terceiro • Meios democráticos, fins tecnocráticos
e clientelistas: Os paradoxos da política pública de
Assistência Social 149

3.1 Consenso quanto aos meios, dissenso quanto aos fins: a
Assistência Social entre a dinâmica da participação e a
lógica da privatização 149
    3.1.1 Observando a estrutura político-administrativa
    democrática 150
    3.1.2 Avaliando a estrutura político-administrativa
    tecnocrática 159
    3.1.3 Discutindo a estrutura político-administrativa
    clientelista 166

3.2 Direito social ou dever moral? Sobre o público e o
privado, ou: o dilema que persiste 178

Conclusão 195

Bibliografia 207

LISTAS DE QUADROS

QUADRO I — Eixos/variáveis de pesquisa 132

QUADRO II — Estruturas de gestão da Assistência Social 134

QUADRO III — Quadro geral de fatores, conforme *peso* atribuído pela análise fatorial 142

QUADRO IV — Respostas aos itens da estrutura democrática 152

QUADRO V — Respostas aos itens da estrutura tecnocrática 160

QUADRO VI — Respostas aos itens da estrutura clientelista 168

QUADRO VII — Centralização da Assistência Social no poder executivo 179

QUADRO VIII — Cidadania fortuita 182

QUADRO IX — Efeito das decisões da Assistência Social 183

QUADRO X — Definição do conteúdo da Assistência Social 185

QUADRO XI — Filantropia 186

QUADRO XII — Responsabilidade financeira da população 187

QUADRO XIII — Descentralização administrativa da Assistência Social 188

QUADRO XIV — Republicanismo na Assistência Social 191

LISTAS DE SIGLAS E ABREVIATURAS

A. S. — Assistência Social
CEAS — Conselho Estadual de Assistência Social
CEDCA — Conselho Estadual dos Direitos da Criança e do Adolescente
CEI — Conselho Estadual do Idoso
CNAS — Conselho Nacional de Assistência Social
Cons. — Consenso
Diag. — Diagnóstico
Diss. — Dissenso
LOAS — Lei Orgânica da Assistência Social
NETA — Núcleo de Estudos do Trabalho e Assistência Social
Quest. — Questionário
SDF — Secretaria de Estado do Desenvolvimento Social e da Família

Prefácio

No contexto de meus estudos, pesquisas e das muitas atividades docentes, tive a oportunidade de conhecer várias instituições, pessoas e cenários que vem me permitindo acompanhar, muito de perto, o difícil e rico processo de (re)construção da Assistência Social brasileira no período pós-constitucional e, sobretudo, após a promulgação, em 1993 da Lei Orgânica da Assistência Social — LOAS. Testemunhar toda a mobilização intelectual e política em torno de uma nova concepção de Assistência Social, fundada no reconhecimento de direitos e da responsabilidade estatal, permitiu meu encontro com profissionais valiosos e com grande capacidade de promover os valores e referências constitutivos da reconfiguração desta política. Assim foi o meu encontro com Heloisa Maria José de Oliveira e com sua participação ativa no movimento de defesa e construção da Assistência Social, particularmente no Estado de Santa Catarina, em vários níveis. Seu trabalho de Mestrado, publicado em 1989 e que buscava pensar a Assistência Social como campo de atuação do Serviço Social profissional, já revelava seu envolvimento e seu conhecimento sobre o assunto.

Em 2002, concluindo uma trajetória fecunda, expressão de sua maturidade intelectual, Heloisa apresentou ao Programa de Pós-Graduação em Serviço Social da PUC/SP a tese de Doutorado que deu origem a este livro.

Como sabemos, a partir da Constituição de 1988 a Assistência Social brasileira inicia um novo tempo. Incluída no âmbito da Seguridade Social e regulamentada pela LOAS como política social pública, transita para um novo campo: o campo dos direitos, da universalização dos acessos e da responsabilidade estatal. Uma mudança substantiva que permite transformá-la em política estratégica de enfrentamento à pobreza, à discriminação e subalternização econômica e política em que vivem milhões de brasileiros. Rompendo a tradição clientelista, assistencialista e excludente, que ao longo de vasto percurso histórico permeou a área, volta-se para a construção e provimento de mínimos sociais de inclusão. Como afirma Sposati, "propor mínimos sociais é estabelecer o patamar de cobertura de riscos e de garantias que uma sociedade deve garantir a todos os seus cidadãos. Trata-se de definir *um padrão societário de civilidade*. Neste sentido ele é universal e incompatível com a seletividade e o focalismo." (1997: 10, grifos da autora). É um novo posicionamento, sem dúvida, sobre a Assistência Social que supõe a sua inserção na Seguridade e sua articulação às demais políticas do campo social. Posicionamento que supõe romper com o caldo cultural conservador que vem-se reproduzindo na área da Assistência Social brasileira tanto estatal como privada.

Entretanto, as constantes avaliações dos processos de implantação da Assistência Social, como direito dos que dela necessitarem e dever do Estado, vêm colocando em evidência dificuldades e limites para a construção dessa política pública quer no nível federal, quer no nível estadual, quer nos municípios.

Um dos maiores desafios em relação ao esperado avanço da Assistência Social na direção apontada constitucionalmente é ainda, sem dúvida, sua identificação com o assistencialismo e a filantropia. Como mostra a autora, tomando como referência para seu estudo o Estado de Santa Catarina, paradoxalmente coexistem na implantação dessa nova abordagem da Assistência Social atitudes "democráticas e progressistas" com atitudes "conservadoras e autoritárias" e a existência de "*lobbies* e grupos de pressão", configurando um conjunto de "atitudes e práticas" que são analisadas neste livro como expressões de uma Cultura Política dos sujeitos nela envolvidos.

Ao eleger como eixo analítico de suas reflexões a Cultura Política que historicamente vem permeando diferentes esferas da vida social brasileira, e particularmente o campo da Assistência Social, Heloisa Maria José de Oliveira, resgata o entrave constituído pela matriz conservadora, enraizada no favor, no mando e no apadrinhamento, baseada na reciprocidade e em relações de caráter personalizado, para a construção da nova Assistência Social brasileira. Sua hipótese é que a Cultura Política enraizada no campo assistencial funciona como um dos entraves para sua construção como política democrática e participativa. Nesse sentido, este livro nos apresenta uma rigorosa incursão teórica acerca de Cultura Política e de comportamento político, como campo interdisciplinar do conhecimento referente à ação política de sujeitos sociais no âmbito da Assistência Social. Além disso, enfrenta o embate conceitual sobre as diferentes versões da democracia, da tecnocracia e do clientelismo à brasileira para colocar em evidência as contradições do processo de constituição do caráter público e democrático dessa política de direitos. Esses três eixos vão subsidiar a abordagem da Cultura Política nos cenários mais recentes da proteção social brasileira.

Tomando como referência a gestão da Assistência Social no Estado de Santa Catarina, a autora vai analisar as ambigüidades e paradoxos presentes nesse novo modelo de gestão e de relações caracterizadas pelos embates "entre posições políticas e ideológicas conflitantes, que a definem, prioritariamente, sob a lógica do favor, em detrimento de sua confirmação sob a ótica do direito". Seu estudo, voltado à Cultura Política dos gestores da Assistência Social no Estado vai desvendar as atitudes predominantes desses gestores no confronto entre essas duas lógicas.

Como universo, da rigorosa investigação realizada, tendo como parâmetro o modelo de gestão proposto pela LOAS, foi escolhido o Comando Único de Assistência Social do Estado de Santa Catarina — Secretaria de Estado do Desenvolvimento Social e da Família — SDF e os Conselhos de Direitos de Assistência Social, Criança e Adolescente e Idoso (CEAS, CEDECA e CEI). Todos, espaços privilegiados de gestão dessa política e de interlocução dos diferentes sujeitos com ela envolvidos. Seus sujeitos, gestores governamentais e "co-gestores-conselheiros" são responsáveis pela condução e organização da Assistência Social em Santa Catarina e expressam as ambigüidades e contradições que permeiam sua gestão.

O estudo, de caráter quali-quantitativo, é exemplar do ponto de vista teórico metodológico, quer por seus conceitos rigorosa e exaustivamente trabalhados quer por se apoiar em rigoroso instrumento de coleta de dados: Questionário elaborado a partir de uma *Escala de Atitudes relacionadas com a Assistência Social*. Instrumento que foi magistralmente utilizado pela pesquisadora Heloisa para nos mostrar que a Cultura Política dos gestores da Assistência Social em Santa Catarina comporta subculturas consistentes e em confronto, na gestão da Política.

Enfim, a análise desenvolvida por Heloisa Maria de Oliveira a partir dos resultados de tão cuidadosa investigação, garante ao leitor um conjunto de reflexões instigantes, competentes que se constituem, sem dúvida, leitura obrigatória para os envolvidos com a construção de uma nova direção para a Assistência Social no país.

Uma última palavra neste Prefácio: a questão da requalificação e reconceituação da Assistência Social na sociedade brasileira contemporânea é das mais desafiantes do tempo presente, exigindo processos de inovação e sobretudo coragem para romper com o conservadorismo histórico que a plasmou e que este livro revela ainda tão presente.

Maria Carmelita Yazbek

Introdução

A aproximação ao objeto que se privilegia estudar — A Cultura Política dos Gestores da Assistência Social — tem início em meados dos anos 1980. Foi a partir daquela década que o Serviço Social, em processo de maturação crescente, passou a investir na construção de quadros analíticos que pudessem apoiar a leitura e a compreensão das novas exigências demandadas por essa área específica[1].

O acompanhamento a esse debate, ao tempo em que permitiu que se elegesse a Assistência Social como campo de estudos e investigação, motivou a participação ativa no movimento em defesa dessa política, tanto em nível nacional, como estadual e municipal, mais particularmente no Estado de Santa Catarina[2].

A aprovação da Lei Orgânica da Assistência Social (LOAS), em dezembro de 1993[3], resultado da regulamentação dos artigos 203 e 204 da Constituição Federal brasileira de 1988 — que inseriu essa política no sistema de Seguridade Social — imprimiu novos contornos ao referido movimento; dessa feita, em defesa da Assistência Social como política pública sustentada em um modelo de gestão descentralizado, participa-

---

1. A história da inserção do Serviço Social nesse debate pode ser conhecida a partir de Oliveira (1996) e Schons (1999).

2. Esse envolvimento está registrado em trabalhos de Oliveira, Paiva e Tapajós (1995a, 1995b, 1999). A realidade catarinense pode ser compreendida através dos Planos de Assistência Social, organizados a partir da LOAS. Numerosos autores catarinenses discutem essa realidade, conforme pode ilustrar, dentre outras instituições, o Instituto Histórico e Geográfico de Santa Catarina.

3. A respeito do processo que resultou na aprovação da LOAS, consultar Paiva (1993).

tivo e com controle social, cuja finalidade é a garantia dos mínimos sociais a todos os que dela necessitarem[4].

Em decorrência desse novo modelo de gestão para a Assistência Social, teve início, em todo o país, o processo de implantação e implementação de Conselhos paritários e deliberativos dessa política, bem como de Fundos e Planos de Assistência Social, dinâmica que exigiu investimento sistemático dos sujeitos nela envolvidos. A par dessa estruturação, esse sistema passou a ser discutido em fóruns municipais, estaduais e também nacional, por meio das Conferências de Assistência Social que, realizadas em 1995 e 1997, mobilizaram expressivos segmentos da sociedade civil e do governo em torno de sua avaliação.

A experiência advinda da inserção nesse processo, em Santa Catarina, Estado que se destacou como um dos protagonistas na implantação desse novo modelo, permitiu que se percebessem, com maior nitidez, os paradoxos inerentes à gestão descentralizada e participativa da Assistência Social.

Não foram poucos os momentos em que se pôde constatar, nessa realidade, a presença contraditória de atitudes conservadoras e autoritárias, mas também democráticas e progressistas e a existência de *lobbies* e grupos de pressão, enfim, de todo um conjunto de atitudes e práticas que, entende-se, podem ser compreendidas melhor sob a ótica da Cultura Política dos sujeitos nela envolvidos. Essa Cultura Política, especialmente no caso da Assistência Social, vem sendo construída ao longo de um percurso histórico marcado pelo embate entre posições políticas e ideológicas conflitantes, que a definem, prioritariamente, sob a lógica do favor, em detrimento de sua confirmação sob a ótica do direito. A tarefa de remover o traço clientelista, que embaça a possibilidade de se efetivar um modelo democrático para a Assistência Social, não tem sido tarefa de fácil resolução.

A par de algumas conquistas que já se pôde contabilizar nesse sentido, estudos recentes, entre os quais destaca-se Raichelis (1998), vêm apontando os múltiplos obstáculos presentes no exercício desse novo modelo de gestão. Conforme a autora indica, são grandes os limites impostos à participação e ao controle efetivo da sociedade civil sobre as

---

[4]. Em Pereira (1996, 1998), Oliveira (1999) e Paiva (1999), podem-se obter informações detalhadas a respeito da LOAS, incluindo sua estrutura e conteúdo, bem como seus desafios e paradoxos.

decisões políticas, de modo especial no que se refere às definições do conteúdo dessa política e ao financiamento e fiscalização da aplicação dos recursos públicos.

Ainda que não se pretenda, neste trabalho, revisar a literatura produzida sobre a Assistência Social, cabe destacar algumas questões que balizam o entendimento a respeito e que, ao mesmo tempo, situam alguns dos limites apontados.

Como afirma Yazbek: "Apreendida como residual, campo do clientelismo e da ação de primeiras damas, a assistência é regulação casuística por excelência, mas ainda assim é o mecanismo mais significativo na prestação de serviços sociais aos mais espoliados da sociedade" (1993:164-5).

É nesse sentido que se entende como necessário superar a idéia de que a Proteção Social Pública é assistencialismo. É preciso considerar a Assistência Social como uma política básica de Seguridade Social, não contributiva, decorrente do reconhecimento da cidadania e não um "mal a ser extirpado". Para tal, é necessário romper com os mecanismos fisiológicos, clientelísticos e com os personalismos instalados nos procedimentos dos órgãos governamentais, de modo a fazer com que a democracia e seus instrumentos de Controle Social de fato tenham vez, decisão e ação na política pública de Assistência Social.

Essa dimensão demanda empenho por parte dos sujeitos comprometidos com essa tarefa: representantes governamentais e representantes da sociedade civil, tais como entidades prestadoras de serviços, e organizações dos usuários e dos trabalhadores inseridos nos Fóruns e Conselhos de Assistência Social.

De modo particular, entretanto, no que tange à Assistência Social, a construção de uma sociedade organizada, capaz de assegurar a efetividade das ações, programas e projetos da Assistência Social, na perspectiva de seu fortalecimento como política pública e como componente endógeno da Seguridade Social, como sugere Yazbek (1998:58), está cada vez mais ameaçada. Em um quadro de sistemática redução das responsabilidades do Estado, no campo das políticas sociais, a implantação do sistema descentralizado e participativo previsto na LOAS é relegada a plano secundário.

Como adverte Yazbek (1998:55), com decalque em Fleury (1994:234): "A Assistência Social, como política da Seguridade, participa da 'contradição entre a emergência de uma consciência cidadã, com uma intensidade nunca vista entre nós', num estado sem cidadãos que eterniza desigualdades".

Confirmando essa posição, estudos de Vianna (1999) e Netto (1999) apontam os efeitos da atual conjuntura político-econômica internacional sobre o Brasil e demais países latino-americanos e seus impactos perversos no sistema de Proteção Social. Tais impactos vêm paulatina e insistentemente inviabilizando as alternativas abertas com a Constituição de 1988 e, no caso da Assistência Social, protelando a aprovação de seus diplomas legais ou alterando dispositivos que poderiam consolidá-la[5].

Vale considerar, neste ponto, a contribuição de Pereira (1997) que, ao referir-se ao papel do Estado em relação às políticas sociais, afirma que sua intervenção não deve ser autoritária e livre de controles democráticos, como ilustram alguns períodos da nossa história do *Welfare State*, geralmente taxado de burocratizado, centralizado e paternalista. A respeito, conclui: "Mas tem que ser a intervenção de um Estado que, embora munido de poder e autoridade (e não podemos conceber um Estado sem estes requisitos), seja constitucionalmente limitado, controlado pela sociedade e comprometido com o interesse público" (1997:40).

Essa idéia se contrapõe, no dizer da autora, à ausência de planejamento central, à noção de Estado mínimo e de Estado patrimonial, pois, para que possa cumprir com suas funções provedoras e reguladoras, é preciso que ele seja forte, mas, ao mesmo tempo, afinado com os interesses e demandas da sociedade; ou seja, tem que ser democrático.

É assim que a transição de um modelo centralizado para um modelo descentralizado na Assistência Social, a partir da LOAS, e a institucionalização de Conselhos dessa política, em todas as esferas de governo, trouxe a esse campo um desafio atual e consistente, cujo enfrentamento exige o incremento de canais de participação e deliberação capazes de incidir na gestão e controle da Assistência Social.

Como afirmam Carvalho et alii (1993), "a situação brasileira hoje introduz o necessário exercício do controle pela sociedade civil permanente e vigilante para que o Estado cumpra seu papel de forma responsável, honesta e transparente". Nesse sentido, uma gestão centralizada e hierárquica não permite ao cidadão "comum" exercer controle sobre essa política.

---

5. A legislação referente ao Benefício de Prestação Continuada — BPC, previsto na CF/88 e na LOAS, é exemplo emblemático dessa afirmação.

Pode-se inferir, então, que, entendido na sua concepção democrática, o novo modelo de gestão para a Assistência Social envolve uma alteração profunda nos núcleos de poder, de forma a provocar a sua distribuição em nível decisório. Pois, como lembra Abranches (1987:10), ao referir-se às políticas sociais:

> Se a política fosse apenas contrato, a política social seria cláusula inarredável do capítulo das obrigações coletivas, a cargo do Estado. Política, porém, é conflito. Oposição e contradição de interesses. Conflito negociado, regulado por instituições políticas de natureza vária, condicionado por mediações que tornam possível reduzir os antagonismos e projetá-los em um movimento positivo.

Ainda que o autor não esteja se referindo à Assistência Social, entende-se que sua posição é bastante útil para que se conheçam os desafios a enfrentar, quando se propõe participação nas decisões e ações públicas que dizem respeito a essa política. Pois, como ensina Abranches (1987), política é, também, poder, transformando-se, nesse sentido, em um jogo desequilibrado, que exponencia os meios dos mais poderosos e reduz as chances dos mais fracos.

Em conseqüência, conforme o autor assinala: "Quem detém instrumentos eficazes de pressão tem maior probabilidade de obter mais da ação do Estado do que aqueles dependentes dessa própria ação para conseguir o mínimo indispensável à sua sobrevivência" (1987:10).

Como a política social implica alocação e distribuição de valores pelo Estado, há que se entender as razões pelas quais esse campo, e nele o da política pública de Assistência Social, sofre restrições a mudanças. As inovações, quando ocorrem, passam por caminhos lentos, exigem amplas demonstrações de necessidades a serem supridas, e, o que é mais grave, dependem, muitas vezes, para serem implementadas, de "muita persuasão tanto junto ao grupo decisório/e seus superiores, quanto externa a ele na busca de parceiros e aliados" (Abranches, 1987:12).

Coutinho (1989:47) amplia o entendimento desses dilemas, ao apontar três questões básicas em torno das quais gira a reflexão sobre a política: "*como* os interesses são representados?; *de quem* são os interesses representados?; qual é a *justificação* para representar interesses?" (grifos do autor).

Conforme prescreve: "Numa sociedade cujos atores políticos são constituídos a partir de múltiplos interesses, sempre postos em discussão e em confronto, assume um peso cada vez maior, na relação entre governantes e governados — ou, se quisermos, entre Estado e sociedade — a busca de relações de consenso" (idem).

Quando o Estado representa interesses de uma única e reduzida classe, afirma Coutinho (1989), é normal que use a coerção para impor seus interesses ao conjunto da sociedade. Nesse caso, o consenso ocupa um lugar subalterno. Quando a sociedade civil cresce, no entanto, o consenso passa a ter um peso decisivo na obtenção do aval para que um determinado interesse se torne capaz de influenciar na formulação de políticas.

A posição indicada fornece subsídios para a apreensão das contradições inerentes à gestão democrática na Assistência Social. Deduz-se, a partir dela, que apenas uma sociedade civil forte é capaz de defender seus interesses e incluí-los na agenda das políticas públicas. Conselhos de Assistência Social, portanto, necessitam de sociedade civil forte para exercer a sua tarefa de controle dessa política.

Diante do exposto, pode-se aquilatar por que razões a afirmação da Assistência Social como política pública, na perspectiva aqui apontada, vem encontrando numerosos óbices em seu processo de implementação. Pensada em marcos descentralizados e participativos, debate-se em meio a uma situação histórico-social marcada por profundos paradoxos, pois, ainda que se tenham dado passos significativos, é evidente a presença de um descompasso entre fontes de recursos e descentralização, entre o oferecido e o necessário e entre descontinuidade e ineficácia das ações e serviços acessíveis e de qualidade aos cidadãos (Ruscheinsky, 1999). Isso porque, entende-se, essa mesma situação histórico-social, que exige novas modalidades de gestão pública[6], cria todo tipo de dificuldade para sua adoção. A implementação desse novo modelo, portanto, está longe de ser uma operação simples.

A respeito, pondera Nogueira (1997:9): "a operação é tão mais complexa na medida em que implica uma espécie de 'perda', abdicação ou 'roubo' de poder: do centro para entidades periféricas, do Estado federal para as instâncias subnacionais, do espaço da 'democracia representativa' para o espaço da 'democracia direta', assim por diante".

---

6. Esse novo modo de gestão, que abrange outras políticas públicas, foi inaugurado a partir da Constituição de 1988.

Em países como o nosso — lembra Nogueira — cuja estrutura administrativa e cujo processo decisório estão tomados por um jogo federativo fracamente cooperativo, e em que persiste uma forte manipulação política dos fundos públicos, esse novo modelo de gestão representa uma autêntica reviravolta.

Torna-se fácil entender, então, por que ele encontra numerosas resistências políticas e culturais para se desenvolver e por que razões, possivelmente, conviverá por muito tempo com práticas e mentalidades típicas de uma cultura centralizadora, tão característica no campo da Assistência Social, em que essas resistências, sem dúvida, encontram terreno fértil para sua expansão.

Yazbek (1993), em oportuno estudo sobre essa política, confirma essa assertiva, quando indica que as ações públicas de enfrentamento da pobreza na sociedade brasileira têm sido acompanhadas por algumas distorções. Dentre outras, aponta: "Seu apoio, muitas vezes, na matriz do favor, do apadrinhamento, do clientelismo e do mando, formas enraizadas na cultura política do país, sobretudo no trato com as classes subalternas, o que reproduz a 'cidadania invertida' e relações de dependência" (1993:50).

Do mesmo modo, Raichelis (1998:281), ao discutir alguns impasses e perspectivas da Assistência Social para constituir-se como política e realizar-se como pública, evidencia que o campo da Assistência Social representa um caldo de cultura para a reprodução da subalternização dos pobres. A "cultura do assistencial", como refere, reproduz-se de modo particular no âmbito das práticas da Assistência Social, tanto estatais quanto privadas. Isso porque o autoritarismo social, tão entranhado em todas as esferas da vida social brasileira, não cunhou nas relações sociais a idéia de direitos e de igualdade jurídica dos cidadãos.

Prevalece, desse modo, no país, uma Cultura Política que exclui a Assistência Social do debate público e da deliberação política e consolida, o que Telles (1999) chama de *consenso conservador*, que tomou conta da cena pública brasileira, na tentativa de fazer crer que estamos diante de processos inelutáveis e inescapáveis.

É nesse contexto que se pode supor que a Cultura Política, de modo específico no que se refere à Assistência Social, constitui-se um dos entraves fundamentais à sua consolidação em seu sentido democrático.

Nessa perspectiva, e em sintonia com a literatura especializada no campo da Assistência Social, os sujeitos sociais comprometidos com a gestão democrática dessa política, em seus diversos espaços de discussão, também vêm apontando a Cultura Política como um dos óbices fundamentais à sua consolidação.

Na mesma direção, e tomando como parâmetro a inserção no movimento em defesa da Assistência Social, de modo particular no Estado de Santa Catarina, entende-se possível inferir que as dificuldades e contradições presentes no processo de gestão da Assistência Social em nosso Estado podem ser compreendidas melhor, se analisadas sob a ótica da Cultura Política dos sujeitos nela inseridos.

Uma breve incursão aos estudos sobre Cultura Política podem confirmar a inferência indicada.

A partir de Seibel (1997:1), entende-se Cultura Política como: "Um conceito (ideológico) de poder, disseminado (consentido ou imposto), entre classes e segmentos sociais que se relacionam (econômica, política e ideologicamente) e materializado numa 'práxis' cristalizada (ação e relação) que organiza, encaminha e realiza interesses de classes e segmentos sociais".

O mesmo autor afirma que a sociedade brasileira ainda não cumpriu certos ideários da modernidade, como:

> a separação do público e do privado, a construção de uma moralidade pública, a afirmação de uma sociedade de direitos. Este fardo histórico trouxe como conseqüência maior uma grande debilidade *institucional*, responsável pela crônica ineficácia do setor público brasileiro, pela sua incapacidade histórica em promover políticas públicas, principalmente as políticas sociais (Seibel, 1997:6).

Tomando como referência as incursões teóricas realizadas, entende-se oportuno situar a importância e a validade da utilização de conceitos, fundamentos e metodologias adotadas no estudo da Cultura Política, como o vêm fazendo diferentes estudos no campo das ciências humanas e sociais, em relação ao campo da Assistência Social[7].

Como sugere Sandoval (1997), ao analisar o comportamento político como campo interdisciplinar de conhecimento:

> não é mais possível pensar o estudo do comportamento político contido dentro dos muros disciplinares, uma vez que essa estratégia é míope. Por

---

7. Destacam-se, nessa perspectiva, a Ciência Política e a Psicologia Social.

esse motivo o estudo do comportamento político e, mais importante, o estudo das mudanças sociais seria no futuro um campo de pesquisa transdisciplinar, na medida em que os pesquisadores terão necessariamente que atravessar as fronteiras disciplinares com facilidade na procura de respostas para a análise do fenômeno (Sandoval, 1997:18).

No entender do autor, o que pode ser diferenciado, no estudo do comportamento político, como campo interdisciplinar do conhecimento, são os tipos de comportamento a serem estudados, os contextos em que se desenvolvem e seus significados.

De fato, normalmente circunscritos aos espaços do comportamento político partidário, recentemente alguns estudos vêm apontando novas perspectivas, no sentido de inserir a discussão da Cultura Política no âmbito da ação política dos indivíduos como grupos sociais (Gohn, 1999:56); no campo do Serviço Social e Assistência Social, estudos dessa natureza são praticamente inexistentes.

Ainda que vários autores, especialmente da área do Serviço Social, venham se dedicando a compreender essa política, a partir de elementos que compõem o arcabouço explicativo da Cultura Política, como autoritarismo e clientelismo, dentre outros, há lacunas nesse espaço que precisam ser preenchidas. Assim é que o reduzido investimento do Serviço Social nesse recorte temático instiga e reforça a motivação para tomá-lo como objeto de investigação.

Por outro lado, vale acentuar que a discussão sobre a Assistência Social já amadureceu, a ponto não só de permitir, como, principalmente, de exigir o investimento em novas mediações teóricas que permitam qualificar, ainda mais, o amadurecimento conquistado. Para tal, a articulação com outras áreas do conhecimento contribui de maneira salutar.

Nesse sentido é que se justifica o interesse em estudar a Cultura Política dos sujeitos responsáveis pela gestão da Assistência Social em Santa Catarina, de forma a indagar qual é sua Cultura Política em relação à Assistência Social e em que medida ela favorece ou dificulta essa gestão, na perspectiva democrática e participativa que aqui se intentou confirmar. Ou seja, em que medida as dificuldades presentes na gestão da Assistência Social em nível estadual podem ser explicadas, tomando-se como referência a Cultura Política dos sujeitos nela incluídos?

Quais são suas atitudes predominantes, em relação a essa política? São atitudes que reforçam a "matriz do favor" (Yazbek, 1993:50) e a "cultura do assistencial" (Raichelis, 1998:281), atitudes defensoras do mercado como paradigma das práticas sociais (Chaui, 1997:282), ou são atitudes favoráveis à cultura democrática, pública e cidadã? Que contradições estão presentes em suas convicções, valores e práticas referentes à Assistência Social?

Com essas indagações e tomando-se como referência o modelo de Gestão da Assistência Social previsto na LOAS, em suas esferas Executiva e Deliberativa e em seus três níveis de governo — Nacional, Estadual e Municipal —, elegeu-se o Comando Único de Assistência Social no Estado de Santa Catarina — Secretaria de Estado do Desenvolvimento Social e da Família — SDF, e os Conselhos de Direitos de Assistência Social, Criança e Adolescente e Idoso (CEAS, CEDCA e CEI) como universo de investigação[8]. O interesse por esse grupo específico se deu não apenas porque representa o espaço privilegiado de gestão de tal política, mas, igualmente, pelo protagonismo exercido pelos sujeitos aí inseridos na implantação da LOAS no Estado.

Esses sujeitos são os gestores[9] da Assistência Social, a quem compete formular, implementar, avaliar, controlar e fiscalizar tal política, em âmbito estadual. A respeito, é oportuno o esclarecimento de Paiva (2000:88), quando afirma: "Embora a palavra final seja muitas vezes, ainda, das agências governamentais, o campo das Políticas Sociais está, hoje, composto de novos atores, tanto na condição de co-gestores, atuando em Conselhos, como na de prestadores de serviços, na condição de parceiros".

O estudo da Cultura Política desses sujeitos, que pretende contribuir para o fortalecimento das prerrogativas da Lei Orgânica da Assistência Social (LOAS), tanto no que se refere ao seu conteúdo, como no que diz respeito ao seu formato participativo, sustenta-se em pesquisa de caráter quali-quantitativo, que privilegia, como instrumento de coleta de dados, um questionário construído a partir de escala de atitudes relacionadas com a Assistência Social. Parte-se da hipótese de que a cul-

---

8. O CEI e o CEDCA foram incluídos no Universo de Pesquisa, dada sua interface com a Assistência Social e sua vinculação, tal como o CEAS, ao mesmo órgão de execução dessa política.

9. As atribuições dos gestores nos diferentes níveis de governo estão especificadas na Norma Operacional Básica da Assistência Social-NOB/SAS/MPAS/1998. São eles que integram o sistema descentralizado e participativo que organiza essa política. Ainda que se reconheçam as especificidades dos gestores governamentais e dos co-gestores-conselheiros, este estudo considera esses dois grupos genericamente como "gestores da Assistência Social".

tura observada não é monolítica, nela estando presentes tendências distintas e contraditórias no que se refere à Assistência Social. Isso indica, portanto, a existência de subculturas políticas consistentes, cuja importância concorre para explicar as características e os impasses presentes na gestão da Política de Assistência Social.

Isso posto, cabe esclarecer o modo de organização deste trabalho, que traz o resultado do estudo indicado. No Capítulo Primeiro, são abordados os eixos analíticos que orientam a ação político-administrativa da Assistência Social, quais sejam, a Democracia, a Tecnocracia e o Clientelismo. Esses três eixos, cuja incidência na Cultura Política vem sendo discutida no contexto do debate sobre os processos de democratização vividos nos anos 1980/90 no Brasil, América Latina e Leste da Europa[10], configuram-se como relevantes, no sentido de subsidiar a compreensão dos valores que orientam a cultura dos gestores de Santa Catarina[11] quanto à Assistência Social.

Por essa razão, tais eixos são recuperados em suas principais características, de modo a esclarecer conteúdos que permitam seu entendimento no contexto estudado.

O item que discute a Democracia é composto de três subitens que a explicam segundo as visões do elitismo competitivo, da democracia participativa e da democracia delegativa. Revelam-se, assim, diferentes modos de conceber a democracia, cujas conseqüências interferem, não apenas no comportamento político dos brasileiros diante da própria democracia, mas, certamente, nas orientações daqueles que gerenciam a Assistência Social.

Compõem o item que aborda a Tecnocracia, além de suas referências mais conceituais, dois momentos históricos com seus discursos específicos, como o autoritarismo desenvolvimentista e o neoliberalismo, cuja presença é mais recente no cenário brasileiro.

O item que trata do Clientelismo procura oferecer alguns indicativos da influência dessa forma de relação política típica do patrimonialismo em nossa Cultura Política, para o que traz o debate acerca do Estado patrimonial sob a ótica weberiana, sua versão atual, ou o neopatrimonialismo e a lógica do favor que se insere na dinâmica do Clientelismo.

---

10. Encontra-se essa discussão, dentre outros títulos, em Avritzer (1996).

11. Concorda-se com Santos (2000:121) quando, referindo-se ao povo catarinense, afirma: "Esta gente [...], hoje, tem orgulho das suas etnias de origem, das suas tradições culturais, da sua *nacionalidade brasileira e a sua identidade catarinense*".

No conjunto, esses três eixos procuram elucidar algumas das principais tendências da Cultura Política brasileira, a par do que apontam, de forma breve, sua incidência na Assistência Social.

Essa política é abordada de forma mais específica no Capítulo Segundo deste trabalho, que procura privilegiar sua discussão no contexto dos modelos de Proteção Social, e em sua interface com o debate inerente à Cultura Política. Os conceitos que se incorporam no primeiro item desse capítulo, somados às referências do capítulo anterior, são tomados como parâmetro para a construção do desenho de pesquisa, objeto de discussão do segundo item desse mesmo capítulo, em que se tentam revelar os caminhos percorridos, com o intuito de operacionalizar o quadro conceitual referente à Assistência Social e construir o instrumento de pesquisa — o Questionário. A participação de especialistas nesse processo, ao tempo em que exigiu o aperfeiçoamento da metodologia adotada, favoreceu a qualificação do desenho traçado e permitiu a incorporação de novas categorias teóricas à investigação.

Dessa forma, se o primeiro capítulo procura apresentar algumas referências teóricas, o segundo busca complementá-lo e traduzir o exercício realizado para imprimir aos conceitos indicados uma dimensão operativa.

É com esse suporte teórico e metodológico que se discutem os resultados da investigação sobre a Cultura Política da Assistência Social, objeto de estudo do Capítulo terceiro desta obra. A análise que esse capítulo traz desdobra-se em dois momentos distintos, mas complementares. Em primeiro lugar, observam-se os resultados obtidos conforme os níveis de consenso e dissenso dos gestores diante de questões relacionadas aos conteúdos e práticas que orientam a Assistência Social; mais precisamente, conforme os eixos analíticos que estruturam sua ação político-administrativa, ou seja, a Democracia, a Tecnocracia e o Clientelismo. Em segundo lugar, observam-se esses mesmos resultados, mas sob uma outra ótica, que considera as categorias teóricas adensadas à pesquisa, a partir do parecer de especialistas que participaram desse momento da investigação.

Algumas considerações conclusivas encerram este trabalho, que não ambiciona ser completo e exaustivo, mas pretende, apenas, contribuir para o desvelamento e a compreensão de alguns paradoxos que circundam a política pública de Assistência Social, já liberta de sua "infância teórica", mas com dificuldades de dar passos mais firmes em direção à sua efetivação como pública, afiançadora de direitos sociais.

Capítulo Primeiro

Eixos analíticos que estruturam a ação político-administrativa da Assistência Social

1.1 A Democracia, em suas versões elitista, participativa e delegativa

A interpretação dos sentidos que a teoria e a prática da democracia adquiriram ao longo de sua ampla e inacabada história exigiria situá-los no período que cobre desde a Grécia antiga, com seus ideais políticos de igualdade entre os cidadãos, liberdade, respeito pela lei ou pela justiça, até os dias atuais, em que esses princípios são transformados e ressignificados, sob as condições da globalização da economia.

Nesse percurso, não foram poucos os conflitos, tanto no que se refere à delimitação do conceito de democracia, em seu sentido de "governo pelo povo", quanto no que diz respeito às condições gerais para que tal governo se efetivasse. Isso permite inferir que, se as controvérsias sobre o tema não são recentes, também não o são as discussões sobre sua aplicabilidade.

É nessa perspectiva que Vieira se refere à existência de múltiplos modelos de governo e de Estado, que configuram *democracias* e não *a democracia* (grifo do autor), "mesmo se reconhecendo igual origem teórica para elas" (Vieira, 1992:33).

Por outro lado, no embate de posições destinadas a justificar a democracia, concentra-se a luta para determinar se a democracia significará algum tipo de poder popular, ou um meio de legitimar as decisões daqueles que são eleitos para o poder (Held, 1987).

Ao situar historicamente esse debate, a partir do que denomina modelos clássicos e contemporâneos de democracia, Held (1987) leciona que o compromisso com a democracia é um fenômeno muito recente, pois, como forma adequada de organizar a vida política, ela tem menos de cem anos de idade.

Conforme anota, "embora muitos estados possam ser democráticos, a história de suas instituições políticas revela a fragilidade e a vulnerabilidade das estruturas democráticas" (Held, 1987:1). Isso porque, ainda que imprima uma "aura" de legitimidade à vida política moderna, a democracia é uma forma "notavelmente difícil de governo, tanto para ser criada quanto para ser mantida" (idem).

Em contrapartida, sustenta Gómez (2000), nunca, antes da *terceira onda* de democratização, houve tantos países no mundo que tivessem governos constitucionais com instituições democráticas, liberdades civis e políticas, sistema multipartidário e sufrágio universal.

Isso não significa, conforme este autor sugere, que a popularidade global alcançada pela democracia, como regime político, tenha sido suficiente para conduzir à superação das graves dificuldades e problemas referentes aos processos efetivos de democratização da vida política e social dos países.

No caso das "novas" democracias do Terceiro Mundo, como ratifica Gómez, a situação é mais delicada do que nos maiores países capitalistas, porque, além de não possuírem uma forma de governo consolidada e uma sociedade civil mais articulada e participante, elas estão sujeitas a pressões por "reformas econômicas radicais orientadas para o mercado, de pesados custos agregados e distributivos [...], e sem nenhuma certeza de que possam alcançar, para além da estabilidade monetária, a solvência do Estado e o crescimento econômico perdido desde a década passada" (2000:41).

Essa assertiva é referendada por Castro (1998), quando compara a realidade latino-americana com a de países como Inglaterra e Estados Unidos, onde a valorização do sistema democrático, conforme assevera, foi internalizada por seus cidadãos. Como ilustra:

> [...] aqui o surgimento do capitalismo se deu sem que existisse uma base social, política, econômica ou ideológica de cunho liberal. [...] ao contrário do que acontece com os povos chamados desenvolvidos, a democracia li-

beral não é tão natural na América Latina. Não é sem fundamento, portanto, o questionamento das bases de legitimação da democracia entre nós (Castro, 1998:34).

Ao indicar a pertinência de outros recortes analíticos para o estudo da democracia, como o binômio democracia majoritária *versus* consensual, de Lijphart (1984), ou a divisão democracia minimalista *versus* maximalista, de Di Palma, Castro (1998) privilegia as dimensões formal e substantiva para análise da democracia, pois elas, entende, são as mais adequadas para a compreensão da realidade latino-americana.

Similarmente, Cheibub e Lima (1996) consideram a dimensão institucional da democracia e os valores liberais democráticos, bem como o ideal normativo da igualdade, para estudar a democracia na visão das elites brasileiras.

De igual modo, essa opção analítica parece ser a mais compatível com os propósitos empíricos deste trabalho, porque, tal como em Cheibub e Lima (1996) e em Castro, "permite a operacionalização do conceito de democracia, a partir de uma perspectiva de Cultura Política" (Castro, 1998:35).

É nesse sentido que o presente estudo sobre a democracia se sustenta nos dois ângulos referidos, quais sejam o jurídico institucional, que considera os aspectos formais e as "regras do jogo" democrático, e o ético/substantivo, que prioriza o conteúdo da democracia, ou seus fins ou valores, com ênfase no ideal de igualdade ou "justiça social" (Castro, 1998; Moisés, 1995; Bobbio, 1987; Cheibub e Lima, 1996).

Para fins da abordagem que ora se inicia, consideram-se três tendências que se avaliam como fundamentais, no debate contemporâneo sobre a democracia: a democracia elitista, a democracia participativa e a democracia delegativa. A primeira, entende-se, é percebida como a democracia dos tecnocratas; a segunda, dos movimentos sociais e a terceira, dos gestores patrimoniais.

1.1.1 A democracia, na visão do elitismo competitivo

Tomando-se os estudos contemporâneos (Held, 1987:131-270) como ponto de partida para o debate sobre a democracia elitista, encontram-se em Max Weber (1864-1920) e em Joseph Schumpeter (1883-1946) os exemplos mais significativos do início do século vinte[1]. Eles compartilharam a noção de que na vida política haveria pouco espaço para a participação democrática e o desenvolvimento coletivo. Ambos percebiam a democracia como um meio de escolher pessoas encarregadas de tomar decisões e de impor alguns limites a seus excessos. Se para Weber democracia representava um antídoto contra o avanço totalitário da burocracia, para Schumpeter significava uma proteção contra a tirania.

Weber (1968 e 1996) entendia a democracia como um campo de testes para líderes em potencial, ou como um mecanismo institucional para eliminar os mais fracos e colocar no poder os mais competentes, na luta por votos e pelo poder (Held, 1987:143). Como afirmou: "Só uma escolha cabe: ou uma democracia admite como dirigente um verdadeiro chefe e, por conseqüência, aceita a existência da 'máquina' ou renega os chefes e cai sob o domínio dos 'políticos profissionais', sem vocação [...]" (Weber, 1968:104-3). Ou seja, ou se aceita a democracia com liderança e se admite a existência de partidos, ou se aceita a democracia sem liderança e se admite o governo de políticos sem vocação (Held, 1987). Nessa perspectiva, fica claro que Weber defendia a democracia representativa moderna mais por sua capacidade de selecionar líderes qualificados e competentes, do que pela sua possibilidade de se constituir em mecanismo de extensão da participação política. A democracia direta, nesse contexto, seria inadequada à política moderna e à mediação de lutas entre facções.

Por outro lado, Schumpeter, que se notabilizou através de seu clássico *Capitalism, Socialism and Democracy*, de 1942, se refere à democracia como um método político que permite ao cidadão democrático escolher e autorizar periodicamente governos para agirem em seu benefício. Para ele, a democracia poderia servir para a promoção da justiça social, mas não poderia ser confundida com esses fins. Conforme assevera: "A democracia é um método político, ou seja, certo tipo de arranjo institucional para se alcançarem decisões políticas — legislativas e administrativas — e, portanto, não pode ser um fim em si mesma, não importando as decisões que produza sob condições históricas dadas" (Schumpeter, 1984:304).

---

1. Held (1987:131-67) inclui Weber e Schumpeter entre os autores representativos do que chama de variantes contemporâneas da democracia; mais precisamente, do que define como elitismo competitivo e visão tecnocrática. Por essa razão, suas posições serão pontuadas neste sub-item de forma breve, já que o próximo tratará dessa perspectiva, a partir das principais obras desses autores.

Para Schumpeter, o papel do povo é produzir um governo através do sistema eleitoral, e as proposições sobre o funcionamento e os resultados do método democrático não se devem deter na *volonté générale*, já que o método eleitoral é *praticamente o único disponível a comunidades de qualquer tamanho*, no sentido de decidir quem será a pessoa na liderança. Democracia, nessa perspectiva, "significa apenas que o povo tem a oportunidade de aceitar ou recusar as pessoas designadas para governá-lo" (1984:336-55).

Destaca-se, ainda, no estudo da democracia essencialmente como forma de governo, com perspectiva privilegiada no elitismo, Anthony Downs, com a obra *Uma Teoria Econômica da Democracia*, de 1957, em que propõe o uso de regras da economia como referência para um governo que se almeja racional e democrático. Por ação racional, Downs (1999:41) entende "a ação que é eficientemente planejada para alcançar os fins econômicos ou políticos conscientemente selecionados do ator", seja ele o governo ou os cidadãos de uma democracia. No modelo proposto por Downs, o governo persegue seus objetivos através de uma estrutura política democrática "que permite a existência de partidos de oposição, uma atmosfera de graus variáveis de incerteza e um eleitorado de eleitores racionais" (1999:41).

Para Downs (1999:45), um governo só é democrático sob a prevalência de algumas condições, entre as quais destaca a realização de eleições em intervalos periódicos, a existência de dois ou mais partidos competindo pelo controle do governo, a escolha de um único partido para gerenciá-lo e o direito de qualquer partido, que receba o apoio da maioria dos eleitores, de assumir os poderes do governo até a próxima eleição.

Robert Dahl (apud Held, 1987), que também tratou da democracia essencialmente como forma de governo,[2] defendia que a teoria democrática se preocuparia com os processos através dos quais os cidadãos exerceriam relativo grau de controle sobre seus líderes. Dahl teria aceito a visão de Schumpeter (1984) sobre a democracia como instrumento de seleção de lideranças, ainda que rejeitando a noção de exclusividade dessa liderança, pelas elites. Essa possibilidade fica clara em seu conceito de

---

2. Dahl se inclui na variante que Held (1987:169) denomina Pluralismo, Capitalismo Corporativo e o Estado. Ainda que não seja "elitista", no sentido schumpeteriano estrito, Dahl (1958) é inserido neste subitem, dada a interface de sua contribuição com a discussão dos elitistas sobre a democracia como forma de governo.

democracia, entendida como "um sistema político em que a oportunidade de participar das decisões é compartilhada amplamente por todos os cidadãos adultos" (Dahl, 1987:14).

Como lembra o próprio Dahl (apud Held, 1987:145), no entanto, o termo democracia refere-se a um "ideal não alcançado", o que gera confusão e controvérsias. Por essa razão, ele utiliza o termo "poliarquia" (governo de muitos), para referir-se aos sistemas políticos com sufrágio amplo e garantia das liberdades e oportunidades individuais.

Ao introduzir esse conceito — poliarquia — Dahl refere-se a sistemas que apresentam tolerância relativamente maior à autonomia individual e organizacional. Em conseqüência desses direitos, conforme pontifica, existem, nas poliarquias, numerosas organizações como clubes privados, grupos de pressão, partidos políticos e sindicatos, e nelas se utiliza mais a persuasão do que a coerção.

Assim é que Dahl (1987) classifica como poliarquias os sistemas políticos que protegem a liberdade de expressão, a liberdade de formar e participar de organizações, o acesso à informação, a existência de eleições livres, a competição dos líderes pelo apoio do eleitorado e as características das instituições destinadas a formular a política governamental.

Parece ainda oportuno situar que, para Dahl (apud Held, 1987:176-7), a política democrática está apoiada em "um consenso sobre valores que estipula os parâmetros da vida política". Dentre eles se incluem o consenso sobre as regras de procedimentos, o consenso sobre o leque de opções políticas e o consenso sobre o âmbito legítimo da atividade política.

Esses pré-requisitos sociais para o funcionamento de uma poliarquia são, entende o Dahl, os maiores obstáculos a governos opressivos. Quanto mais eles permanecem intactos, ou quanto maior o nível do consenso obtido, mais se garante a democracia como sistema eficaz e favorecedor de concordâncias, no tocante a decisões políticas. Isso implica a valorização de fatores não constitucionais, o que não supõe, de forma alguma, a desconsideração de regras dessa natureza como eleições e sistema partidário competitivo. Esses elementos são cruciais, mas, isolados, não podem garantir a efetivação dos regimes democráticos.

É assim que se tem, de um lado, o elitismo democrático, que desconsidera a concepção de democracia como teoria que vincula meios e fins e privilegia seu caráter procedimental, e, de outro, o pluralismo proposto por Dahl (1958), que estende o ideal da cidadania para além do direito ao voto e à liberdade de expressão, englobando o direito à liberdade de organização, mas pouco ultrapassa os limites da cidadania política.

Reforçam esses argumentos, especialmente os elitistas, teóricos da "Nova Direita" (Held, 1987), como Nozick e Hayek. Defensores do "Estado Mínimo", mote do neoliberalismo[3], tais autores permitem que se sintetize o impacto dessa ideologia na constituição dos valores igualitários da democracia.

Nozick (apud Held, 1987) sustenta que o "Estado Mínimo" é a forma menos intrusa de poder político e a mais compatível com a defesa dos direitos individuais. Somente os indivíduos podem julgar o que desejam e é melhor que o façam sem interferência do Estado. Este, em seu sentido mínimo, é inconsistente com um "planejamento em detalhes" e com a redistribuição ativa de recursos, "o que força alguns a ajudar os outros" (apud Held, 1987:222).

É, entretanto, Hayek (apud Held, 1987) que melhor trabalha a relação entre liberdade individual, democracia e Estado. Ele apóia a democracia representativa, mas denuncia o perigo que representa a dinâmica da democracia de massas, em face da possibilidade de se instalar um governo opressivo da maioria. Para Hayek, a democracia não é um fim em si mesma, mas um instrumento "utilitário", destinado a proteger o fim político mais elevado: a liberdade. Para tanto, é fundamental a existência de uma sociedade de livre mercado, capaz de assegurar que todos se dediquem a seus próprios fins, conforme os recursos postos à sua disposição. O "governo da lei", nessa perspectiva, tal como em Nozick, deve se limitar a proporcionar regras que protejam amplamente "a vida, a liberdade e o Estado"[4] (apud Held, 1987:222).

Mantém-se, assim, a defesa da democracia, mas esta se limita ao voto e exclui formas mais ativas de participação. Quando admitida, essa participação não ultrapassa os limites estabelecidos pelas elites, que recruta a população, não para atender suas demandas substantivas, mas para delas obter apoio em época de eleições.

---

3. Em Sader e Gentili (1996 e 1999), podem-se encontrar artigos bastante oportunos para entender os fundamentos e os desdobramentos do neoliberalismo no mundo e, particularmente, no Brasil. Da mesma forma, em Francisco Oliveira (1998).

4. As propostas do neoliberalismo serão exploradas melhor no próximo item deste trabalho.

É em oposição a esse modelo elitista, e como expressão da indignação com as desigualdades de classe, gênero e raça, que se afirma a "Nova Esquerda" (Held, 1987:222), disposta a pensar qual forma deve assumir o controle democrático e qual deve ser a esfera de tomada de decisões.

Inspirados em Rousseau, nos anarquistas e nas posições marxistas "libertárias" e, mesmo, nas pluraristas, muitos autores contribuíram para a reformulação das concepções de esquerda sobre democracia e liberdade.

Seus expoentes mais significativos e suas principais proposições serão destacadas no subitem que segue.

1.1.2 Democracia participativa: mais igualdade e justiça social?

Destacam-se como representantes da democracia participativa, teóricos já considerados clássicos como Poulantzas, Macpherson e Pateman (apud Held, 1987), cujas idéias foram organizadas a partir dos anos 70, em razão do descontentamento com a teoria política então vigente.

Para eles, bem como para outros autores que vêm abordando temas inerentes a essa vertente da democracia, tais como Bobbio (1983, 1986, 1987) e Held (1987), a democracia não se limita à seleção de líderes políticos, mas supõe, igualmente, a participação dos cidadãos nas decisões coletivas que afetam suas vidas.

A democracia participativa, para Poulantzas (1980), envolve a articulação entre a transformação do Estado e o desenvolvimento da democracia direta na base, o que supõe o suporte decisivo e contínuo de um movimento sustentado em amplas alianças populares (1980: 302-03).

O autor descarta a possibilidade de que mecanismos de democracia direta ou de auto-administração, isoladamente, possam substituir o Estado. Isso, entende, deixaria um vácuo de poder que seria preenchido pela burocracia. Como propõe, trata-se de multiplicar as instâncias de poder na sociedade civil, atingindo tanto a democracia fabril, como os movimentos sociais.

Como esclarece Held (1987:232), Poulantzas propõe a democratização do Estado tornando o parlamento, as burocracias estatais e os partidos políticos mais abertos e responsáveis e, ao mesmo tempo, a democratização da sociedade, através de lutas que, em nível local, incorporem as reivindicações populares.

Em Macpherson (1977), encontram-se posições semelhantes às de Poulantzas, pois, como este, ele não deixa de reconhecer a complexidade que representa a extensão da democracia, de um mero procedimento eleitoral à participação em processos de tomada de decisões em todas as questões públicas. Essa constatação não impede Macpherson de argumentar a favor da transformação baseada em um sistema que combine partidos competitivos com organizações de democracia direta (Macpherson apud Held, 1987:232).

A possibilidade de instaurar uma democracia participativa residiria, para Macpherson, no fortalecimento da democracia direta, a partir das bases (tais como locais de trabalho e comunidades), a par do que se democratizariam, segundo esses princípios, os partidos políticos e a estrutura parlamentar. Ou seja, nos moldes da democracia participativa proposta por Macpherson, a estruturação governamental se iniciaria pelas unidades de bairro e daí ascenderia para um órgão nacional.

Entre os teóricos clássicos, interessa destacar a contribuição de Pateman (1992) que, provavelmente, foi quem mais avançou nesse debate. Essa autora destaca as virtudes da participação democrática, graças à sua capacidade de aumentar o senso de eficácia política, reduzir o distanciamento dos centros de poder, preocupar-se com problemas coletivos e formar cidadãos ativos, com maior interesse pelos assuntos governamentais. Conforme sugere, "somente se o indivíduo tiver a oportunidade de participar de modo direto no processo de decisão e na escolha de representantes [...] é que, nas modernas circunstâncias, ele pode esperar ter controle sobre sua vida ou sobre o desenvolvimento do ambiente em que ele vive" (Pateman, 1992:145-6).

A participação do cidadão, no que chama de "áreas alternativas"[5], é, para Pateman, o segundo argumento mais importante da teoria da democracia. Essa participação, entende, capacita o indivíduo a avaliar melhor a conexão entre as esferas públicas e privadas.

Cabe transcrever, a respeito, as palavras da autora:

> a existência de uma sociedade participativa significa que ele [o homem comum] estaria mais capacitado para intervir no desempenho dos representantes em nível nacional, estaria em melhores condições para tomar deci-

---

5. Essas áreas, distintas da indústria — contexto valorizado por Pateman (1992:113), para o exercício da democracia participativa — seriam a família e a escola, entre outras.

sões de alcance nacional [...] e estaria mais apto para avaliar o impacto das decisões tomadas pelos representantes nacionais sobre sua vida e o meio que o cerca (Pateman, 1992:145-6).

É no contexto de uma sociedade participativa, portanto, que se modifica o significado do voto para o indivíduo, pois, além de se tornar mais determinado, este passa a dispor de maiores oportunidades para se educar como cidadão público. Níveis educacionais mais altos, portanto, favorecem, para Pateman (1992), a experiência de participação.

Em contrapartida, quando marginalizadas ou mal representadas, as pessoas encontrarão poucas razões para participar do processo de tomada de decisões. O tipo de participação que limita os direitos à autodeterminação apenas para a esfera do governo reduz a democracia ao voto ocasional e periódico, pouco contribuindo para a melhoria da qualidade de vida de muitas pessoas (Pateman, apud Held, 1987:233).

Tal como Poulantzas e Macpherson, Pateman não acredita que as instituições da democracia direta possam ser ampliadas a todos os domínios da vida política, social e econômica, dispensando, assim, a democracia representativa. Mesmo que a sociedade participativa se constitua num ideal, contudo, diante de suas inúmeras dificuldades de concretização, ainda se pode ter, segundo Pateman (1992:147), "uma teoria da democracia moderna, viável, que conserve como ponto central a noção de participação".

Bobbio (1983) contribui para a discussão sobre o processo de tomada de decisões, implícito na teoria da democracia participativa, quando defende que, no sistema democrático, as decisões coletivas são tomadas por todos os membros que compõem a coletividade (Bobbio, 1983). Da aceitação dessa definição resultam as regras do processo democrático, que estabelecem *quem* está autorizado a tomar as decisões coletivas e com quais *procedimentos*. Nesse processo, sustenta, é fundamental a regra da maioria.

Ainda que as regras do processo democrático possam ser discutíveis, como sustenta Bobbio (1983), o que não pode sê-lo é a sua necessidade, pois a função das regras é permitir que se estabeleça, antecipadamente, o que se entende por vontade coletiva. Com essa afirmação, o autor sugere a validade de pelo menos três regras fundamentais: a que estabelece quem tem o direito de votar; a que estabelece que todos têm direito a um voto igual, e a que estabelece que as leis votadas com maioria de votos devem ser assumidas como deliberações coletivas.

Como, no entanto, acentua Bobbio (1986b), se a regra da maioria é a principal, não é a única regra do jogo democrático. Isso porque, como aponta, "qualquer norma que atribua um poder, deve levar em consideração o fato de que aquele a quem o poder é atribuído seja livre para exercê-lo" (Bobbio, 1983:810). O critério da maioria, como afirma, *é mecânico e extrínseco*, não podendo, por isso, valer como critério absoluto e definitivo.

Das considerações em torno do dilema entre liberdade e poder, Bobbio (1983:81) sugere a derivação de outras três regras:

> aquela segundo a qual o sistema democrático deve garantir a existência de uma pluralidade de grupos políticos organizados, que competem entre si com o objetivo de reunir as reivindicações e transformá-las em deliberações coletivas [...]; aquela segundo a qual os eleitores devem poder escolher entre alternativas diversas; e, enfim, aquela segundo a qual a minoria deve ter garantido o seu direito de poder tornar-se, nas periódicas consultas eleitorais, ela mesma a maioria.

Por outro lado, a importância de se discutirem as regras do jogo democrático reside no fato de que existe um nexo fundamental entre as regras dadas e aceitas do jogo político e os sujeitos que são atores e instrumentos desse jogo, sem o que não se pode conduzi-lo a bom termo.

No jogo político democrático, os atores são os partidos, e o modo principal de fazer política, as eleições. Em relação a esse aspecto Bobbio (1986:68) diz que não se pode fugir, já que regras do jogo, atores e movimentos compõem um todo único, não se podendo separar *uns dos outros*.

Em contrapartida, a democracia direta, no sentido de o indivíduo participar das decisões que lhe dizem respeito, sem intermediários (o que não é possível através da representação de interesses gerais ou política, ou, da representação de interesses particulares ou orgânica), supõe a existência de dois institutos, que são a assembléia dos cidadãos deliberantes e o *referendum*. Este último, para Bobbio (1987 e 1986b:53), é o único instituto de concreta aplicabilidade, mas "trata-se de um expediente extraordinário, para circunstâncias extraordinárias".

Tentando pôr fim ao dilema entre democracia direta e representativa, Bobbio (1986b:52) esclarece que os dois não são sistemas alternativos, como se a existência de um não pudesse implicar a existência do outro, mas dois sistemas que se podem integrar, já que nenhum, isoladamente, é suficiente para garantir a efetividade da democracia.[6]

O processo de alargamento da democracia contemporânea, contudo, não depende apenas da integração das formas de democracia direta e representativa, mas, principalmente, da extensão da democratização, o que pode ser aferido pelo número de instâncias (diversas da política) ou espaços nos quais o cidadão pode exercer seu próprio poder de eleitor.

Ensina Bobbio (1986b:55-6): "[...] quando se quer saber se houve um desenvolvimento da democracia num dado país, o certo é procurar perceber se aumentou não o número dos que têm o direito de participar nas decisões que lhes dizem respeito, mas os espaços nos quais podem exercer esse direito".

Para finalizar a abordagem do trabalho de Bobbio, cabe inserir sua referência acerca dos dois grandes blocos de poder descendente e hierárquico das sociedades complexas, que são, respectivamente, a grande empresa e a administração pública. Estes, para ele, não foram sequer tocados pelo processo de democratização, e, enquanto resistirem às forças que pressionam "a partir de baixo", a transformação democrática da sociedade não poderá ser dada por completa (Bobbio, 1986b:57).

É nessa perspectiva que se colocam, para Held (1987), os limites da democracia participativa. Para este autor, eles residem, entre outros aspectos, na ausência de proposições que indiquem um arranjo institucional capaz de compatibilizar democracia direta e representativa, e, ainda, na sua análise quanto à inexistência de vontade ou apatia política.

Outros elementos, no entanto, podem explicar os limites da democracia participativa. Eles seriam, por exemplo, a diversidade de interesses e as dificuldades no estabelecimento de consensos viabilizadores de ações concretas em termos de políticas públicas (Seibel e Rover, 1998).

---

6. O risco do sistema representativo é que se constitua uma categoria particular de representantes, que é a dos *políticos de profissão*, e que, no dizer de Bobbio (1986), com apoio em Weber, não vivem apenas *para* a política, mas vivem *da* política.

Essa posição não é apenas compartilhada, mas ampliada por Coutinho (2000), quando aponta para a necessária articulação entre o predomínio da "vontade geral" e a conservação do pluralismo. No atual quadro de complexidade social, afirma, essa articulação requer que se integrem os organismos populares de democracia de base com os mecanismos de representação indireta. Essa proposta de integração entre democracia direta e representativa, situa, "já faz parte do patrimônio teórico do movimento operário e socialista" (Coutinho, 2000: 33).

A partir da análise das distintas tendências políticas no estudo da democracia, Held (1987) considera o conceito de autonomia como elemento comum dessas tendências. Esse conceito, que para Held (1987:244) une as aspirações dos teóricos "legais" e dos "participativos", constitui uma referência para que ele possa propor um novo modelo de democracia. A autonomia, sugere Held, supõe a capacidade de os seres humanos de razão auto-consciente serem auto-reflexivos e auto-determinantes. Ela envolve:

> a capacidade de deliberar, julgar, escolher e agir de acordo com diferentes linhas de ação tanto na vida privada quanto na pública. [...] O princípio [da autonomia] pode ser afirmado como se segue: os indivíduos deveriam ser livres e iguais na determinação das condições de suas próprias vidas; ou seja, eles deveriam gozar de direitos iguais [...] para especificar a estrutura que gera e limita as oportunidades disponíveis para eles, na medida em que não definam esta estrutura de modo a negar os direitos de outros.[7] (1987:244-5).

Criticando o liberalismo e o marxismo, diante da impossibilidade de ambos de especificar as condições de implementação do princípio da autonomia, tarefa que considera vital, Held (1987:246-50) sugere que isso requer que se pondere acerca das condições para a participação dos cidadãos, nas decisões sobre questões que sejam importantes para eles. Indicando que a democracia é um processo dual, que implica tanto a transformação do Estado quanto da sociedade civil, Held anota como premissas essenciais à vida democrática a aceitação do princípio da divisão entre o Estado e a sociedade civil e a noção de que o poder de tomar decisões deve ser livre das desigualdades.

Tais premissas envolvem não apenas direitos iguais de votar, mas também "direitos iguais de gozar das condições para uma participação efetiva, compreensão iluminada e a definição da agenda política" (Held, 1987:257).

O direito à justiça social, nessa perspectiva, implicaria a responsabilidade do Estado em assegurar igualdade formal perante a lei, mas, fundamentalmente, em garantir aos cidadãos capacidade real (saúde, habilidade e recursos) para tirar vantagens das oportunidades disponíveis.

---

7. Em trabalho mais recente, Held (1997) esclarece que "o estabelecimento de autonomia democrática não deve ser confundido com o estabelecimento de igualdade *per se*; pelo contrário, sua preocupação é com a criação de oportunidades participativas iguais, a base de um acordo substantivo e duradouro entre liberdade e igualdade".

Quanto à sociedade civil, "na medida em que sua autonomia compreende elementos que minam a possibilidade de um processo coletivo de tomada de decisões, ela teria de ser progressivamente transformada" (Held, 1987:258).

É evidente que o modelo de democracia anunciado por Held só pode ser mais bem avaliado tomando-se o conjunto de suas proposições. De qualquer modo, ainda que possa ser considerado idealista, ao sugerir que somente a circunscrição institucional da autonomia livraria a democracia participativa das desigualdades e restrições impostas pela apropriação privada do capital (Seibel e Rover, 1998:3), tal modelo é um dos mais incisivos na proposição da democracia para além de seu conteúdo formal e procedimentalista.

Se as tendências até então observadas se detêm no estabelecimento das regras que configuram o processo democrático, como o fazem, preferencialmente, os elitistas, ou no modo de operacionalizá-las, como indicam os participacionistas, mais preocupados com os processos de tomada de decisões coletivas e sua extensão aos mais diversos níveis de convivência social, Held ultrapassa tais perspectivas. Sem negar a incorporação desses elementos, sua proposta privilegia a igualdade. Essa igualdade, contudo, estaria relacionada à propriedade produtiva, e não exigiria uma rigorosa dedicação a condições iguais quanto a itens que se escolhe consumir na vida diária. Como argumenta Held (1987:265): "as pessoas deveriam ter, pelo menos, a quantidade mínima de recursos exigida para o exercício de seus direitos, recursos que poderiam estar disponíveis, entre outras coisas, por meio de uma renda garantida para todos os adultos, independente de estarem envolvidos no trabalho assalariado ou no trabalho doméstico".

É o próprio autor, no entanto, quem recomenda cautela no tratamento dessas estratégias, já que, conforme pondera, suas implicações não são completamente claras. Ainda assim, ele volta a afirmar a necessidade de uma base mínima de recursos de algum tipo, sem o que muitas pessoas seriam incapazes de gozar da capacidade de se dedicarem a diferentes oportunidades.[8] Sem igualdade, adverte, o processo democrático de tomada de decisões ficaria limitado.

---

8. Essa discussão pode ser claramente associada ao debate feito por Sposati (1997) e, mais recentemente, por Pereira (2000), sobre os Mínimos Sociais.

Em princípio, o modelo de democracia sugerido por Held (1987) parece perfeitamente compatível com os valores e estratégias inerentes a uma sociedade verdadeiramente democrática, ou, como refere Coutinho (2000), com uma concepção *democrática* da democracia. Quando trabalha a idéia de *igualdade de condições*, entretanto, Held sinaliza para uma concepção liberal de igualdade. Conforme já anotado, a defesa de condições amplamente igualitárias, para o autor, não implica a constante e incessante dedicação a condições iguais. Como esclarece, com apoio em Pateman: "Quão exatamente os bens e serviços seriam distribuídos é uma questão que os próprios cidadãos teriam de decidir, dentro da estrutura definida pelo princípio da autonomia" (Held, 1987:267).

Como ficaria, nesse contexto, a incorporação dos segmentos sociais não organizados? De que forma seria possível incluí-los, se excluídos estão do princípio mesmo da autonomia?

Se Held (1987) não se refere à realidade latino-americana e brasileira, que limites essa realidade traduziria, em termos da efetivação de um modelo de democracia participativa, respaldada pelo princípio da autonomia[9]? Até que ponto a "miséria", sinônimo de "desorganização social e política", constituir-se-ia como barreira à efetivação desse modelo de democracia? Nesse mesmo contexto, como pensar a consolidação da Assistência Social, nos moldes previstos na LOAS?

Essas indagações abrem caminho para a discussão da democracia no cenário brasileiro contemporâneo.

1.1.3 Democracia delegativa: modelo brasileiro?

O funcionamento da democracia brasileira, desde 1985, segundo Avritzer (1995), revela que o autoritarismo não constitui um processo temporalmente localizado de ruptura com a ordem democrática. Conforme anota, ainda se identificam, no país:

> a persistência de um comportamento não-democrático das elites políticas, que continuam seguindo estratégias patrimonialistas ou corporativistas [...];

---

9. Chaui aborda com propriedade o conceito de autonomia, afirmando que a questão reside menos em saber se a autonomia é ou não possível, e mais, em distinguir quando estamos diante de diferenças que precisam ser mantidas como tais e quando estamos diante de interesses comuns que precisam ser articulados (1997:308).

a dissociação entre as práticas políticas democráticas no nível da institucionalidade política e a persistência de práticas não democráticas no nível micro [...]; e a não aceitação da cidadania civil e social que se traduziria na rejeição ou desconhecimento dos avanços constitucionais nesse campo, assim como na impossibilidade de um pacto social (1995:109).

Tais características conduzem o autor a supor a existência de uma cultura política que se mantém ao longo do autoritarismo, o que sugere a democratização como um processo mais longo de transformações dessa cultura e das relações Estado-sociedade. Nesse sentido é que Avritzer (1995) critica as "teorias da transição" e aponta uma situação não levantada por elas, que se refere ao surgimento de um conflito entre continuidade e renovação, no nível das práticas dos atores políticos e sociais. Para o autor, "existe uma cultura política não-democrática que se entrelaça com a institucionalidade democrática". Cabe transcrever mais um trecho de seu pensamento, diante de sua pertinência para este trabalho: "As práticas dominantes [...] não são puramente democráticas, nem puramente autoritárias. Podemos, portanto, supor a existência de duas culturas políticas e apontar a disputa entre elas no interior do sistema político" (1995:113).

É por essa razão que Avritzer propõe que a análise da democracia, no Brasil, deve considerar a cultura política anterior ao estabelecimento da democracia, bem como os locais da estrutura do Estado e do sistema político que favoreçam a permanência de práticas não democráticas.

Em síntese, para Avritzer (1995), a abordagem do fenômeno da democratização implica considerar a ação coletiva, as culturas políticas dominantes no interior de uma dada sociedade, as mudanças provocadas pela introdução do mercado e do Estado moderno em um determinado país e as formas de reação da sociedade ao funcionamento das instituições sistêmicas. Isso supõe que as análises do processo de democratização, no Brasil, incorporem, para além das instituições políticas, as formas de ação social que garantiriam a democracia "ao longo de um processo de modernização societária" (p. 115). Como lembra Avritzer: "O que haveria, no Brasil pós-85, seria, precisamente, um conflito entre as forças societárias, que entendem a sociedade como autônoma e procuram limitar as forças do Estado e do mercado, e as forças sistêmicas, que resistem a qualquer forma real de limitação de seu poder" (1995:118).

Em decorrência, a democratização, no Brasil, significou, de um lado, o surgimento de uma cultura política democrática, vinculada aos movimentos civis democratizadores, e, de outro, a permanência de práticas tradicionais, inerentes ao processo de modernização no país. Em tal situação, pondera Avritzer, "seria de esperar que a democratização produzisse crise, em vez de estabilidade" (1995:118).

Avritzer (1997) oferece novos elementos para a compreensão dessas práticas tradicionais, ao salientar a forma populista da democracia na América Latina do pós-guerra, que, a par de uma concepção elitizada da democracia, tal como o elitismo clássico (burocrático), entendia o sistema político como restrito a uma disputa eleitoral entre as elites, cabendo às massas apenas o papel de mobilizar apoio político às diferentes propostas eleitorais. Para o autor, no entanto, duas características do elitismo democrático não operam no contexto latino-americano: a) as elites não aderem aos valores democráticos, e; b) a mobilização não constitui fator de instabilidade.

A partir dessas ponderações, Avritzer (1997) sugere: a) a substituição da teoria das elites por uma teoria que considere a separação entre a esfera pública e privada; b) a substituição de uma teoria da manipulação por uma teoria da ação coletiva; c) a substituição de uma teoria poliárquica das instituições, por uma concepção dual da política, ou seja, no sentido de que a dialógica própria dos movimentos e associações civis e a lógica institucional, própria às sociedades políticas, possam ser complementares; d) a substituição de uma teoria estruturalista da cultura, por uma teoria articulatória da cultura, inserindo nas análises sobre a democratização, a cultura dos novos atores e não apenas as práticas de dominação das elites.

A polêmica a respeito da democracia, no entanto, não termina aqui, e novos recortes e proposições analíticas podem ser identificados, permitindo que se localize, com maior nitidez, os diferentes contornos que desenham esse infindável debate. Indispensável incorporar-lhe autores como O'Donnell (1991, 1993, 1996, 1998a, 1998b) e Santos (1994, 1998a, 1998b), cujos trabalhos oferecem indicações profícuas para quem se aventura a entender a democracia e os processos dela decorrentes, em países como o Brasil.

Dentre os diversos escritos de O'Donnell, parece oportuno iniciar por aquele em que esclarece a distinção entre *transição* e *consolidação* democrática, até porque essa distinção permite o entendimento do que se convencionou chamar de *teorias da transição*, conforme Avritzer (1995, 1997) e *teorias da consolidação* (nas quais pode-se incluir como representante, o próprio O'Donnell).

Ao postular que os processos de democratização vividos pelos países latino-americanos implicam duas transições, O'Donnell (1988b) esclarece que a primeira é aquela que vai do regime autoritário anterior até a instalação de um governo democrático, e a segunda é a que vai desde este governo, até a consolidação da democracia, implicando a efetiva vigência de um regime democrático.

Isso requer: "[...] um consenso processual mínimo com relação às instituições poliárquicas, tais como voto secreto, sufrágio universal, eleições regulares, competição partidária, acesso e reconhecimento das associações e *accountability* do Executivo" (O'Donnell & Schmitter, apud Cheibub e Lima, 1996:86).

No caso do Brasil, O'Donnell (1988b) ensina que a primeira transição foi *insolitamente prolongada*, o que significa que a segunda transição não será menos árdua, nem menos prolongada[10].

Em artigos mais recentes, O'Donnell (1991, 1993, 1996, 1998a, 1998b) discute os conceitos de *democracias delegativas* e *novas poliarquias*, inserindo-os no tema da *(in)efetividade da lei* em países da América Latina. Ao fazê-lo, trata das condições necessárias à consolidação da democracia nesses países, bem como refere os óbices que impedem tal processo. Cabe destacar, dessas produções, algumas definições e proposições que se consideram fundamentais para o entendimento do debate acerca da democracia delegativa.

O conceito de *democracias delegativas* é proposto quando O'Donnell (1991) argumenta que as teorias e tipologias da democracia costumam se referir à democracia *representativa*, tal como é praticada nos países desenvolvidos. Isso, entende, não vale para países da América Latina, como o Brasil, em que democracias recém-instaladas são democracias no sentido atribuído por Dahl para definir as *poliarquias*, mas não na perspectiva de democracias representativas.

Com essa afirmação, O'Donnell (1991) esclarece que essas democracias apresentam um conjunto de características que o levam a considerá-las democracias *delegativas*, ou seja, democracias que não são consolidadas ou institucionalizadas, mas que podem ser duradouras. Nesse

---

10. O'Donnell (1988b) e O'Donnell e Reis (1988) realizam importante análise sobre os dilemas e perspectivas da democracia no Brasil. Da mesma forma, em "Transições do Regime Autoritário", de O'Donnell, Schmitter e Whitehead (1988), discute-se tal transição em países da América Latina, aí incluindo-se o caso brasileiro.

caso, não se vislumbram ameaças iminentes de uma regressão autoritária, mas, tampouco, avanços em direção a uma representatividade institucionalizada. A crise social e econômica que a maioria desses países herdou de seus antecessores autoritários potencializa, para O'Donnell, as conseqüências de certas concepções e práticas que conduzem à democracia delegativa e não à representativa. Isso impediria o progresso institucional e a eficácia governamental no enfrentamento de tal crise.

Se instituições políticas democráticas[11] representam um nível decisivo de mediação e agregação entre fatores estruturais e diversos agrupamentos nos quais a sociedade organiza seus múltiplos interesses e identidades, uma democracia não institucionalizada caracteriza-se pelo escopo restrito (fundamentalmente de base classista), pela fraqueza e pela baixa densidade de suas instituições. Nesse cenário, ensina O'Donnell (1991), instituições não formalizadas, mas atuantes, como o clientelismo e o patrimonialismo, e também a corrupção, tomam o lugar das instituições democráticas[12].

É interessante registrar mais alguns pontos da caracterização que faz esse autor acerca das democracias *delegativas*, pois eles são bastante pertinentes para o conhecimento dessa realidade no Brasil e, por certo, também em Santa Catarina.

Conforme O'Donnell (1991:30) prescreve, as democracias delegativas se fundamentam na premissa de que quem ganha uma eleição está autorizado a governar o país como melhor lhe aprouver. O presidente é a encarnação da nação e o que faz, no governo, não precisa guardar seme-

---

11. Por instituições políticas democráticas, O'Donnell (1991) entende instituições que têm, dentre outros fatores, uma relação direta e reconhecível com os principais temas da política, como, por exemplo, a tomada de decisões que são obrigatórias em determinado território, os canais de acesso a essas decisões e às funções de governo que possibilitam tomá-las, e a moldagem dos interesses e identidades que reivindicam acesso a esses canais de decisão.

12. Referindo-se ao processo de institucionalização da democracia na América Latina, O'Donnell (1996:19-24) discute o *particularismo* e o que chama de sua contraparte, ou seja, as concepções e práticas neopatrimonialistas e delegativas de governo, afirmando que ele é antagônico a um dos principais aspectos do complexo institucional da poliarquia: a distinção comportamental, legal e normativa entre uma esfera pública e uma esfera privada.

A respeito dessas instituições não formalizadas, é bastante oportuna a análise de Abranches (1989). Ao referir-se à crise sistêmica e à lógica das facções no contexto brasileiro, revela que esta última é quem define a estratégia de ação e interação predominante entre os diferentes atores individuais e agentes coletivos. A garantia das posições e padrões de interação, no entanto, é determinada pela regulação burocrática, na maioria das vezes em sua forma mais tradicional, a cartorial.

lhança com o que prometeu em campanha. Nessa visão, instituições como o Congresso e o Judiciário[13] são incômodos que acompanham as vantagens internas e externas de ser um presidente democraticamente eleito, e a obrigatoriedade de se prestar contas (*accountability*) a essas instituições aparece como um impedimento desnecessário à plena autoridade que o presidente recebeu a delegação de exercer (O'Donnell, 1991:31).

Nem por isso, lembra O'Donnell, a democracia delegativa é alheia à tradição democrática, pois, na verdade, ela é mais democrática, embora menos liberal, do que a democracia representativa. Ela é fortemente majoritária (uma maioria autoriza alguém a se tornar a encarnação dos altos interesses da nação) e individualista (pressupõe que os eleitores escolhem a pessoa que é a mais indicada para cuidar dos destinos do país). Conforme complementa O'Donnell (1991:31), no entanto: "Depois das eleições, espera-se que os eleitores/delegantes retornem à condição de espectadores passivos, mas quem sabe animados, do que o presidente faz".

Da análise de O'Donnell sobre *democracias delegativas*, tipologia na qual inclui o Brasil, parece ainda oportuno destacar a informação de que, nas democracias consolidadas, o processo de tomada de decisões é lento, mas, uma vez que elas são tomadas, é provável que sejam implementadas. Não é o caso das democracias delegativas, em que se assiste ao que chama de *frenesi decisional*, ou seja, um número espantoso de decisões é tomado rapidamente através do *decretismo* (expressão do autor), sem que isso implique que tais decisões sejam implementadas. A questão está em saber "por quanto tempo o grosso da população estaria disposto a jogar esse jogo" (1991:40).

Santos reforça essas ponderações quando, ao analisar a crise de governabilidade no Brasil, afirma suspeitar que "uma das principais fontes das dificuldades governativas encontra-se justamente no híbrido institucional, que associa uma morfologia poliárquica, excessivamente legisladora e regulatória, a um hobbesianismo social pré-participatório e estatofóbico" (1993:79).

Isso porque, para o autor, se existe alguma coisa em excesso no país, não é demanda, mas regulação, leis, comandos, diretrizes e planos. Viola-se, assim, "o princípio da credibilidade da lei, que é o que permite o

---

13. Sobre a relação entre Executivo e Legislativo no Brasil, consultar os estudos de Figueiredo e Limongi (1997), que apreciam a emissão de Medidas Provisórias. Com relação ao Judiciário, sugere-se, entre outros, Arantes (1997).

planejamento individual de cada vida privada e de cada investimento social de médio e longo prazos" (Santos, 1993:79).

Como indicativos para minimizar tais impasses, O'Donnell (1993) sugere que é necessário que se cumpram três condições, de forma que políticas sejam implementadas e não apenas decididas: a) os agentes privados e do Estado devem ter, pelo menos, o médio prazo como horizonte temporal relevante. Isso não é fácil, porque os governantes não costumam ter outro horizonte que não seja o de curto prazo, porque a crise significa, de um lado, que eles devem se dedicar *a apagar incêndios* que surgem em todos os lugares, e, de outro, que seus empregos estão em perigo permanente; b) os órgãos estatais relevantes devem estar motivados para processar informações complexas, buscar definições de interesse público e perceber seu papel na formulação de políticas como gratificantes em suas carreiras; c) algumas políticas só podem ser implementadas se forem incorporados, em negociações complexas, os vários atores privados e os interesses organizados que exigem acesso legítimo ao processo.

Questiona O'Donnell (1993:141), entretanto:

> Quais podem ser as âncoras e ligações com as instituições (as de representação de interesse e as propriamente políticas, tais como os partidos e o Congresso) que tecem os relacionamentos entre o estado e a sociedade nas democracias institucionalizadas? Que representatividade e, em termos mais amplos, que identidades coletivas podem sobreviver a esses contratempos?

Em mais uma análise sobre os processos de democratização em países da América Latina, na qual novamente inclui o Brasil, O'Donnell oferece mais subsídios para o desvelamento de seus paradoxos. O autor insere nosso país entre aqueles que estão atravessando não apenas uma crise econômica e social séria, mas, também, uma profunda crise em nível do próprio Estado. Essa crise se expressa em termos da incapacidade de o Estado, como conjunto de burocracias, cumprir suas obrigações com eficiência razoável, garantir a efetividade da lei e orientar suas decisões segundo a concepção do bem público.

Nas novas democracias, esclarece O'Donnell, há eleições, governadores e legisladores nacionais e estaduais, mas os partidos "não são mais do que máquinas personalistas ativamente dependentes das prebendas que podem extrair das agências estatais nacionais e locais" (1993:130).

Nessa perspectiva, a representatividade de regimes desse tipo, ainda que significativa, poderia introjetar práticas de autoritarismo, pois que ausente de publicidade e legalidade efetiva.

É essa legalidade efetiva que O'Donnell (1998b:52) propõe como sustentáculo da cidadania, pois "a democracia não é só um regime político (poliárquico), mas também um modo particular de relacionamento entre estado e cidadãos e entre os próprios cidadãos, sob um tipo de princípio da lei que, além da cidadania política, preserva a cidadania civil e uma rede completa de *accountabilities*".

Uma questão a ser examinada nas novas democracias, como indica O'Donnell (1999:625), é "até que ponto e em que condições os pobres e discriminados podem recorrer às liberdades políticas de um regime democrático como plataforma de proteção e fonte de poder nas lutas pela ampliação dos direitos civis e sociais".

É oportuno destacar que O'Donnell deixa claro que não identifica democracia com igualdade ou bem-estar substantivos. Conforme postula (1998b), porém, a base para seu alcance reside na conquista e exercício dos direitos formais, pois, sem cidadania política, civil e, ainda, *accountability*, não se chegará a uma sociedade igualitária que, mediante o princípio da lei, se torne uma sociedade decente e "na qual as instituições não humilhem as pessoas" (Margalit, apud O'Donnell, 1998b:55)[14].

Nas democracias delegativas, no entanto, como é o caso do Brasil, ainda que os direitos participativos e democráticos da poliarquia sejam respeitados[15], o componente *liberal* da democracia é violado, já que não se pode esperar o tratamento devido por parte da polícia ou dos tribunais. Essa disjunção, para O'Donnell (1993), reside na mistura de componentes democráticos e autoritários existente nessas democracias, em que

---

14. A proposta de O'Donnell (1998b) situa-se em uma posição intermediária entre a democracia política e a desigualdade social, ou, como situam Arantes e Kerche (1999:29), *a meio caminho depois da poliarquia (igualdade mínima) e antes da democracia plena (igualdade máxima)*. Para estes, a inovação de O'Donnell (1998b) reside na incorporação da variável socioeconômica como elemento da análise política, através de uma dimensão intermediária, a noção de *rule of law*.

15. Santos (1993) contribui para o alargamento do diagnóstico do caso brasileiro, quando lembra, entre outras *Razões da desordem*, que o formalismo poliárquico, no país, assenta-se sobre uma sociedade que é plural quanto à multiplicidade dos grupos de interesse, todavia essencialmente hobbesiana, já que esses grupos não mobilizam senão ínfima parcela de "interessados".

a profundidade da crise acentua as práticas de *colonização*[16] dos órgãos do Estado, e a efetividade da lei se perde em meio ao afrouxamento de identidades populares coletivas e ao agravamento de formas de corrupção mútua (O'Donnell, 1993, 1998).

Ainda assim, O'Donnell (1999:627) sugere que a competição política na democracia — aí incluídos o debate sobre a condição *indecidível* (expressão do autor) das liberdades políticas e a discussão em torno da extensão ou retração dos direitos sociais e civis, neles implícita a questão das opções que habilitam a *agency*[17] — precisa continuar. Isso seria possível através do que chama de *embrião* de esfera pública que, articulada às várias órbitas da luta social e política, poderia ser usada como base para deliberações e debates alimentadores dessas lutas.

Às ponderações de O'Donnell, sobre democracia delegativa, cabe acrescer as posições de Santos (1998b), de forma a se ampliar o entendimento acerca dos reais limites da democracia no Brasil.

Santos (1998b) polemiza o cerne do debate sobre a teoria da democracia sugerindo que, se os direitos característicos dos sistemas representativos (de expressão, organização, votar e ser votado) já se encontram estabelecidos e resguardados, e se o processo fundamental que os viabiliza, deflagrado, restam, ainda, algumas questões centrais: duas se referem a procedimentos (meios) e uma à questão substantiva (fins). Em relação à primeira, cabem as perguntas: Qual a melhor forma de organizar o poder político (variantes de presidencialismo *versus* variantes de parlamentarismo)? Qual a melhor forma de delegar soberania popular à representação (variantes do sistema proporcional *versus* variantes do sistema majoritário distrital)? Em relação à segunda, a pergunta seria: Qual o tamanho ótimo da abrangência do Estado?

É nesse sentido que o autor prescreve que a questão dos meios está essencialmente ligada à questão dos fins. Nesse diapasão, a experiência brasileira revela que o *jogo das regras* (a política cotidiana) pode ser relativamente estável, o mesmo não ocorrendo no tocante às *regras do jogo*.

---

16. Expressão utilizada no sentido que lhe atribui O'Donnell (1993:139), para definir práticas típicas de capitalistas de alguns países da América Latina, no sentido de viver da generosidade do Estado e de suas agências.

17. O conceito de *agency* é utilizado por O'Donnell (1999) para designar o aspecto legalmente promulgado de uma visão moral do indivíduo como ser autônomo, moral e responsável. A *agency* presume autonomia e razoabilidade suficiente para tomar decisões cujas conseqüências acarretam obrigações de responsabilidades.

Em consonância com Santos (1998a:192), cabe ponderar que:

Falta-nos fundamentalmente um contrato social que seja a expressão efetiva dos valores com os quais desejamos estar comprometidos. E falta-nos decidir se já alcançamos o ponto em que os custos da tolerância são inferiores aos custos da coação. Isso pode aprender-se através do bom combate político. Ou à antiga, pela força. Os neo-oligarcas optaram pelos atentados institucionais. Por mim, voto pela boa competição política. Esta é minha apologia democrática.

Por essa razão é que em países como o Brasil, onde impera a democracia *delegativa* (termo empregado por O'Donnell), e a baixa efetividade institucional repercute de forma direta no tipo de atendimento às demandas da sociedade — dirigidas, principalmente, à ampliação da cidadania social — é preciso considerar a interseção dos diferentes ângulos da democracia — formal e substantivo, ou instrumental e normativo.

A discussão acerca dos procedimentos democráticos, como já indicado, perde o sentido, se dissociada do debate sobre as múltiplas dimensões que envolve a questão da igualdade. A construção de um modelo efetivo de gestão participativa e democrática, portanto, não pode prescindir de uma concepção firme e sólida de justiça social, referência primeira, em se tratando da política pública de Assistência Social.

Cabe ressaltar que, nesse aspecto, a LOAS destaca as duas dimensões. É evidente que isso é explorado de forma insuficiente e por vezes restritiva. Ainda assim, ela deixa clara, por exemplo, a noção dos mínimos sociais que devem ser prestados, em caráter universal e gratuito, a quem necessitar de Assistência Social. Da mesma forma, a estruturação do sistema descentralizado e participativo dessa política, conforme a referida legislação prevê, traduz que a Assistência Social dispõe de um novo formato, passível de orientar a ação político-administrativa daqueles que a gerenciam. Daí à sua implementação há um longo caminho, que passa, entre outros "desvios", pela cultura política de seus gestores.

À guisa de síntese, pode-se afirmar que, no interminável debate sobre a democracia, têm-se, de um lado, os teóricos elitistas que se concentraram em torno do procedimento capaz de garantir um sistema eleitoral e partidário competitivo, e, de outro, os teóricos participativos, que privilegiaram o alargamento dos canais de tomada de decisões coletivas.

No primeiro caso, favoreceu-se o ângulo instrumental da democracia, e, no segundo, priorizou-se a redistribuição dos mecanismos de poder. Sem dúvida, ambos são indispensáveis à consolidação da democracia, mas insuficientes para assegurar a garantia de suas finalidades precípuas.

Mais restritiva é a democracia *delegativa*, que nega a participação e cultiva práticas desprovidas de publicidade e legalidade efetiva.

A incidência dessas diferentes versões de democracia repercute na Assistência Social, fortalecendo uma cultura política que coloca em plano secundário a superação das profundas desigualdades sociais e econômicas que assolam a sociedade contemporânea.

A abordagem dos demais eixos analíticos que orientam a ação político-administrativa da Assistência Social pretende elucidar alguns desses paradoxos, cujo desvelamento pode contribuir para a compreensão dos limites que se colocam à implantação da LOAS, legislação pensada em marcos participativos, mas cultivada em solo elitista e *delegativo*.

1.2 A tecnocracia em harmonia com o discurso autoritário-desenvolvimentista e a ideologia neoliberal

Se as teorias da justificação da democracia no início do século XX concentraram-se, para teóricos como Weber (1996) e Schumpeter (1984), em torno de seu caráter formal, esse não foi o eixo exclusivo de suas preocupações. As formas de organização administrativa do Estado moderno e do poder dessas formas sobre o indivíduo também se inseriram no debate desses autores, especialmente em Weber, que percebia como inevitável a extensão da burocracia nos espaços de organização do Estado, fosse este democrático ou autoritário[18].

O debate que ocupou os citados teóricos também foi incluído na agenda dos estudiosos do período desenvolvimentista e autoritário no Brasil e, da mesma forma, no contexto recente das análises sobre a reforma e crise do Estado. Nessas análises, é possível perceber que a burocracia e a tecnocracia se constituem temas relevantes à compreensão do cenário político contemporâneo, pois revela, com razoável constância, quan-

---

18. Ainda que o conceito de burocracia não possa ser tomado como sinônimo de tecnocracia (categoria que ora se seleciona para apreciação), já que ambos os termos não se reduzem um ao outro, a íntima relação que existe entre eles indica a oportunidade de abordá-los de forma simultânea e integrada. A respeito, consultar Martins (1974), para quem existem fronteiras solidamente delineadas entre os dois fenômenos.

to a força desses argumentos persiste, apesar dos reconhecidos avanços democráticos obtidos no país.

Confirmam essa assertiva Figueiredo e Limongi (1995), em estudo sobre a relação existente entre os poderes Executivo e Legislativo no Brasil, e no qual apontam que a Constituição de 1988 manteve muitos dos poderes legislativos com os quais o Poder Executivo foi dotado, ao longo do período autoritário. Com isso, não foram revogadas algumas prerrogativas que permitiram ao Executivo sobrepor-se ao legislativo, substituindo-o durante o regime militar, o que possibilitou uma continuidade legal entre esse período e o atual.

Pode-se inferir, dessa afirmação, que algumas características típicas do período autoritário, conhecido pelo seu caráter centralizador e burocrático, permanecem na forma atual de organização do Estado, o que é suficiente para marcar a atualidade da discussão em torno da tecnocracia, lógica que incide diretamente na Cultura Política daqueles que gerenciam as políticas públicas, particularmente, a Assistência Social.

Auxiliam-nos a situar esse cenário recente trabalho de Diniz (1998, 1999), sobre a Reforma do Estado[19]. Ao referir-se à peculiaridade de nossa democracia, em que à incapacidade de garantir a ordem legal soma-se a debilidade da máquina estatal e a degradação do serviço público, a autora adverte que essa debilidade ocorre como conseqüência de "reformas administrativas inspiradas nas diretrizes neoliberais, que levaram à mutilação do aparelho do Estado, como ocorreu durante a administração Collor" (1998:32). Como paradoxo daí decorrente, salienta:

> [...] a presença de um forte poder burocrático, numa burocracia devastada. Em outros termos, o reforço do núcleo tecnocrático contrasta com os óbices de uma burocracia com fraca capacidade operacional, destituída de padrões de carreira bem delineados e de uma estrutura de incentivos que favoreça níveis superiores de desempenho, delineando-se um forte descompasso entre a rapidez das decisões e o emperramento da máquina burocrática (Diniz, 1998:32-3).

Dessa forma, assiste-se, no Brasil, à configuração de sistemas híbridos, que, conforme já indicado, caracterizam-se, de um lado, pela existência de mecanismos eleitorais que garantem a rotatividade dos governantes, e, de outro, pela presença de uma estrutura fortemente burocrá-

---

19. Sugere-se, sobre o mesmo tema, os recentes trabalhos de Nogueira (1998, 1999, 2001).

tica, no que tange aos processos de produção e tomada de decisões quanto às políticas públicas.

O paradigma tecnocrático, conforme expõe Diniz (1998,1999), tornou-se dominante, paralelamente à ascensão da ideologia neoliberal, e entende eficiência governamental em termos de concentração, centralização e fechamento do processo decisório. Nesse sentido, "eficácia de gestão seria reduzida à noção de insalubridade burocrática e [...] autonomia do Estado seria interpretada em termos da capacidade do Estado isolar-se das pressões do mundo da política e situar-se acima dos conflitos" (1998:45).

Com base nessas ponderações, Diniz (1998, 1999) leciona que o paradigma tecnocrático, no plano analítico, legitimaria o estilo tecnocrático de gestão, que se afirmaria, na prática, como forma de maximizar eficiência, tanto no tratamento de situações emergenciais, como as crises, quanto na mais rotineira ação de execução da agenda das reformas. Em conseqüência, questões como publicidade das ações, responsabilidade pública dos decisores e requisitos democráticos de consulta e negociação, ficariam em plano secundário, e a crença na infalibilidade do saber técnico acentuaria o divórcio com a política, esta entendida como fonte de distorções e irracionalidade.

A partir dessa breve introdução ao tema da tecnocracia, entende-se que é pertinente iniciar sua abordagem propriamente dita, o que se fará discutindo, primeiramente, alguns elementos considerados essenciais à sua compreensão, tais como conceituação, princípios, formas de justificação e referências teóricas fundamentais. Essa apreciação será seguida de uma breve localização da tecnocracia no Brasil; inicialmente, no período desenvolvimentista, e, a seguir, no contexto mais recente, no qual essa perspectiva se reafirma amparada na ideologia neoliberal.

1.2.1 Ambigüidades conceituais e pressupostos da tecnocracia[20]

Mais uma vez, o caráter objetivo e didático que marca os trabalhos de Bobbio, dessa feita com Matteucci e Pasquino (1986a), permite que se elucidem conceitos complexos, como é o caso da tecnocracia. São os pró-

---

20. A ciência política brasileira já produziu uma considerável literatura sobre esse tema, razão pela qual este item abordará, apenas, elementos que permitam uma compreensão preliminar de seus conteúdos. A respeito, consultar Martins (1974), dentre outros.

prios autores que o situam como um conceito ambíguo, já que aplicado a atores bastante distintos e inserido em amplo contexto histórico. Para dar conta de tal dilema, Bobbio et alii (1986a) discutem a tecnocracia a partir de três critérios de análise: histórico, estrutural e funcional.

Do ponto de vista histórico, os autores esclarecem que é a sociedade da organização (programação e planejamento), ou sociedade industrial, o verdadeiro ambiente que constitui o *genus* tecnocrático. A revolução da automação engendraria, conseqüentemente, novas espécies tecnocráticas. Do ponto de vista estrutural, sistemas tecnocráticos são aqueles em que a lógica de controle das estruturas prevalece sobre a lógica da propriedade, ou o momento *de fato* se impõe sobre o momento *de jure* (grifos dos autores, 1986:1234).

Nessa perspectiva, a pretendida transformação da natureza advém do maior conhecimento, pressuposto que, aliado à competência, é incompatível, por exemplo, com uma concepção patrimonial de gestão. A influência do *manager* no sistema social moderno está relacionada à crescente importância da área econômica, que tende a configurar a tecnocracia como um modelo de exercício de poder capaz de substituir o modelo político de gestão desse mesmo poder. A tecnocracia é, dessa forma, o governo dos especialistas, em oposição à democracia, que é, pelo menos teoricamente, o governo de todos. Se, na democracia, o protagonista é o cidadão comum, na tecnocracia o protagonista é o sábio, o *expert* (Bobbio, 1983).

Como princípios da "ideologia tecnocrática", Bobbio et alii (1986:1235) indicam, além da predominância da eficiência e da competência: "a concepção da política como reino da incompetência, da corrupção e do particularismo, o tema do desinteresse pelas massas a respeito da *res-publica* com a conseqüente profissionalização do *decision-making*, a tese do declínio das ideologias políticas e a substituição de uma espécie de *koiné* tecnológica".

A questão da relação entre competência e política, no entanto, permanece, ou, como perguntam Bobbio et alii: a "preponderância dos diretores comporta o desaparecimento do poder político, ou apenas uma alocação e uma configuração diferentes do mesmo?" (1986a:1235).

É o próprio Bobbio (1983), através de sua análise sobre o Estado moderno, quem fornece elementos para que se entenda melhor essa questão. Conforme explica, o Estado moderno cresceu em dimensões e funções, gerando a ampliação do aparelho burocrático, ou do aparelho cuja estrutura é hierárquica e não democrática. Nesse sentido, ele se caracteriza por um fluxo de poder descendente, isto é, que desce do alto para baixo, diferentemente daquele que vai de baixo para cima, como é o ascendente. Este, característico do poder político, seria exercido em todos os níveis (local, regional, nacional), em nome do indivíduo como cidadão, e sua extensão resultaria na democracia social, ou na democratização da sociedade (Bobbio, 1986b:54-55).

Chaui (1997) contribui para o entendimento de alguns elementos inerentes ao poder do tipo descendente, quando se refere à separação que se estabelece entre sociedade e poder, no Estado moderno. Nele, a sociedade civil é concebida como campo de lutas dos interesses particulares, como paixões e autoconservação, e espaço de desigualdades naturais superadas ou reiteradas pelas desigualdades sociais.[21] O Estado, em contrapartida, é o *locus* responsável pela comunidade como realidade jurídica, territorial e cultural e se localiza acima desses interesses particulares, em nome do bem comum. Conforme anota a autora, o Estado, ao se configurar como detentor do poder público e do espaço público, estabelece o ordenamento legal e político da sociedade civil, e, como tal, prescreve leis, normas, valores e práticas fundadas na legalidade e na racionalidade institucional.

Esse Estado não se pauta pela idéia da justiça, mas pela idéia da eficácia racional, segundo o lema de que é preciso "maximizar os ganhos e minimizar as perdas", o que define a esfera do mercado como paradigma de todas as práticas sociais (Chauí, 1997:282).

Ao referir-se ao "discurso competente" que, para a autora, não se identifica com o discurso elitista, mas com o "discurso instituído", Chaui (1981:7-13) oferece mais subsídios para a caracterização do Estado "racional" burocrático, ou Estado descendente (Bobbio, 1983, 1986b), espaço propício ao exercício da ideologia tecnocrática.

Burocratização e organização pressupõem, para Chaui (1981), algumas características: a crença de que a racionalidade da ação substitui qualquer questão acerca da racionalidade dos fins dessa ação; a existência de um sistema de autoridade fundado na hierarquia; um processo de identificação dos membros da burocracia, com a função que exercem e o cargo que ocupam, o que garante o reconhecimento da competência de cada

---

21. Cabe citar o alerta de Chauí (1997) quanto ao fato de que a ética protestante do trabalho foi decisiva para justificar as desigualdades, figuradas como diferença entre ricos-laboriosos e pobres-preguiçosos.

um, segundo essas posições, e a presença da direção, que faz parte da burocracia sob a forma de administração, de modo que dirigentes e dirigidos pareçam ser comandados apenas pelos imperativos racionais do movimento interno à organização. Com isso, tem-se a impressão de que ninguém exerce poder, pois este emana "da competência dos cargos e funções que, por acaso, estão ocupados por homens determinados" (1981:9-13).

A partir daí, o discurso competente se distribui, conforme Chaui, em três registros: "há o discurso competente do administrador burocrata, o discurso competente do administrado burocrata, e o discurso competente e genérico de homens reduzidos à condição de objetos socioeconômicos e sociopolíticos". A primeira modalidade de competência é aquela que se submete à norma segundo a qual "não é qualquer um que pode dizer a qualquer outro qualquer coisa em qualquer lugar e em qualquer circunstância" (1981:10).

É assim que o discurso competente, como discurso do conhecimento (e não da ciência), constitui-se uma arma para um projeto de intimidação política. Na lição de Chaui (1981:13), "não basta uma crítica humanista ou humanitária ao delírio tecnocrata, pois este é apenas um efeito de superfície de um processo obscuro no qual conhecer e poder encontraram sua forma particular de articulação na sociedade contemporânea".

Para essa autora, a noção de competência marca a desigualdade em uma outra esfera, que não é mais a da ideologia burguesa, que sugere a desigualdade natural das capacidades e talentos, mas, sim, aquela produzida pela sociedade planificada e que separa os detentores do saber, dos despossuídos (Chaui, 1981). Isso colocaria, na perspectiva indicada por Bobbio (1983, 1986b), limites precisos ao estabelecimento de um Estado de tipo ascendente.

Antes de prosseguir com as ponderações de Chaui (1981, 1997), ou de outros autores, a respeito do que Bobbio et alii (1986a) chamam de "novas espécies tecnocráticas", parece recomendável discutir algumas idéias de Weber (1996) e Schumpeter (1984) que, direta ou indiretamente, permitiram a justificação dessa forma específica de exercício do poder "descendente" (Bobbio, 1983, 1986b).

1.2.2 E tudo começou com Weber e Schumpeter?

A crescente complexidade das sociedades modernas ocupou o pensamento de Weber, que buscou encontrar um equilíbrio entre a força e o direito, o poder e a lei, o governo especializado e a soberania popular, (Held, 1987). Para ele, o processo de racionalização, típico do sistema de produção capitalista, seria acompanhado, inevitavelmente, pela burocracia, que atingiria, além do Estado, outras formas de organização, como sindicatos, partidos políticos, hospitais etc.

Graças à sua superioridade técnica, a organização burocrática teria condições de progredir em relação a outras formas de organização, pois apenas a burocracia pode garantir, a longo prazo, a eficiência e a estabilidade da organização (Weber, 1996, Held, 1987)[22].

As funções específicas da burocracia moderna, para Weber, expressar-se-iam em alguns princípios e condições, dentre os quais se destacam: o princípio das atribuições oficiais fixas e ordenadas, em geral mediante regras, leis ou disposições de regulamento administrativo; o princípio da hierarquia funcional, baseado em um sistema organizado de mando e subordinação mútua das autoridades mediante uma inspeção das inferiores pelas superiores; um corpo de empregados subalternos; uma aprendizagem profissional cuidadosa, tanto para os chefes, como para os empregados; o rendimento máximo do funcionário no desempenho do cargo, e a observância a normas gerais, suscetíveis de aprendizagem.

A aplicação desses princípios traz algumas conseqüências para os "funcionários": suas obrigações se limitam aos deveres exclusivos de seus cargos, já que são pessoalmente livres, mas esses cargos devem ser exercidos de forma exclusiva, ou como principal ocupação; o cargo os escalona dentro de uma rigorosa hierarquia administrativa, na qual assumem competências rigorosamente fixadas; o ingresso na organização se dá na base da livre seleção, que se realiza visando à classificação profissional que fundamenta a sua nomeação; o cumprimento dos deveres é retribuído em dinheiro, com salários fixos definidos conforme a posição na hierarquia e a responsabilidade do cargo, além da aplicação do princípio do "decoro estamental"; os funcionários podem fazer "carreira" e ascender a cargos superiores, conforme tempo de exercício ou de serviço (e não

---

22. Weber (1996) discute a burocracia no contexto de sua clássica tipologia de dominação das sociedades modernas. Aí se incluem a dominação legal, cujo tipo mais puro é a dominação burocrática, a dominação tradicional, em que se destacam o domínio patriarcal e o patrimonial, e a dominação carismática, que se funda no domínio do "profeta", do "herói guerreiro" e do "grande demagogo" (Weber, 1996:711).

com base em favores, característica de uma sociedade tradicional); a ocupação dos cargos não implica sua apropriação; e, por fim, seu exercício deve estar submetido à disciplina e à vigilância administrativa (Weber, 1996:718-23 e Saint-Pierre, 1994:143-4).

O tipo ideal de burocracia, para Weber, realiza-se, então, na base do "saber profissional especializado", e o funcionamento da organização burocrática se restringe a uma relação "técnico-científica" de adequação entre meios e fins (Saint-Pierre, 1994:144). O saber do funcionário, como saber técnico e racional, permite-lhe decidir sobre os meios mais adequados para atingir, de maneira eficiente, os fins previamente dados. Nessa perspectiva, não haveria, sugere Saint-Pierre, preocupação com a determinação dos fins últimos, mas, apenas, com os fins dados (idem).

Em *Ciência e Política: duas vocações*, pode-se confirmar as indicações de Weber sobre a burocracia e seus "funcionários". Conforme ele refere:

> o desenvolvimento moderno da função pública [...], em nossa época, exige um corpo de trabalhadores intelectuais especializados, altamente qualificados e que se preparem, ao longo dos anos, para o desempenho de sua tarefa profissional, estando animados por um sentimento muito desenvolvido de honra corporativa, onde (*sic*) se acentua o capítulo da integridade (1968:69).

A esses, por certo, não cabe a vocação política, porque "tomar partido, lutar, apaixonar-se [...] são as características do homem político" (Weber, 1968:79). Em contrapartida, a honra do funcionário, acentua Weber, reside em poder executar conscienciosamente uma ordem, sob a responsabilidade de uma autoridade superior, como se ela correspondesse às suas próprias convicções. Sem essa disciplina moral e sem essa abnegação completa, afirma, toda a organização ruiria.

São esses funcionários que, designados, dirigem uma vasta rede de organizações, ou os aparatos administrativos, que se encontram à frente de todas as instituições do Estado (Held, 1987).

A par dessas indicações, Weber se preocupou com possíveis excessos do poder burocrático. Se não fossem colocadas barreiras em seu exercício, temia que a organização pública poderia tornar-se presa de funcionários demasiado zelosos, ou de poderosos interesses privados. Por outro lado, em momentos de emergência nacional não seriam os burocratas os líderes capazes de assumir uma posição decisiva, pois as burocracias não são projetadas para considerar, ao mesmo tempo, critérios políticos, técnicos e econômicos. A solução, entendia Weber, encontrar-se-ia no poder contrário do capital privado, em um sistema partidário competitivo e em uma forte liderança política (Held, 1987).

No entendimento de Held, ainda que Weber tenha observado que o desenvolvimento da burocracia poderia conduzir a um aumento de poder daqueles que se encontram nos níveis mais altos da administração, ele não considerou as formas pelas quais as pessoas localizadas nas posições subordinadas podem aumentar seu poder. Com apoio em Giddens, Held, pondera:

> Nos modernos sistemas burocráticos, parecem haver (sic) consideráveis 'aberturas' para que aqueles em posições 'formalmente subordinadas adquiram ou reconquistem o controle de suas tarefas organizacionais' (por exemplo, prejudicando ou bloqueando a tramitação do conjunto de informações vitais para o processo centralizado de decisões). As burocracias podem aumentar o potencial para a disrupção 'de baixo' e aumentar os espaços para se evitar o controle hierárquico (1987:147).

O fato de Weber ter desconsiderado o poder dos subordinados fundamenta-se em sua descrença na capacidade da massa de cidadãos possuir conhecimentos, compromisso e envolvimento com a política. E, se existem poucas pessoas capazes para essa tarefa, apenas uma liderança competente, somada a uma administração burocrática e a um sistema parlamentar, poderia administrar a complexidade, os problemas e as decisões da política moderna (Held, 1987).

Como anota Held, apesar de as formas organizacionais se mostrarem muito mais variadas do que presumiu a "lógica da burocracia" de Weber, seria "tolice" negar o conjunto de suas idéias. Dentre os argumentos importantes desse autor, Held (1987:149) ressalta o argumento de que uma administração habilitada e previsível é condição necessária para outros objetivos importantes, como o fim da arbitrariedade, da casualidade e do excesso de proteção política na regulamentação de assuntos públicos, e o estabelecimento de regras públicas claras que permitam às pessoas investigar a legitimidade das decisões e do processo de tomada de decisões. Sem esses requisitos, a administração dos assuntos públicos pode-se tornar território de lutas internas entre facções e ser incapaz de resolver questões coletivas urgentes.

Finalmente, pode-se concordar com Held, quanto ao fato de que a tensão entre a força e o direito, o poder e a lei, foi, em grande medida, resolvida por Weber, em favor da força e do poder[23].

Como Weber, Schumpeter discutiu, em meio a questões relacionadas à democracia, as formas de organização da sociedade industrial, o crescimento das arenas burocrático-administrativas no interior do Estado moderno, e as dificuldades de se estabelecer um ideal substantivo de bem comum (Avritzer, 1996).

Apesar de argumentar, como o fizera Weber, que a racionalização é parte necessária de um mundo complexo, e que apenas "governos de especialistas" são capazes de dirigir os aparatos do Estado, em sua função de regulamentar e controlar o conjunto da sociedade, Schumpeter discordou do primeiro, ao supor que a articulação do capitalismo com a democracia não seria capaz de impor limites a esse processo de racionalização. O próprio capitalismo, entendia, seria corroído pelo avanço do progresso técnico (Held, 1987:154).

Por outro lado, a democracia seria compatível com a burocracia, porque esta não constitui obstáculo àquela, mas é seu complemento inevitável (Schumpeter, 1984). Tanto a burocracia quanto a democracia exercem papel preponderante para a regulamentação das condições de uma economia "centralista" (Held, 1987:155).

Na verdade, uma burocracia eficiente é um dos requisitos necessários para o funcionamento adequado da democracia, porque esta exige, entre outras condições, um corpo burocrático bem treinado e independente ou, como afirma Schumpeter (1984:365), "de boa posição e tradição, dotado de forte senso de dever e de não menos forte 'esprit de corps'". A burocracia, entendia, deve ser suficientemente forte para guiar e instruir os políticos que encabeçam os ministérios. Para isso, precisa criar princípios próprios, ou seja, deve ser um poder em si mesma. A questão do material humano disponível tem grande importância para Schumpeter, pois, como ele mesmo pondera, o treinamento, embora es-

---

23. Poulantzas (1977) afirma que Weber muito contribuiu para a enunciação das relações particulares entre burocracia e "burocratismo" com o sistema capitalista, mas que sua formulação, no entanto, conduz a um estatuto insuficiente e impreciso do "burocratismo" e a um falso estatuto da burocracia. A concepção weberiana, para Poulantzas, foi explicitamente formada para combater a luta de classes e, portanto, expressa a dissimulação sistemática da relação da burocracia com as classes sociais e, mesmo, com a luta política de classe.

sencial, é secundário, já que o funcionamento de uma classe de funcionários como essa pode ser obtido através do recrutamento de um estrato social de qualidade adequada e prestígio correspondente — não muito "rica, nem muito pobre, nem muito exclusiva, nem muito acessível [...] Sua expansão é a única coisa certa acerca de nosso futuro" (1984:365-6).

Essas anotações traduzem o caráter elitista das propostas de Schumpeter. Esse mesmo caráter pode ser constatado quando ele manifesta sua recusa à herança clássica da democracia, e afirma que "democracia não significa e não pode significar que o povo realmente governe, em qualquer sentido mais óbvio dos termos "povo" e "governe" (1984:355). A respeito, Held observa que Schumpeter reconheceu que os indivíduos podem ser "ativos" nas esferas do consumo e da vida privada, mas chegou muito perto de negar essa mesma capacidade na esfera da política. A ênfase de Schumpeter no grau em que a "vontade popular" é "manufaturada" e na vulnerabilidade dos indivíduos a forças "extra-racionais" ataca, para Held (1987:163), a noção de agente humano individual capaz de fazer escolhas. Embora admita que seja fundamental reconhecer a forma pela qual a individualidade é estruturada pelas forças sociais, Held defende que também é importante não negar a idéia da atuação voluntária. Como alerta: "Caso se abandone a noção de que os seres humanos são agentes dotados de conhecimentos e capazes de fazer escolhas políticas, está-se apenas a um curto passo de pensar que 'o povo' necessita de 'governantes' que sejam engenheiros capazes de tomar as decisões técnicas corretas sobre a ordenação dos assuntos humanos".

É nessa perspectiva que Held (1987) sustenta estarem as *elites competitivas* de Schumpeter muito próximas dessa visão tecnocrática, "uma visão que é tanto antiliberal, quanto antidemocrática".

Afinal, adverte Held, mesmo que o impacto da mídia, das instituições políticas ou de outras agências de socialização tenham o poder de "manufaturar" a vontade popular, parece claro que os valores e crenças das pessoas e as estruturas que moldam seu pensamento não se limitam a refletir a influência de poderosas instituições. Um conjunto fragmentado de atitudes, entende esse autor, é um achado muito mais comum do que um ponto de vista coerente e "manufaturado".

Essa digressão ao modelo democrático de Schumpeter visa acentuar o caráter elitista de suas indicações. É evidente que elas devem ser observadas sob um contexto histórico específico, mas o que se pretende é evidenciar em que medida sua proposta, tal como a de Weber, incide no comportamento político dos gestores da Assistência Social. Isso porque, no sistema democrático de Schumpeter, os únicos participantes plenos são os membros de elites políticas (organizados) em partidos e (inseridos) em instituições públicas (Held, 1987). Que papel caberia às "massas", nessa perspectiva? Certamente, o de se acomodar passivamente ao poder e à competência que emanam das elites.

Schumpeter (1984) fortalece seus argumentos elitistas em vários momentos de sua exposição. Um desses argumentos, porém, pode ser observado quando afirma que o reduzido senso de responsabilidade e a ausência de desejo efetivo explicam a ignorância do cidadão comum e sua falta de discernimento em questões de política. Para ele, sem a iniciativa que decorre do tipo de responsabilidade que chama de "imediata", a ignorância persistirá, por mais completas e corretas que sejam as informações. No seu entendimento, "Persistirá [a ignorância] até mesmo em face dos esforços meritórios feitos no sentido de ir além da apresentação de informações e do ensino de seu uso através de conferências, cursos, grupos de discussão. Os resultados não são nulos. Mas são pequenos. As pessoas não podem ser carregadas escada acima" (1984:328-9).

Cabe ressaltar que, se para Schumpeter a teoria da liderança competitiva se mostrava satisfatória para interpretar os fatos do processo democrático, é ela que permite a Held questioná-lo. Para este autor, Schumpeter não investigou várias das diferentes formas de organização democrática e política como, por exemplo, de que modo aspectos do modelo competitivo podem ser combinados com esquemas mais participativos, que permitem, por meio de reuniões, estimular a definição de decisões e/ou linhas políticas. Schumpeter não avaliou corretamente, conforme sustenta Held (1987), as teorias que são críticas da realidade e que, rejeitando o *status quo*, procuram defender um leque de possibilidades alternativas.

No Brasil, esse leque de possibilidades foi aberto por um conjunto de analistas que se preocuparam em extrapolar as discussões que circunscrevem as opções da sociedade brasileira "à escolha binária entre o modernismo acelerado dos neoliberais e a nostalgia de um nacional desenvolvimentismo extemporâneo" (Sampaio Jr., 1999, referindo-se a Caio Prado, Florestan Fernandes e Celso Furtado).

São esses dois contextos que se pretende considerar para efeito da apreciação da incidência das proposições de Weber e Schumpeter no discurso da *elite burocrático-tecnocrática* brasileira (Covre, 1983).

1.2.3 O discurso tecno-burocrático, no contexto do Estado autoritário desenvolvimentista[24]

Ao referir-se ao *desenvolvimento*, nos moldes em que foi executado no Brasil, entre 1950 e 1960, Bosi (prefácio a Mota, 1998[25]) informa que ele gerou, concretamente, no plano macroeconômico, o triunfo das multinacionais; no plano social, a reprodução acelerada da divisão de classes; no plano cultural, a *mass communication* e a repressão, e, no plano político, o governo autoritário, a tecnocracia.

Santos (1998a) estabelece algumas distinções entre os vários tipos de autoritarismo que influenciam as opções políticas dos tomadores de decisão e, através deles, a própria sociedade. Para ele, a forma mais antiga e resistente do pensamento autoritário, no Brasil, é o autoritarismo instrumental, que se diferencia do autoritarismo dos liberias doutrinários e do de outros autoritários. Os autoritários instrumentais acreditam que as sociedades não apresentam uma forma natural de desenvolvimento, pois elas seguem os caminhos definidos pelos tomadores de decisão. É essa presunção, entende Santos, que justifica a intromissão do Estado nos assuntos da sociedade, de forma a garantir que as metas decididas por seus representantes sejam alcançadas. Esse caráter regulador do Estado sobre a vida social é o primeiro traço que distingue os autoritários instrumentais dos liberais. Por outro lado, os autoritários instrumentais entendem que o exercício autoritário do poder é a maneira mais rápida de se construir a sociedade liberal. Consolidada, essa sociedade permitiria o afastamento desse caráter autoritário do Estado. É essa percepção do autoritarismo, como formato político transitório, que marca a diferença entre os autoritários instrumentais e as outras propostas não democráticas. Acreditando que esses traços do autoritarismo instrumental já estivessem presentes no Brasil desde sua Independência, tanto no pensamento da elite, como no dos próprios liberais, Santos lembra que é na obra de Oliveira Vianna que esse caráter fica mais claro. Para este, o sistema republicano não alterou o padrão básico da sociedade brasileira, basicamente oligárquica, familística e autoritária.

---

24. Numerosos trabalhos caracterizam esse período da história brasileira. Dentre eles, sugerem-se Krischke (1982), Furtado (1981), O'Donnell e Reis (1988), Santos (1979), Covre (1983).

25. No trabalho citado, Mota (1998) faz um balanço das idéias contemporâneas sobre a cultura brasileira no período de 1930 a 1970.

O pensamento dos autoritários instrumentais, que tomou forma com o Estado Novo, em 1937, dissolveu-se, prevalecendo a doutrina dos liberais, principalmente depois de 1945. A característica mais marcante desse período, que vai até 1964, conforme anota Santos (1993:26), é "o confronto entre a política burocrático-tecnocrática, vulnerável à desigualdade na distribuição invisível de recursos políticos, e a política parlamentar, de escasso poder de controle sobre a outra parte do sistema".

O movimento militar de 1964, que encerrou o período de democracia limitada no Brasil, marca o retorno da lógica dos instrumentais dos anos 1930. Ainda que preconizando que o fechamento do sistema político se manteria apenas até que a democratização da economia se completasse, no entanto, o Estado autoritário monopolizou setores produtivos estratégicos e os programas governamentais foram responsáveis pela maior parte da taxa anual de investimento (Santos, 1998a).

Cabe, neste ponto, incluir o alerta de Santos (1998a), quanto ao fato de que, no Brasil, não existiu uma classe burguesa organizada, que procurasse, ao mesmo tempo, moldar o aparelho de Estado e estruturar a sociedade de acordo com a lógica do mercado nacional. Em decorrência, os capitalistas brasileiros se desinteressaram por três dos pilares que sustentam a reprodução de uma sociedade liberal, quais sejam, a organização militar, o sistema educacional e a burocracia pública. Estes dois últimos "adquiriram suas identidades coletivas antes de a ideologia liberal alcançar hegemonia no universo de valores em disputa para efeitos de socialização política" (Santos, 1993:30).

Da mesma forma, o Exército brasileiro, independentemente do pensamento liberal burguês, já havia nascido como organização e se estruturado com hierarquias e padrões de carreira. Foi, porém, a partir de 1964 que teve seu papel transformado "de corte suprema de julgamento sobre os limites 'constitucionais' dos conflitos, em poder constituinte, ele próprio" (Santos, 1993:57).

Desse modo, a ascensão do Estado burocrático-militar, ou Estado autoritário brasileiro, marcada pelo interesse em edificar um Executivo forte e um Estado racional e intervencionista, obteve sustentação em duas forças complementares: a dos militares e a dos tecnocratas.

Os tecnocratas, que têm "na racionalidade administrativa, na 'ciência isenta' em sua aplicação técnica, o seu trunfo" (Covre, 1983:118), desempenharam importante papel na legitimidade desse Estado, incapaz que seria de sobreviver apenas pela repressão. Como pseudo-sujeitos dos interesses do capital monopolista, militares e tecnocratas possibilitaram — cada um à sua maneira específica, mas ligada uma à outra —, a persistência do Estado autoritário.

Foi sob esse padrão de dominação organizacional e política, especialmente no governo Ernesto Geisel (II Plano Nacional de Desenvolvimento-II PND), que ocorreu a afirmação máxima das características do Estado desenvolvimentista. Tal política do "desenvolvimento"[26], preparada como "colchão de proteção" (Sallum Jr., 1994:149) do autoritarismo, contou com ativa participação dos tecnocratas.

Nesse contexto, recorre-se à política social como "instrumento de engenharia para dar resposta ao problema da participação ampliada em um contexto de baixa institucionalização liberal" (Santos, 1993:30)[27].

Como mecanismo destinado a "domesticar" tanto o empresariado como as classes trabalhadoras, a política social, administrada pela burocracia trabalhista e previdenciária, contribuiu para que se dispensassem as estruturas partidária e institucional normais como conduto para as demandas e reivindicações desses segmentos da população. Operou-se, dessa forma, um hiato entre o processo político-partidário e a dinâmica da competição entre o empresariado e as classes trabalhadoras, que passou a se desenrolar dentro do aparelho burocrático do Estado (Santos, 1993).

Considerando-se o perfil autoritário do regime político então vigente, podem-se supor algumas de suas conseqüências, em nível tanto dessa burocracia pública e seu corpo administrativo e tecnocrático como da própria sociedade.

Em regimes políticos fechados como o autoritário, conforme esclarece Diniz (1978), o funcionamento da burocracia confere um alto grau de arbítrio a esferas específicas. Com isso se garante o isolamento dos decisores e a redução da margem de pressões a que eles estariam sujeitos, mas, em contrapartida, compromete-se a eficácia de determinadas

---

26. Como explica Sallum Junior (1994:149), o Estado desenvolvimentista não se manteve idêntico desde o seu início, pois os diferentes regimes políticos que se sucederam no pós-1930 incorporaram novos segmentos sociais ao pacto de dominação e formas distintas de organizá-lo. Isso também ocorreu sob o regime militar autoritário que, mesmo reiterando características do pacto anterior, imprimiu-lhe importantes inovações.

27. Vários trabalhos ilustram o impacto do regime autoritário nas políticas sociais. A respeito das políticas de Previdência e Assistência Social, consultar Faleiros (1982, 1992).

políticas, em face da ausência de informações e opiniões relacionadas a seu processo decisório.

É nesse sentido que a autora sugere que o cerne da crise política, à época do regime autoritário, residiria no processo subjacente ao funcionamento das diversas esferas de decisão do Estado, tanto em sua dinâmica interna própria, como na dinâmica de sua relação com diversos setores da sociedade.

Diniz indica alguns desses processos que interferem na dinâmica da burocracia. No que tange aos processos internos, ela observa a presença de uma dinâmica excessivamente centralizadora, nas instâncias decisórias superiores, coexistindo com uma dinâmica descentralizadora, nos demais níveis decisórios. Centralização, para a autora, diz respeito ao processo de tomada de decisões, considerando o conjunto da burocracia governamental, e descentralização se refere "à proliferação de esferas de competência, e, portanto, à lógica de expansão e fragmentação estrutural do aparelho burocrático" (1978:104). É o que se poderia chamar de *descentralização administrativa*.

Em conseqüência dessa dinâmica descentralizadora, por exemplo, ocorre uma excessiva especialização nas áreas de competência dos decisores localizados nos escalões intermediários da burocracia, o que favorece uma visão parcial da totalidade do processo econômico ou político e diminui a probabilidade de que as implicações do conjunto de decisões tomadas nesse nível sejam incluídas na pauta desses decisores.

Por outro lado, o poder atribuído a esses níveis hierárquicos intermediários maximiza sua responsabilidade quanto à implementação de políticas. Como os decisores avaliam sua atuação conforme as expectativas dos escalões superiores, e não dos setores e grupos externos afetados por essas políticas, em situações que envolvem algum nível de conflito, a tendência é evitar os riscos e transferir a responsabilidade para essas instâncias superiores, o que pode conduzir à paralisia decisória ou, mesmo, ao desgaste do próprio sistema. O mesmo ocorre com aqueles que, localizados nos níveis hierárquicos mais altos, preferem não correr riscos, a perder sua visibilidade junto ao círculo mais restrito de poder, ou benefícios que essa proximidade lhes confere. O que prevalece, então, é um padrão de mútua acomodação e conformismo entre os diferentes níveis hierárquicos.

Nessa perspectiva, o potencial de inovação em termos de política fica ainda mais reduzido em sistemas autoritários. Da mesma forma, em regimes mais fechados como esses é baixo o grau de comprometimento e responsabilidade com relação aos que são afetados pelas decisões. Quando existe algum tipo de relacionamento com a clientela, isso se dá muito mais no sentido de reforçar o poder de alguns grupos específicos, ou agências burocráticas em particular (Diniz, 1978:101-3)[28].

A incompatibilidade entre fins individuais e metas organizacionais, por outro lado, potencializa o caráter fragmentário de articulação entre a burocracia e os setores externos, e a manipulação dos vínculos com a clientela acaba sendo utilizada, muitas vezes, como recurso de poder na competição interna entre as agências burocráticas, tanto no que se refere aos altos escalões, quanto no que diz respeito aos quadros técnicos.

Cabe aqui transcrever o pensamento de Diniz (1978:105): "No caso dos administradores públicos de alto nível, cuja característica é a de ocupar, em caráter transitório, cargos de confiança, os vínculos com a clientela podem assumir um papel fundamental de suporte, ao longo do tempo, de suas pretensões políticas no sentido de se manter ou ascender dentro deste círculo restrito de poder".

Pode-se, enfim, indicar como características da burocracia, no período autoritário e desenvolvimentista, a centralização do processo decisório, o reforço da hierarquia interna e a formalização crescente do atendimento à clientela. Disso resultam o aumento das prerrogativas da burocracia frente a grupos externos e a busca pela maximização da racionalidade aparente das decisões. Privilegia-se, dessa forma, "o acionamento de mecanismos formais".

Diniz (1978) lembra, de forma similar a Santos (1993), que alguns aspectos, referentes à hipertrofia do aparelho burocrático no Brasil e à sua dificuldade em lidar com conflitos, têm relação com o fato de que a burocracia governamental se expandiu e fortaleceu anteriormente à plena constituição e organização de interesses das diversas camadas sociais. Nesse contexto, estabelece-se uma relação assimétrica entre a burocracia e os grupos sociais, absorvendo-se os conflitos por meio da cooptação de interesses.

A autora observa que a cultura burocrática, resultante de sistemas políticos fechados, enfatiza valores relacionados à dimensão técnica, em prejuízo da dimensão política. Em nome dessa racionalidade, e da ma-

---

28. Diniz (1978:101-3) não desconsidera que alguns desses processos também trazem benefícios para a clientela mas, ainda assim, ressalta que no jogo de relações entre esta e as agências burocráticas, prevalecem os interesses das últimas.

nutenção do próprio sistema, "se despolitizam mecanismos de decisão e se preservam sistemas internos de informações". Na medida em que não se legitima a articulação com os grupos externos, no entanto, obtêm-se, contrariamente, um grau de irracionalidade que ultrapassa a própria capacidade de processamento desse sistema (Diniz, 1978:107).

Pelo exposto, pode-se deduzir a influência marcante de Weber e Schumpeter, bem como a dos "autoritários instrumentais" (Santos, 1998a), na formação do comportamento político vigente no regime burocrático-autoritário brasileiro. Noções como competência, eficiência, hierarquia e racionalidade foram incorporadas ao "discurso competente" (Chaui, 1981), legitimando um conjunto de instituições e de práticas pautadas na "razão técnica" e não na dimensão política. Nessa perspectiva, fortaleceu-se a consolidação de um Estado "descendente" (Bobbio, 1983, 1986b), bloqueando os canais facilitadores da construção de um sistema mais aberto, capaz de incorporar as demandas da sociedade.

Protagonistas desse processo, os tecnocratas se voltaram para o cumprimento dos "fins dados" e não dos "fins últimos" das políticas desenvolvimentistas. Afinal, como sugeria Weber, sua vocação é "técnica" e não "política"; sendo assim, seu compromisso como "funcionários da burocracia" (Weber, 1968) deveria ater-se aos mais altos escalões hierárquicos, a quem competia orientá-los em sua tarefa de conduzir os interesses das diversas camadas sociais.

No campo das políticas públicas, essa cultura centralizadora e burocrática "desapropriou" (Draibe, 1988) Estados e municípios de seus instrumentos de intervenção social. O Executivo federal concentrou a gestão dos recursos financeiros, submetendo sua aplicação a critérios econômicos, de rentabilidade privada. Essa centralização, somada à descentralização referida por Diniz (1978), conduziu a uma grande fragmentação institucional, provocando significativa superposição de programas sociais e de clientelas[29], impedindo, assim, a visibilidade dos processos

---

29. Vianna (1989) discute o papel do Estado desenvolvimentista na gestão das Políticas Sociais. Como refere Carvalho (1995), nesse "caldo" desenvolvimentista, autoritário e tecnocrático, a Assistência Social expandiu-se enormemente. A Legião Brasileira de Assistência-LBA, principal órgão decisor e operador dessa política, em nível central, diversificou os programas assistenciais, superpondo-se a outras políticas sociais. Essa época de "ouro" imprimiu visibilidade e reconhecimento a essa área, logo inserida na Constituição de 1988.

Oliveira (1996) ilustra como essa lógica centralizadora e fragmentada marcou, no caso da Assistência Social, também o regime político subseqüente, conhecido como "Nova República".

decisórios e a inclusão da população nos canais de participação referentes a essas políticas.

Ao recomendar o princípio do auto-financiamento, que se traduz na "regra de ouro" segundo a qual "os usuários devem pagar pelo que recebem", essa lógica desemboca na privatização dos serviços sociais (Draibe, 1988:38)[30].

Abre-se, a partir daí, espaço para os *lobbies* e grupos de pressão, e para os "fornecedores de produtos sociais" (Idem), como construtoras e distribuidoras de produtos diversos, necessários ao funcionamento da "engrenagem social".

A utilização dessa "engrenagem", de forma clientelista e burocrática, explica os "desacertos da política social nacional" (Draibe, 1988:39). É essa mesma política, como sugere Yazbek (1993:59), que considera os "pobres como vilões indesejáveis que é preciso subordinar".

Se o conjunto de indicações até aqui descrito diz respeito ao período autoritário de governo, pautado na lógica do desenvolvimentismo, pode-se questionar em que medida essa mesma lógica se manifesta, em tempos de neoliberalismo. Até que ponto o fim do autoritarismo e a "transição" para a democracia significam o rompimento com a cultura tecnoburocrática que caracterizou os processos de formação e gestão de políticas públicas naquele período? É esse o assunto do sub-item próximo.

1.2.4 Tecnocracia, burocracia e neoliberalismo: a "roupa-nova" da elite

Assim como o discurso tecnoburocrático se coadunou com o paradigma dos autoritários instrumentais, contribuindo, inclusive, para sua legitimidade e sustentação, ele se inseriu no contexto da ideologia neoliberal, fortalecendo seu intento de neutralizar a dimensão política e preservar a racionalidade da administração pública estatal. As noções de eficiência e de competência técnica, tão presentes no período autoritário de governo, não sofreram solução de continuidade no regime político democrático que o sucedeu. Ao contrário, no contexto global das receitas neoliberais de combate ao *déficit* público, a tecnocracia readquiriu fôlego e ganhou densidade.

---

30. Em Sposati et alii (1985) e Oliveira (1996) podem-se identificar as características da Assistência Social em seus diversos momentos históricos, cobrindo até o período imediatamente anterior à promulgação da Constituição de 1988.

Conforme elucidam Cheibub e Lima (1996:85), com apoio em O'Donnell, em casos como o brasileiro, "a eliminação das instituições e práticas do regime autoritário não superou os altos níveis de patrimonialismo e elitismo que caracterizam o estilo de fazer política no país".

Em estudo em que analisam a visão da democracia sob o ponto de vista das elites brasileiras (no caso, políticos, administradores públicos, empresários e líderes sindicais), os autores revelam que o elitismo e uma visão hierárquica da vida social são valores muito disseminados na elite brasileira. Para ela, a modernização das instituições políticas convive com dimensões não democráticas da Cultura Política.

Isso permite deduzir que, sob a égide do neoliberalismo, o discurso tecno-burocrático não apenas se manteve, como adquiriu novos e eficientes contornos, o que possibilita qualificá-lo como discurso *neotecnocrático*, ou discurso *neotecnoburocrático*.

Para compreender o caráter diferenciado desse discurso, é necessário situar alguns elementos que justificam a lógica *neoliberal* e o ideal de *Reforma* do aparato estatal.

Não têm sido pequenos os esforços da literatura pertinente, no sentido de indicar o que caracteriza o pensamento neoliberal. Dessa literatura, seleciona-se Draibe (1988a,1993b), face a incidência de suas posições no campo da política de Assistência Social.

Conforme leciona Draibe (1993b:86), "o neoliberalismo não constitui efetivamente um corpo teórico próprio, original e coerente". Para a autora, o que identifica essa ideologia é um conjunto de proposições práticas que, no plano conceitual, 'reinventa' o liberalismo, mas introduz "formulações e propostas muito próximas do conservadorismo político e de uma sorte de darwinismo social, distante pelo menos das vertentes liberais do século XX".

O neoliberalismo que se vive na América Latina, pondera Draibe (1993b), não se compatibiliza com aquele que é descrito por seus representantes mais competentes[31]. Antes, reduz-se à afirmação genérica da liberdade e da primazia do mercado sobre o Estado, e do individual sobre o coletivo. Deriva daí a idéia de Estado mínimo, o que supõe ausência de intervenção no livre jogo dos agentes econômicos. Nozick e Hayek, como já se pôde anotar em item anterior, simbolizam a consagração desse ideal de poder político.

---

31. Draibe (1993:89) identifica alguns desses representantes.

O *tecnocratismo neoliberal* defende uma "cultura de solução de problemas" (Schneider, apud Draibe, 1993b), que se coloca acima de particularismos e corporativismos e prerroga concepções sobre o que é *'moderno', 'flexível' e 'eficiente'*. Difunde-se, assim, uma "Cultura Política 'despolitizada' na aparência, movida pela busca de soluções ágeis e eficientes".

Na medida em que o mercado é considerado o canal mais adequado para alocação de recursos, o Estado pode reduzir seu tamanho, funções e competências. Advoga-se, dessa forma, a redução de seu papel do campo das políticas de bem-estar social, pois estas constituiriam uma ameaça às liberdades individuais, inibiriam a concorrência privada e ampliariam inadequadamente os controles da burocracia. A ação do Estado na área social deve ater-se, desse modo, a programas básicos de educação, de saúde e assistenciais de auxílio à pobreza — se necessário, e de modo complementar à filantropia privada. É sob esses argumentos que se reduz o grau de universalização dos programas sociais e se dilui a noção de direitos aos serviços sociais. Em contrapartida, acentuam-se as características *focalistas* e *seletivas* que historicamente têm marcado as políticas de corte socioassistencial.

Vale destacar as observações de Draibe, quanto ao fato de que o neoliberalismo se sustenta na importância das inovações técnicas, organizacionais e financeiras típicas dos países economicamente avançados. Para que isso ocorra em países como o Brasil, é necessário que a mão-de-obra se qualifique, desenvolvendo sua "capacidade lógico-abstrata para decodificar instruções, calcular, programar e gerenciar processos. Somente assim será capaz de inovar e assimilar rapidamente as contínuas e rápidas inovações a que está sujeita" (1993b:93).

Como se poderia esperar, a pobreza constituiria um obstáculo a essa pretensa modernização, o que exigiria, além das inovações elencadas, profundas reformas sociais. A agenda dessas reformas incluiria três propostas: focalização, privatização dos programas socias e descentralização[32].

A focalização equivale ao direcionamento do gasto social para programas e clientelas específicas, que seriam escolhidos seletivamente conforme sua urgência e necessidade. A Política Social, sob esse enfoque, fortalece um perfil cada vez mais residual e seletivo ou, como assinala

---

32. Esses temas são abordados pelo Serviço Social, conforme ilustram Sposati e Falcão (1989); Sposati (1990); Stein (1997); Jovchelovitch (1998).

Draibe (1988a:57): "voltada crescentemente para os 'grupos de risco' individualizados, aos quais se distribui, arbitrariamente, dinheiro e benefícios 'in natura', ela fragiliza-se, enquanto política que cada vez menos se assenta sobre direitos sociais claramente definidos e universalmente respeitados".

A privatização exige o deslocamento da produção de bens e serviços públicos para o setor privado lucrativo (de forma a evitar que setores com maior poder se apropriem de benefícios não proporcionais às contribuições que realizam para financiá-los) e não lucrativos; no caso, associações filantrópicas e organizações comunitárias, ou novas formas de organizações não-governamentais. Dentre os vários mecanismos que contribuem para processar a privatização dos serviços públicos, Draibe (1993b) registra: a transferência (venda) de estabelecimentos públicos para a propriedade privada; o encerramento de programas públicos e o desengajamento do governo de algumas responsabilidades específicas; o financiamento público do consumo de serviços privados (tiquetes e vales-alimentação, por exemplo, com pagamento direto aos provisores privados), e a permissão da entrada de firmas privadas em setores antes monopolizados pelo governo, através de instrumentos de desregulação e desregulamentação.

A descentralização que essa ideologia professa consiste em um modo de aumentar a eficiência e a eficácia do gasto social e ampliar as possibilidades de interação, em nível local, dos recursos públicos e dos não governamentais, para o financiamento das atividades sociais[33]. Como sugere Draibe (1988), a descentralização, que não constitui monopólio dos processos democratizantes, pode, conforme a perspectiva em que é adotada, abrir espaço a diferentes formas de arbitrariedade ou de comportamentos políticos autoritários. Da mesma maneira, pode significar apenas descentralização de responsabilidades e encargos, sem os correspondentes recursos, o que se constitui em "uma forma arbitrária de reduzir o gasto, mesmo quando apresentada sob o eufemismo do 'desmonte'" (1988:43).

É nesse sentido que entram em conflito propostas de cunho universalizante, como aquelas inseridas na Constituição Federal de 1988 e que defendem o acesso do cidadão a direitos no campo da educação, saúde,

---

33. O conceito de descentralização comporta diferentes interpretações. Aqui se coloca esse conceito na perspectiva do neoliberalismo; outras concepções serão oportunamente esclarecidas.

habitação, previdência e Assistência Social, e princípios de cunho neoliberal que apontam para a seletividade e a focalização da intervenção pública sobre os segmentos mais necessitados da população e para a privatização e ruptura do caráter gratuito desses programas às camadas mais favorecidas dessa população. Em outras palavras, contrapõem-se o ideal de cidadania plena, que busca a erradicação da pobreza, e a lógica da cidadania *invertida* (Fleury, 1994), que pretende apenas manter o controle sobre esses níveis de pobreza. Em conseqüência privilegiam-se programas de natureza emergencial, destinados a atender "grupos de risco" que poderiam ameaçar a ordem social. Confirma essa assertiva o estudo já citado de Cheibub e Lima (1996:98), apontando para o fato de que a pobreza, na visão da elite brasileira, gera criminalidade, e que o pobre forma uma "classe perigosa".

É sob esse conjunto de princípios que se consolida a proposta de reforma do Estado brasileiro, cujo conteúdo privatizante compromete de maneira decisiva a efetividade das políticas públicas.

Por essa razão, como alerta Diniz (1998:37), a perspectiva neoliberal caracteriza-se "pela ambivalência, adotando a ideologia do Estado mínimo, mas favorecendo a prática de conceder ao Estado um forte poder discricionário, concentrando capacidade de decisão na alta burocracia estatal".

Essa ambivalência Estado-mercado comporta em seus pontos extremos visões idealizadas acerca do reforço ou da atenuação do intervencionismo estatal. Conforme elucida Diniz (1996), a concepção estatista percebe o Estado como promotor do bem público, pairando acima dos particularismos, e a concepção que defende a primazia do mercado entende que esse é fator de eficiência e racionalidade. No seu entendimento, a visão maximalista, presa à matriz *estadocêntrica*, implica o imobilismo e a manutenção do *status quo* e a visão minimalista, que reduz a reforma ao enxugamento do Estado, conduz ao aumento da ineficiência, pela mutilação do aparelho estatal.

Na verdade, esclarece Diniz (1996:15), é o descompasso entre Estado e sociedade que marca o cerne da crise em países como o Brasil, em que "o hiato entre uma institucionalidade estatal rígida, dotada de fraco potencial de incorporação política e uma estrutura social cada vez mais complexa e diferenciada, exacerbou as tensões ligadas ao processo de modernização".

É nesse contexto que sobrevivem, no cenário recente do país, o obsoletismo de um modelo estatista conservador e um padrão mais descentralizado e flexível da ação estatal. Observa-se, dessa forma, no que se refere às políticas públicas, a proliferação de decisões tomadas por um pequeno círculo de instâncias enclausuradas na burocracia, com total liberdade, sem consulta e transparência e distantes do controle político e do escrutínio público (Diniz, 1996). Esse é o caso das medidas provisórias de que falam Figueiredo e Limongi (1997, 1999).

O voluntarismo da elite estatal, no entendimento de Diniz, não afeta apenas a esfera parlamentar, mas atinge o próprio governo, cuja credibilidade se esmaece, abrindo espaço para uma política errática, como a que caracterizou o período da Nova República e também o governo Collor. Este representou o auge dessa tendência, ilustrando o paradoxo neoliberal de aprofundar a centralização e a concentração de poderes na alta burocracia, a par de uma plataforma de Estado mínimo. Esclarece Diniz (1996:15): "Fiel ao estilo tecnocrático, que valoriza uma abordagem neutra e asséptica, a equipe [de governo] pautou-se pelo rigor lógico das medidas delineadas, pela consistência interna dos modelos formulados, enfatizando unilateralmente as metas imediatas a serem alcançadas".

Seguiu, desse modo, o padrão anterior de intervenção tecnocrática, tanto durante a fase de formulação, como de implementação das políticas, privilegiando a mudança induzida pela via técnico-administrativa e descartando a via política. Como informa Sallum Jr. (2000:27), o governo Collor contribuiu para "danificar o arcabouço institucional nacional-desenvolvimentista e para reorientar em um sentido antiestatal e internacionalizante a sociedade brasileira".

No tocante à Assistência Social, cabe lembrar que foi no governo Collor que as primeiras iniciativas de aprovação da LOAS foram barradas. O alcance desse objetivo, em dezembro de 1993[34], sob o governo Itamar Franco, contudo, não significou garantia de sua consolidação.

Desse modo, pode-se afirmar que o padrão de organização administrativa do Estado, sob o governo Collor, sofreu algumas alterações nos períodos subseqüentes de governo, mas nestes se manteve a ideologia neoliberal[35] na condução da coisa pública, ainda que com maiores

---

34. A aprovação da LOAS resultou de um longo e conflituoso processo de negociação entre setores da sociedade civil e representantes da elite tecnoburocrática de governo. A respeito, consultar Paiva, 1993.

35. Sallum Jr. (2000), em análise do governo Fernando Henrique Cardoso, refere-se ao "fundamentalismo neoliberal" e ao "liberal-desenvolvimentismo" como duas versões contrapostas de liberalismo.

níveis de democratização, de que são exemplo os Conselhos de Direitos que se expandem no período.

De qualquer modo, cabe incluir, neste ponto, o alerta de Diniz (1998:37), de que a "baixa eficácia dos instrumentos de responsabilização pública dos governantes e o excesso de discricionariedade da alta burocracia estatal, reforçam-se mutuamente", o que fortalece o *confinamento burocrático*. Na perspectiva da visão tecnocrática, esse confinamento seria necessário para manter o jogo político-partidário distante das arenas formuladoras de políticas. Aprimorar-se-ia, em conseqüência, a qualidade das decisões, maximizando seu teor universalista. Esse desenho, contudo, não favorece o alcance de objetivos sociais, como aqueles embutidos na LOAS, pois isso exige articulação sistemática com a dinâmica política que envolve as mais diversas formas de organização da sociedade.

Como sugere Nogueira (1999:87), um *Estado sem sociedade civil* é um Estado "concentrado em seus poderes executivos, vazio de política, racionalmente gerencial, quando muito concebido como defensor de uma democracia minimalista e de uma sociedade civil capacitada para firmar 'parceiras' ou atuar em processos de 'descentralização participativa' meramente protocolares".

Ao que tudo indica, o caráter asséptico do *neotecnocratismo* não lhe permite assimilar facilmente a inserção da sociedade em seus espaços decisórios. Como reiteram Seibel e Rover (1998:5-6), a proposta tecnocrática da reforma do Estado organiza um conjunto de conceitos e enfoques que incluem de uma forma particular, as questões: "da participação (cliente-cidadão); de concepção de reforma do Estado (reengenharia); de relação Estado-sociedade (um Estado-rede); de gestão pública (administração intergovernamental; qualidade total), entre outros".

No que diz respeito à participação, a concepção *neotecnocrática* a postula como um processo *homologatório* e *informativo*, do qual os membros participam, legitimando a dinâmica de gestão, através de seu papel como informadores das demandas necessárias e de suas condições (cumpririam aqui a função de "fornecedores de informação", como propunha Downs [1999]?). O caráter dessas informações é meramente técnico e sistêmico, excluindo a negociação política ou argumentos que não se orientem pela noção de competência. "A participação é, basicamente, um processo administrativo" (Seibel e Rover, 1999:99).

Como alertam os mesmos autores, com suporte em Boron, "a reforma administrativa (no sentido tecnocrático) da Administração pública, sem uma reforma política paralela a um processo democrático, reduz a democracia à uma fria gramática do poder, purgada de conteúdos éticos" (Seibel e Rover, 1998:6).

Pelo exposto, pode-se inferir que as mudanças incluídas no desenho organizacional e político brasileiro sob o "paradigma" do neoliberalismo (Draibe, 1993b) não alteraram substancialmente a lógica de organização vigente no regime autoritário de governo.

Algumas características que marcaram essa forma de organização, e que se definiram em torno da centralização do processo decisório, do reforço da hierarquia interna e da formalização crescente da clientela (Diniz, 1978), parecem persistir sob o regime democrático (Draibe, 1993b), apesar da nova roupagem que lhe é dada.

É nesse sentido que se pode afirmar que o "confinamento burocrático", a que se refere Diniz (1998), e as propostas de focalização, privatização e descentralização administrativa, lembradas por Draibe (1993b), conduzem ao reforço de concepções típicas dos elitistas como Weber e Schumpeter e dos defensores do "mercado", como o fizeram aqueles que, no Brasil do século XIX, defendiam que a "distribuição de benefícios, em qualquer sociedade, deveria refletir a distribuição diferenciada de capacidades e talentos" (Santos, 1998a:69). Não se pensava, dessa forma, em constituir uma sociedade na qual todos, por igual, dispusessem da mesma quantidade de bens e serviços, pois "o jogo desimpedido da oferta e da procura seria suficiente para premiar os mais capacitados" (idem). Afinal, à época, o mercado era considerado *eficiente e justo*, e o recurso aos auxílios proporcionados pelos bem-sucedidos poderia significar inferioridade dos pobres e desvalidos. Legitimava-se, assim, a idéia de que "nenhuma 'ação pública', tendo por objetivo escamotear esse duro fato, é legítima" (idem:70). Estaria o século XX reiterando as propostas do século XIX?

1.3 O clientelismo à brasileira: *"Você sabe com quem está falando?"*[36]

A compreensão dos fenômenos restritivos à consolidação da democracia, em países como o Brasil, não se esgota no desvelamento da estrutura de poder burocrática com suas derivações tecnocráticas; antes,

---

36. A expressão é utilizada a partir de Roberto DaMatta (1979, 2000).

exige um olhar atento sobre a estrutura de poder patrimonialista e suas estratégias de relação política tipicamente clientelistas, que, igualmente, marcaram o processo histórico do Estado brasileiro.

Conforme assinala Faoro (1993), o Brasil convive com características dessas duas modalidades de poder, pois, herdeiro do *patrimonialismo português*, passou a conviver, a partir da Independência, com o impacto do capitalismo inglês, de perfil moderno, racional e burocrático. Desse modo adotou-se, no país, a máscara capitalista e liberal, mas sem negar, ou superar, as relações de caráter patrimonial.

O embate e a articulação entre essas distintas estruturas de poder podem ser observados no contexto das reformas administrativas contemporâneas, cujo pleito modernizante não logrou eliminar práticas arcaicas de gestão como as que caracterizam o patrimonialismo.

Referindo-se à questão, Seibel (1997) informa que no Brasil tende-se a adotar uma solução particular para o estabelecimento de uma relação pacífica entre as forças tecnocráticas e patrimoniais. Essa solução consiste em criar um aparato paralelo, a fim de evitar qualquer reforma estrutural passível de prejudicar interesses corporativos ou o patrimônio eleitoral dos patrocinadores políticos. Nessa perspectiva, a demanda por uma nova burocracia implica sua superposição a uma burocracia já existente. Como informa o mesmo autor, ainda que a crise fiscal dificulte a ampliação do aparato governamental, é inegável que ele foi a solução encontrada para garantir os termos dessa relação, na disputa pela direção e controle do aparato político e administrativo do Estado. Por isso, optou-se pela divisão de trabalho na gestão do poder governamental, como forma de impedir a criação de aparatos próprios a cada uma dessas estruturas de poder, pois isso acarretaria, além da duplicação de tarefas, um custo político e social imprevisível.

É assim que passaram a conviver, no país, uma estrutura político-administrativa tecnocrática, encarregada de organizar as relações entre segmentos sociais vinculados ao mercado e a produção capitalista, e uma estrutura político-administrativa tradicional, de tipo patrimonial, responsável pela organização e manutenção dos segmentos sociais domésticos e dos sujeitos excluídos dessas esferas econômicas do capital (Seibel, 1997).

Esse "fardo histórico" (Seibel, 1997:6) contribui para explicar a perpetuação da debilidade institucional brasileira e as dificuldades de se construírem, em todas as regiões do país, esferas políticas efetivamente públicas.

Considerando-se que essas duas estruturas político-administrativas de dominação — tecnocrática e patrimonial — administram o espectro das políticas públicas, pode-se inferir por que razões o crescente processo de exclusão a que é submetida grande parcela de nossa sociedade acentua as características dessas formas de poder, conduzindo seus cidadãos — especialmente no que tange ao patrimonialismo, ao assistencialismo e às distintas formas de servidão.

Em análise sobre as características do *Welfare State* no Brasil, Draibe (1988) indica que as características do clientelismo — forma de relação política, por excelência, do patrimonialismo — foram as que mais marcaram sua dinâmica. Conforme a autora exemplifica, estabeleceram-se, no caso da Previdência Social, em sua fase introdutória, relações privilegiadas, corporativistas e clientelistas entre as burocracias sindicais, a burocracia do Ministério do Trabalho e as cúpulas partidárias. Apesar do rompimento desse padrão no período pós-64, ele adquiriu novas formas de inserção no sistema, tendendo a "feudalizar" sob o domínio de grupos, personalidades ou cúpulas partidárias, áreas do organismo previdenciário e a distribuir, especialmente, em períodos eleitorais, benefícios a seus apadrinhados.

O crescimento do espaço assistencial das políticas sociais, ocorrido em fins dos anos 1970, reforça essa dimensão clientelista; mas é a abertura do sistema político no pós-85 que revela com maior nitidez essa característica da administração pública brasileira. Não desconhecendo as tendências universalistas existentes nesse período, sobre a condução das políticas sociais, tanto em termos de cobertura dos benefícios como de tipos de beneficiários, Draibe (1988:35) acentua que o clientelismo não atingiu apenas a área da Seguridade Social, mas estendeu-se a outros campos das políticas públicas.

É nessa perspectiva que Vianna (1989:10) pondera que "os benefícios sociais se integram, geralmente, numa rede burocrática clientelista que instrumentaliza a cooptação, estimula a corrupção e cria os entraves a qualquer reforma que pretenda impor medidas universalizantes ou minimizar privilégios".

No campo da Assistência Social, tais características encontram terreno fértil para sua expansão, estabelecendo formas de relação entre Estado e sociedade pautadas no personalismo, na reciprocidade de benefícios e na lealdade particularista. Essa lógica, como sugere Yazbek (1993:50), "reforça as figuras do 'pobre beneficiário', do 'desamparado' e do 'necessitado', com suas demandas atomizadas e uma posição de subordinação e de culpabilização pela sua condição de pobreza".

Nesse quadro, fica embaçada a idéia de uma sociedade de direitos, e, em conseqüência, como reitera Chaui: "As relações entre os que se julgam iguais são de 'parentesco', isto é, de cumplicidade ou de compadrio; e entre os que são vistos como desiguais o relacionamento assume a forma do favor, da clientela, da tutela ou da cooptação. Enfim, quando a desigualdade é muito marcada, a relação social assume a forma nua da opressão física e/ou psíquica" (2000:89).

Essa matriz de dominação, que estabelece uma forma de relação entre Estado e sociedade, pautada no clientelismo (ação que se define pela troca entre sujeitos, intermediada pelo favor), e que é referida por Schwartzman (1988) como *neopatrimonialista*, faz-se presente na gestão das políticas públicas; de modo particular, na gestão da Assistência Social.

É nesse sentido que a abordagem sobre o clientelismo, foco de interesse privilegiado neste item, exige que se explicitem, primeiramente, alguns elementos que configuram a estrutura de poder que sustenta essa forma de relação, qual seja, o patrimonialismo. Em seguida buscar-se-á localizar os traços do clientelismo que incidem mais diretamente na formação do comportamento político perante a Assistência Social.

1.3.1 O Estado patrimonial sob a ótica weberiana

Qualquer estudo sobre o Estado patrimonial precisa considerar, como ponto de partida, as análises de Weber (1968, 1996) sobre os tipos de dominação política presentes nas sociedades modernas. Esses tipos de dominação, conhecidos como "tipos-ideais", no sentido weberiano, são a dominação legal, cujo tipo mais puro é a dominação burocrática; a dominação tradicional, em que se destacam o domínio patriarcal e o patrimonial; e a dominação carismática (Weber, 1996:711).

A dominação tradicional, na qual se incluem os subtipos patriarcal e patrimonial — este último, objeto de apreciação neste item — se estabelece em virtude da crença "no caráter inquebrantável do que tem sido sempre de uma maneira determinada" (Weber, 1996:753). É a tradição, portanto, que sustenta, nesse caso, o exercício do poder e demarca os limites nos quais se insere a ordem que o "senhor" comunica aos seus "súditos" (idem:708). Weber ensina que: "Se obedece à pessoa em virtude de sua dignidade própria, santificada pela tradição: por fidelidade" (1996:708).

Sob a forma de dominação patriarcal, o corpo administrativo estatal consta de elementos que dependem diretamente do "senhor" (familiares e funcionários domésticos), ou de parentes e de amigos pessoais (favoritos), ou, ainda, de elementos que estão ligados por um vínculo de fidelidade. Falta, nesse caso, o conceito burocrático de competência, e as relações do corpo administrativo se sustentam não no dever ou disciplina decorrentes do cargo, mas na fidelidade pessoal do "servidor". Cabe lembrar que Weber se refere a esse tipo de dominação como sendo precursor do Estado moderno europeu.

A dominação patrimonial se caracteriza, para Weber (1996:758), pela descentralização do poder doméstico, "mediante repartição de terras e às vezes de pecúlio aos filhos ou a outras pessoas dependentes do círculo familiar". A organização estatal define-se como patrimonial, quando o soberano "organiza de forma análoga ao seu poder doméstico, o poder político e, portanto, o domínio sobre os homens e territórios extrapatrimoniais e sobre os súditos políticos, domínio que não pode utilizar, como o poder doméstico, a força física" (idem:759). Surgem, a partir daí, dois grupos de dominados: os patrimoniais ou submetidos, como os escravos e servos, e os extrapatrimoniais ou súditos, como os homens livres, mas politicamente dominados.

Dessa forma, o domínio de um senhor sobre outros não submetidos ao poder doméstico depende do poder que tenha sobre eles, do prestígio de sua posição e da eficácia de seu aparato de governo. Mesmo assim, esclarece Weber (1996:761), esse domínio se vincula à tradição.

O patrimonialismo, tipo mais característico do domínio tradicional, é também a forma mais conhecida de dominação, pois a ela pertencia à maioria das antigas monarquias européias.

Conforme acrescenta Freund (1975), a partir do estudo de Weber, a autoridade exercida no domínio patrimonial vincula-se a um título pessoal e a obediência se dirige à pessoa, tornando-se um ato de piedade.

Weber (1996:776) refere-se ao significado da piedade, quando afirma que a fidelidade ao cargo, por parte de um funcionário patrimonial, não é a fidelidade objetiva diante de tarefas objetivas, mas é a fidelidade própria de um servidor pessoalmente vinculado ao senhor e que se converte em parte integrante de seu dever, em princípio universal de devoção (piedade). Dessa forma, o cargo e o exercício do poder público estão a serviço da pessoa do "príncipe", de um lado, e do funcionário agraciado com o cargo, de outro.

Nesse caso, as pessoas que assistem ao chefe tradicional no governo não são funcionários, mas servidores recrutados entre os clientes ou membros da família. Ficam imprecisos, assim, os limites entre a esfera privada e a "oficial", como referia Weber, não se distinguindo entre os interesses pessoais do administrador e os interesses públicos vinculados ao cargo que ele ocupa. Ou seja, o "cargo patrimonial carece, antes de tudo, da distinção burocrática entre a esfera 'privada' e a 'oficial', pois a mesma administração política é considerada como uma questão puramente pessoal do soberano, e a posse e exercício de seu poder político são estimados como uma parte integrante de sua fortuna pessoal" (1996:774).

Nessa forma de dominação, destaca-se, ainda, o fato de que a noção de capacidade administrativa não influencia a escolha dos funcionários. Nos regimes históricos sob essa forma de dominação, conforme esclarece Freund (1975), o critério de seleção se baseava apenas na confiança do soberano em seus favoritos. Ignoravam-se as noções de competência e de especialização e só se consideravam as "individualidades" (idem:175).

A respeito, expressa-se Weber (1996:775): "uma desobediência aos mandatos dados pelo senhor, (sic) representa uma sacrílega oposição a seu poder de proscrição que atrai sobre o culpado [...], a 'misericórdia' do senhor, quer dizer, seu arbitrário poder expiatório".

Se a organização política patrimonial não conhece o conceito de competência, também não conhece, informa Weber, o conceito de autoridade ou magistratura, no sentido atual da palavra. A separação entre os assuntos públicos e privados, entre patrimônio público e privado, e as atribuições públicas e privadas dos funcionários, acrescenta Weber[37], desenvolveram-se apenas em certo grau, dentro do tipo arbitrário, mas foram desaparecendo, à medida que se difundia o sistema de prebendas e apropriações. A idéia de dever objetivo, típica da dominação legal, inexiste quando o cargo é considerado como prebenda ou como possessão apropriada. São as considerações pessoais, portanto, que regulam as relações entre o senhor e seus súditos, não existindo, nesse caso, a noção de direitos. Como esclarece Freund (1975), tudo o que os súditos podem fazer,

---

37. Cabe acentuar que o estudo de Weber sobre o tipo de dominação patrimonial precisa ser considerado no contexto histórico observado pelo autor.

em caso de contestação, é dirigir-se ao poder discricionário do representante da autoridade patrimonial, e, conforme o caso, apelar para a boa vontade do soberano. Em resumo, acrescenta Freund (idem): "a característica fundamental do domínio patrimonial consiste em um sistema cujas oportunidades residam em geral de alto a baixo da escala, na apropriação privada da maioria das funções" (funções que são, na verdade, públicas).

1.3.2 Faoro e Schwartzman e o patrimonialismo à brasileira

Os Estados latino-americanos, aí incluído o Estado brasileiro, desenvolveram, ao longo de seu percurso histórico, um conjunto de práticas de dominação, que permitiram, especialmente no caso do Brasil, que estudiosos como Faoro (1993, 1997[38]) e Schwartzman (1988) o qualificassem, ao lado dos conceitos weberianos, como Estado patrimonial (Faoro) ou Estado neopatrimonial (Schwartzman).

Esses autores observaram, no país, uma continuidade entre o patrimonialismo e a burocracia, fato que, pode-se anunciar, persiste no contexto das práticas políticas e administrativas mais recentes, fortalecendo o perfil da "democracia delegativa", que, segundo O'Donnell (1991), é típico de países como o Brasil.

Ao referir-se ao caso brasileiro, Faoro (1997:734) informa que, no país, o patrimonialismo estatal esteve presente de D. João I a Getúlio Vargas, "resistindo, galhardamente [...], à experiência capitalista".

Cabe transcrever as palavras de Faoro, a respeito:

> Num estágio inicial, o domínio patrimonial, desta forma constituído pelo estamento, apropria as oportunidades econômicas de desfrute dos bens, das concessões, dos cargos, numa confusão entre o setor público e o privado, que, com o aperfeiçoamento da estrutura, se extrema em competências fixas, com divisão de poderes, separando-se o setor fiscal do setor pessoal. O caminho burocrático do estamento, em passos entremeados de compromissos e transações, não desfigura a realidade fundamental, impenetrável às mudanças. O patrimonialismo pessoal se converte em patrimonialismo estatal, que adota o mercantilismo como a técnica de operação da economia (1997:736).

---

38. Trata-se aqui de "Os donos do Poder", editado, pela primeira vez, em 1958.

É assim que se arma, no dizer de Faoro, o capitalismo político, ou o capitalismo politicamente orientado, não calculável em suas operações. Essa convivência entre o capitalismo moderno e o tradicional (que não se identifica com o pré-capitalismo) permite, para o autor, que se compreenda o fenômeno histórico luso-brasileiro, ao longo de muitos séculos — pois, se o sistema feudal não resiste ao capitalismo, o mesmo não ocorre com o patrimonialismo que, no Brasil, adapta-se às transições, configurando uma política econômica e financeira de caráter particular, estatal e mercantilista, que atua e vigia, se expande e se amplia, com "sobranceria" (1997:737-8).

O governo estamental burocrático, lembra Faoro (1997:743), incorpora "as gerações necessárias ao seu serviço, valorizando pedagógica e autoritariamente as reservas para seus quadros, cooptando-os, com a marca de seu cunho tradicional".

Vale reproduzir mais um trecho do pensamento do autor:

> O brasileiro que se distingue, há de ter prestado sua colaboração ao aparelhamento estatal, não na empresa particular, no êxito dos negócios, nas contribuições à cultura, mas numa ética confuciana do bom servidor, com carreira administrativa e *curriculum vitae* aprovado de cima para baixo. A vitória no mundo social, fundada na ascética intramundana do esforço próprio, racional, passo a passo, traduz, no desdém geral, a mediocridade incapaz das ambições que visam à glória, no estilo que lhe conferia Montesquieu (Faoro, 1997:743).

É nesse sentido que Faoro explicita que a cultura, que poderia ser brasileira, frustra-se ao "abraço sufocante da carapaça administrativa, trazida pelas caravelas de Tomé de Souza. A máquina estatal manteve-se portuguesa, hipocritamente casta, duramente administrativa, aristocraticamente superior".

Sob essa perspectiva, a pressão da ideologia liberal e democrática não diluiu o patronato político sobre a nação. Conforme ensina Faoro, a elite das democracias não se pode consolidar num estrato privilegiado, mutável nas pessoas, mas fechado estruturalmente.

Em trabalho mais recente, em que discute a "aventura liberal numa ordem patrimonialista", Faoro (1993:16) confirma que o patrimonialismo, no Brasil, não se mede apenas pela sua extensão, porque traduz uma profundidade coincidente com sua história, nela incluída sua origem ibérica.

Dessa forma, desde a monarquia patrimonial, até os planos econômicos e financeiros das décadas de 80 e 90 do século XX, o poder público, no país, "dispõe da riqueza, da propriedade e dos bens particulares, como se não pertencessem aos particulares, mas a eles estivessem revogavelmente confiados".

No trabalho referido, Faoro analisa a interpretação que autores como Sérgio Buarque de Holanda, Gilberto Freyre e Caio Prado Júnior fizeram da história brasileira, na perspectiva do patrimonialismo. É a partir dessa análise, cujo teor não caberia aqui reproduzir, que esse autor procura acentuar a existência do traço patrimonial do Estado brasileiro.

Nossa história, ele afirma, não tem sido capaz de "projetar um desenvolvimento que se expande para o futuro, triturando o passado, superando-o em novas manifestações. A história, continua, é recorrente, repetitiva, porque não temos um 'processo' histórico, mas uma sucessão temporal, com retorno de formas e de tempos que não passam de um recondicionamento de outro tempo" (Faoro, 1993:18). Por isso, informa o autor, o espectador não precisa admirar-se diante do reencontro com espetáculos[39] já presenciados e que deveriam estar arquivados nos anais dos cronistas.

A presença do patrimonialismo no Brasil, reitera Faoro, prova-se pela história, que começa em Portugal, mas que ainda está em curso. "Ele vive, atua, se dissimula e emerge debaixo de uma máscara capitalista" (idem:25).

Em tom provocativo e instigante, o autor afirma:

> Tire-se do capitalismo brasileiro o Estado e pouco sobrará: não sobrará sequer a empresa multinacional, tão protegida como a diretamente estatal e a indiretamente favorecida. Deixe-se de lado o florescimento patrimonial de 1930 e 64, com o poder público servindo de estufa — em certo período uma estufa armada — para só focalizar a atenção no espaço em que se diz que saímos da autocracia. Esta é a história, desde 1979, dos chamados 'planos' (onze até 1992), decretados de surpresa sem nenhum respeito às garantias jurídicas de um Estado de direito (1995:25).

Lembrando o recente período histórico em que a economia particular foi apropriada pelo governo, Faoro (idem:26) prossegue sua análise citan-

---

39. Exemplificam o "espetáculo" contemporâneo os senadores da República que renunciam ao seu mandato, mas garantem o seu lugar através de filhos e genitores.

do, como última novidade, a importação do neoliberalismo: "um liberalismo que não se nutre da sociedade, mas da ideologia". Conforme acrescenta: "aqui há, como se verá, uma história antiga".

Mais algumas ponderações de Faoro, sobre o patrimonialismo no mundo moderno, permitem que se percebam os traços dessa forma de dominação no atual perfil do Estado brasileiro.

No mundo moderno, esclarece Faoro (1993), o Estado patrimonial não prescinde de um quadro administrativo, cujo recrutamento se dá dentro ou fora da casa do governante. O patrimonialismo, acentua, rege-se por uma racionalidade de tipo material, diferentemente da racionalidade burocrática, que se pauta na igualdade jurídica e na defesa contra o arbítrio. Se na dominação racional prevalece a lógica orientada por meios e fins, na dominação patrimonial a racionalidade obedece, em lugar de fins, a valores, sejam éticos, religiosos ou, principalmente, políticos.

Essa racionalidade material, orientada por valores, supõe a presença de um poder superior que regulamente a sociedade e a economia. Isso porque a dominação patrimonial não comporta a igualdade jurídica e as garantias institucionais contra o arbítrio, típicos da racionalidade formal. Ao contrário, a dominação patrimonial aponta para um sistema autocrático, que afirma a dependência ao poder da autoridade. Nesse quadro, não é a sociedade civil a base da sociedade, mas, sim, uma ordem política em que os indivíduos ou são governantes, ou são governados.

Em certas situações, conforme Faoro, o patrimonialismo, permanece atuante, sob uma ordem nominalmente racional-burocrática. "Trata-se de uma ordem racional-burocrática que encobre um tipo patrimonial" (1993:16).

Lembrando que não é fácil fixar o âmbito do patrimonialismo, já que a história é repleta de mesclas e impurezas, Faoro alerta que os tipos patrimonialistas impõem à sociedade uma orientação de cima e do alto, não admitindo que ela se determine de dentro para fora, de baixo para cima. Em tempos modernos, complementa, "pode-se dizer que o patrimonialismo gera a autocracia, especialmente a autocracia autoritária". E acentua: "O poder central, cercado pelo quadro administrativo, comanda a economia, as forças militares, o aparelhamento burocrático, que dele depende pelo recrutamento e pelas retribuições, condicionando ao seu comando os indivíduos, imanados pelo dever de lealdade ao soberano" (1993:17).

É nesse sentido que a sociedade não ditará ao poder público a política, já que será esta que lhe ditará a conduta. Isso não significa, contudo, que qualquer intervenção do Estado na economia implique caracterizá-lo como patrimonialista. Para que isso ocorra, é preciso que os recursos econômicos e administrativos "dependam do poder soberano ou do poder público, que atua por meio de concessões, estímulos, subsídios e autorizações" (1993:17).

O caráter patrimonialista do Estado brasileiro é igualmente discutido por Schwartzman (1988), que analisa algumas particularidades desse tipo de dominação, em sua interface com o autoritarismo, desde suas origens históricas, sob dominação portuguesa, até o período mais recente, em que se assistiu à experiência eleitoral pós-64.

O Estado brasileiro, segundo este autor, tem como característica histórica predominante sua dimensão neopatrimonial. Como ele afirma, essa é uma forma de dominação política, gerada no processo de transição para a modernidade, com o passivo de uma burocracia administrativa pesada e uma sociedade civil pouco articulada.

O patrimonialismo moderno, ou o neopatrimonialismo, "não é simplesmente uma forma de sobrevivência de estruturas tradicionais em sociedades contemporâneas, mas uma forma bastante atual de dominação política por 'um estrato social sem propriedades e que não tem honra social por mérito próprio', ou seja, pela burocracia e a chamada 'classe política'" (Schwartzman, 1988:59-60).

Típicos do neopatrimonialismo são os acordos que se constroem em torno de programas sociais, através dos quais se continua distribuindo dádivas, não por meio de relações personificadas, mas através de agentes instalados nas burocracias do Estado. Exemplificam essas novas relações o mecanismo de subvenções sociais e o persistente protagonismo das primeiras-damas, que se transformam em "gestoras" das políticas sociais que estendem aos necessitados a mão caridosa dos governantes.

Pode-se, então, deduzir, a partir de Schwartzman, que Estados que passaram de um sistema patrimonialístico original para um moderno Estado centralizado, sem a realização de uma revolução burguesa, podem se modernizar e racionalizar sua burocracia, mas terão dificuldades de romper as bases de poder e os sistemas políticos moldados sob o patrimonialismo.

Interessa, particularmente, do trabalho de Schwartzman (1988), o tema da participação política na perspectiva do neopatrimonialismo. Os demais temas tratados pelo autor são relevantes, mas já foram, de alguma forma, contemplados neste item. Conforme pondera o autor, nas sociedades tradicionais a participação política se limitava aos nobres, aos cavaleiros e aos "homens de bem". Nas sociedades modernas, ele esclarece, "a participação é estendida a todos, mas sua forma e intensidade variam, desde o eleitor bem comportado, que comparece voluntariamente às eleições, até o militante que joga sua vida em manifestações de rua" (1988:65).

Situando o caso brasileiro sob essa perspectiva, Schwartzman informa que, no Brasil, a coexistência de um Estado com significativas características neopatrimoniais conduziu a sociedade, no passado, a organizar-se de forma corporativa, através da criação de uma estrutura legal de enquadramento e representação de classes, que perdurou até período político mais recente. Ao mesmo tempo, entretanto, o mercado se expandiu e a sociedade se tornou mais complexa, resultando na criação de formas autônomas de organização e participação política. Com isso, estabeleceram-se, entre esses dois sistemas, um relacionamento que o autor qualifica de "cooptação política", e que consiste em submeter à tutela do Estado formas autônomas de participação. Esse mecanismo ocupa, para Schwartzman, um lugar intermediário entre os sistemas corporativos e a política aberta de grupos de interesse. Quando são efetivos, esclarece, podem reduzir o conflito político, mas, em contrapartida, podem criar "estruturas de participação política débeis, sem consistência interna e capacidade organizacional própria" (1988:65).

Essas anotações de Schwartzman são bastante úteis para elucidar os meandros nebulosos que circundam os sistemas políticos estruturados sob o neopatrimonialismo. Parece bastante visível o impacto desses sistemas na política de Assistência Social, em que os mecanismos de negociação se sustentam, muitas vezes, em estruturas frágeis de participação. Nesse caso, no entanto, parece que, mais do que uma sociedade "débil", o que se tem é um Estado neopatrimonial "eficiente".

Como sugere Schwartzman (1988:14-5):

> O jogo político que se desenvolve nessas condições consiste muito menos em um processo de representação de setores da sociedade junto ao Estado do que em uma negociação contínua entre o Estado neopatrimonial e todo tipo de setores sociais quanto à sua inclusão ou exclusão nas vias de acesso aos benefícios e privilégios controlados pelo Estado. Não é uma negociação entre iguais [...]. A política é tanto mais importante quanto maior é o poder do Estado, e por isto, na tradição brasileira, todas as questões [...] passam sempre pelo crivo do poder público.

Ainda que o estudo de Schwartzman se refira a um cenário anterior à promulgação da Constituição Brasileira de 1988, parece útil sua recomendação, no sentido de que o desenvolvimento de graus mais altos de governabilidade depende não apenas de uma ordem democrática estável, mas, igualmente, da constituição de instituições estáveis que intermedeiem, por um lado, a opinião pública e os interesses privados e setoriais capazes de mobilizá-la, e, por outro, o Estado. Essas instituições, por parte da sociedade civil, seriam os partidos políticos, os meios de comunicação de massas, as associações profissionais e sindicais, os grupos organizados etc. Do lado do Estado, caberia a "constituição de um funcionalismo público motivado e cioso de suas responsabilidades, de um judiciário zeloso de sua competência e independência, e assim por diante" (idem:24).

Resta saber até que ponto esses requisitos podem ser alcançados num Estado em que não é a sociedade que dita ao poder público a política, mas é a política que, em grande medida, dita a conduta da sociedade (Faoro, 1993).

A partir de Seibel (1997), podem-se sintetizar os elementos fundamentais que configuram o perfil do Estado patrimonial contemporâneo.

No que se refere à sua origem, o poder político-administrativo, nessa estrutura de poder, é essencialmente clânico, familial, cartorial ou oligárquico, reduzindo-se à expressão das esferas privadas, organizadas a partir de uma rede clientelista e de compadrio.

A administração, ou a gestão da esfera pública, define-se pelo caráter pessoal de quem está no comando do aparato governamental, o que implica a inviabilização de um programa ou projeto de governo de caráter público. O personalismo tem mais peso nos momentos de avaliação institucional, já que é a figura do mandante que qualifica sua gestão.

No patrimonialismo, a concepção de autoridade, herdada do período colonial brasileiro, aproxima-se da noção do déspota (Chaui, 1992), que só conhece uma única forma de relação: aquela que se estabelece entre o "senhor" e o "servo". Dispensam-se, assim, instituições mediadoras de políticas, como bem lembra Schwartzman (1988), ou qualquer forma possível de racionalidade.

Nessa perspectiva, a apropriação privada das entidades públicas, e de seus meios administrativos, resvala para o empreguismo clientelista, para a transferência de recursos para apropriação privada e, ainda, para o controle e limitação das ações de caráter público dessas entidades ou organizações. A idéia patrimonial de "eficiência administrativa", lembra Seibel, pode impedir que a instituição exerça efetivamente a função para a qual foi projetada, pelo menos no que se refere ao seu projeto público formal. Cabe transcrever, na íntegra, as palavras do autor:

> A gestão dessas entidades será sempre um ato de 'boicote' à construção de uma autonomia e identidade institucional. Por outro lado, essa apropriação é fundamental para a manutenção do poder patrimonial, uma vez que lhe dá acesso aos meios administrativos tão importantes para reproduzir-se, seja através do controle de cargos, seja para fins eleitoreiros. É também esta uma das causas da corrupção. Não existindo a idéia de que o poder da entidade seja público, não existem também limites éticos à sua apropriação (Seibel, 1997:9).

O recrutamento dos funcionários e gestores, sob o ângulo da estrutura patrimonial, como não poderia deixar de ser, é feito no próprio ambiente do clã, da família ou das relações de compadrio, e não de forma pública através de concursos e promoções de carreira. São os laços de fidelidade que definem os critérios desse recrutamento, e não a competência, seja profissional, técnica ou política.

Resultam, daí, relações políticas tipicamente clientelistas, que se estendem à própria sociedade, atingindo, especialmente, os segmentos populares.

Neste ponto, cabe enfatizar a presença de um "mix" de formas de poder no Estado brasileiro, o que contribui, por certo, para explicar a tão denunciada debilidade institucional que o caracteriza. Ainda que isso se dê de forma diferenciada e particular nos diferentes Estados da federação, pode-se inferir que a convivência, a um só tempo, entre as formas de poder patrimonial ou neopatrimonial (Schwartzman, 1988), e burocrática, somadas à ideologia tecnocrática e elitista, deixa poucas brechas para a consolidação de uma forma de poder efetivamente democrática.

Ao que tudo indica, pode-se concordar com Faoro (1993), quando afirma que não é fácil delimitar o âmbito do patrimonialismo. De fato, quando se observa a História, o que se percebe, especialmente no caso brasileiro, são "mesclas e impurezas".

O clientelismo, forma de relação política típica do patrimonialismo, contribui, sem dúvida, para reforçar o grau dessas *impurezas*, acentuando o que Del Priore (2000:8) chama de "coito infernal entre a coisa pública e a coisa privada".

1.3.3 O clientelismo e a prática do favor

O clientelismo, afirma Del Priore, não é exclusividade do Estado brasileiro. A historiografia do mundo ibérico, por exemplo, revela que o Direito positivo, em Portugal, submetia-se a uma teologia da graça e da caridade. Esse era o fundamento moral da organização das relações sociais, que orientava reis e senhores ao cumprimento de obrigações paternas em relação aos seus súditos, e estes a corresponderem aos primeiros, em amor e fidelidade pessoal. "Era dando que se recebia" (2000:9).

As relações entre Estado e sociedade no Brasil, mostra nossa História, também foram marcadas por laços pessoais, que prosperaram no interior do Estado, estabelecendo uma *simbiose* (Graham, 1997)[40][41] entre esfera pública e privada. Para Graham, era o clientelismo que constituía a trama de ligação da política no Brasil, sustentando, virtualmente, todo ato político. A vitória eleitoral, anota, dependia do uso competente dessa forma de relação, que se caracterizava pela concessão de proteção, cargos oficiais e outros favores, em troca da lealdade política e pessoal. Esse mecanismo funcionava, especialmente, para beneficiar interesses das elites sociais que exerciam o poder. Os políticos, afirma, não se preocupavam necessariamente com os interesses econômicos particulares, ou com o fortalecimento dos nervos do poder central, mas, principalmente, com a formação de redes de clientelismo, "ampliando seu séquito ou encontrando um protetor poderoso para suas fortunas políticas" (idem:22).

O clientelismo, conforme Graham, ao mesmo tempo que sustentava a parafernália do Estado, era sua razão de ser, e o "círculo de apadrinhamento-eleições-apadrinhamento, (sic) fortalecia os valores do próprio sistema clientelista, baseado na troca de gratidão por favor" (1997:229).

Esse sistema, integrado pela prática de pedidos de favores e pela conseqüente correspondência entre pretendentes, missivistas e aqueles que nomeavam os ocupantes dos cargos, formava uma extensa trama de

---

40. Graham (1997) discorda de algumas teses de Faoro (1958), polêmica que não cabe retratar neste estudo, que pretende, apenas, fornecer elementos que caracterizem diferentes estruturas de poder.

41. Graham (1997) analisa as relações entre público e privado no Brasil do século XIX, sugerindo a existência de uma aliança entre elite central e chefes locais, mediada pela patronagem. O caráter estruturador da patronagem vinha da troca de empregos por votos, estabelecendo uma cadeia de relações de dependência, que colocava público e privado em fluxo contínuo (Alonso, 1997).

ligações, constatação que leva o autor a afirmar que o "clientelismo gerou o Brasil".

É interessante registrar, do estudo de Graham (1997), os motivos que (no século XIX!) fundamentavam os pedidos para obtenção de nomeações ou favores, e que se destinavam, em primeiro lugar, a membros da família do solicitante, e, posteriormente, a amigos, correligionários ou colegas de governo. Destacavam-se, dentre esses motivos, as "boas ligações" do pretendente com o próprio sistema clientelista, a lealdade política, o mérito do candidato, sua competência ou conhecimentos técnicos, o lugar social do pretendente, e, ainda, os valores paternalistas do missivista, que qualificava os candidatos a favores como "candidato pobre", "candidato com família grande para sustentar", "candidato velho ou doente", "bom pai de família", ou "bom filho" (idem:332). Esses critérios legitimavam a concessão de benefícios, fortalecendo a cultura de que o fator mais importante para se galgar posições pretendidas seriam os vínculos familiares, as alianças partidárias e as relações entre amigos.

Não é por acaso que "a troca de apadrinhamento por serviços e lealdade continua sendo um sinal visível até nossos dias" (Graham, 1997:271).

Schwarz (1991) igualmente contribui para a compreensão do cenário em que se desenvolve o clientelismo no Brasil, quando informa que a colonização brasileira produziu, com base no monopólio da terra, três classes de população: o latifundiário, o escravo e o "homem livre" (na verdade, dependente). A relação entre os dois primeiros, anota, é clara. O que o interessa, no entanto, acrescenta, é a multidão dos terceiros; isso porque, não sendo nem proprietários, nem proletários, dependiam do favor, para ter acesso à vida social e a seus bens.

O favor, que Schwarz estudou através da literatura brasileira, "atravessou e afetou no conjunto a existência nacional, ressalvada sempre a relação produtiva de base, esta assegurada pela força. Esteve presente por toda parte, combinando-se às mais diversas atividades, mais e menos afins dele, como administração, política, indústria, comércio, vida urbana, Corte etc." (1991:16).

Entre nós, lembra o autor, o favor governou até mesmo as profissões liberais — como a medicina — ou as qualificações operárias — como a tipografia — que, na acepção européia, não deviam nada a ninguém. Como em cadeia contínua, o favor se constitui "nossa mediação quase fundamental" (idem:16).

Desse modo, o profissional dependia do favor para o exercício de sua profissão (provavelmente, como sugeriu Graham (1997), recomendado por algum missivista); o pequeno proprietário dependia do favor, para a segurança de sua propriedade, e o funcionário, para seu posto. Mais simpático que o nexo escravista, a outra relação legada pela colônia, o favor disfarça a violência, justificando o arbítrio, que é parte de sua natureza.

Se o escravismo dissolve as idéias liberais, o favor as absorve e desloca, originando um padrão particular, que "pratica a dependência da pessoa, a exceção à regra, a cultura interessada, remuneração e serviços pessoais" (Schwarz, 1991:16).

É nesse sentido que, no campo dos argumentos, prevaleciam aqueles ditados pela burguesia européia contra o arbítrio e a escravidão, mas, no plano prático — geralmente dos próprios debatedores, sustentado pelo latifúndio — o favor reafirmava suas noções. Isso também se fez presente no plano das instituições, em que burocracia e justiça, regidas pelo clientelismo, pregavam as formas e teorias do Estado burguês moderno. Reside, nessa coexistência, a "novidade" que Schwarz procura acentuar e que se define pelo uso das idéias e razões européias para justificar o momento de arbítrio, que é típico do favor. Os efeitos dessa coexistência possibilitam ao "favorecido" engrandecer seu benfeitor, legitimando, assim, o arbítrio, e permitindo que se atribua "independência à dependência, utilidade ao capricho, universalidade às exceções, mérito ao parentesco, igualdade ao privilégio etc." (1991:18).

A cumplicidade que se construía nessa relação de favor assegurava às duas partes — favorecedor e favorecido, em especial à mais fraca — a impressão de que nenhuma era escrava. Essa conivência se fortalecia com o uso do vocabulário burguês da "igualdade, do mérito, do trabalho, da razão" (idem:18). Daí decorre, para Schwarz (1991:24), a falta de transparência social imposta pelo nexo colonial e pela dependência que veio continuá-la, e se revela a face específica e local de uma "alienação de braços longos".

Em um debate dessa natureza, é indispensável assinalar, a importância dos trabalhos clássicos de Sérgio Buarque de Holanda, Gilberto Freyre e Caio Prado Júnior[42], que, tão brilhantemente, interpretaram a

---

42. Além dos títulos originais, cuja densidade dispensa comentários, sugere-se consultar o debate que cientistas sociais desenvolvem em torno desses autores, destacando suas posições

cultura brasileira, contribuindo para explicar o contexto em que se desenvolveram as idéias e práticas do clientelismo e do favor. Ainda que seja impossível tratar adequadamente esses autores em trabalho como este, parece igualmente impossível deixar de registrar algumas de suas idéias. Escolheu-se Sérgio Buarque de Holanda, com seu conhecido *Raízes do Brasil*, escrito em 1936, para a ilustração de alguns traços de nossa cultura que marcaram, e por certo ainda marcam, o comportamento político dos brasileiros, conduzindo-os a relações sociais e políticas pautadas — não com exclusividade, é evidente —, no clientelismo e em sua perversa lógica do favor. A obra selecionada é bastante oportuna para revelar algumas dificuldades inerentes à delimitação dos espaços público e privado.

Ensina Holanda (1995:61): "Em sociedade de origens tão nitidamente personalistas como a nossa, é compreensível que os simples vínculos de pessoa a pessoa, independentes e até exclusivos de qualquer tendência para a cooperação autêntica entre os indivíduos, tenham sido quase sempre os mais decisivos".

O quadro familiar, lembra o autor, poderoso e exigente, faz com que sua sombra acompanhe os indivíduos, mesmo fora do recinto doméstico. Com isso, a entidade privada precede, sempre, a entidade pública, prevalecendo preferências fundadas em laços afetivos.

Desse modo, a repulsa firme a todas as modalidades de racionalização e de despersonalização tem sido, até nossos dias, "um dos traços mais constantes dos povos de estirpe ibérica". Como ensina Holanda (1995:133): "Para retirar vantagens seguras em transações com portugueses e castelhanos, sabem muitos comerciantes de outros países que é da maior conveniência estabelecerem com eles vínculos mais imediatos do que as relações formais que constituem norma ordinária nos tratos e contratos".

Conforme complementa o mesmo autor, o meio mais certo de se conseguir alguma coisa de alguém é fazer desse alguém um *amigo*.

Cabe, neste ponto, transcrever mais um trecho da lição de Holanda (1995:134):

> Assim, raramente se tem podido chegar, na esfera dos negócios, a uma adequada racionalização; o freguês ou cliente há de assumir de preferência a posição do amigo. Não há dúvida que, desse comportamento social, em

---

teóricas, conflitos e convergências. Sugere-se, entre outros, Dante Moreira Leite (1992); Antônio Cândido (1998); *Revista USP*: Dossiê Intérpretes do Brasil, anos 30, n. 38, jun./jul./ago., 1998; *Revista Novos Estudos*. Cebrap, n. 56, mar. 2000.

que o sistema de relações se edifica essencialmente sobre laços diretos, de pessoa a pessoa, procedam os principais obstáculos que na Espanha, e em todos os países hispânicos — Portugal e Brasil inclusive —, se erigem contra a rígida aplicação das normas da justiça e de quaisquer prescrições legais.

Nessa perspectiva, os detentores de posições públicas não compreendiam, adequadamente, a distinção entre os domínios do público e do privado, que diferenciavam o funcionário "patrimonial" do burocrata "puro". Para o primeiro, ensina Holanda (idem:146), a própria gestão política se constitui um assunto de interesse particular, e as funções, os empregos e os benefícios que deles aufere vinculam-se a seus "direitos pessoais" e não a interesses objetivos. É esse o critério que se adotaria, então, para a escolha de indivíduos que exerceriam as funções públicas. A confiança pessoal que merece cada candidato se sobrepõe, dessa forma, às suas capacidades próprias.

É ainda interessante destacar, do pensamento de Holanda, mais uma característica que ele atribui ao temperamento do brasileiro. Para ele, este até admite fórmulas de reverência, desde que elas não suprimam o "desejo de estabelecer intimidade". Daí decorre o uso lingüístico dos diminutivos, com a terminação *"inho"* se inserindo aposta às palavras, como forma de familiarização entre as pessoas ou os objetos. "É a maneira de fazê-los mais acessíveis aos sentidos e também de aproximá-los do coração" (idem:148).

Não é difícil perceber, a partir das lições de Holanda, porque as palavras Liberdade, Igualdade e Fraternidade, como ele mesmo lembra, foram interpretadas e adotadas à maneira dos padrões patriarcais e coloniais brasileiros e as mudanças por elas provocadas tenham sido muito mais de aparato do que de substância.

Nesse sentido, terá razão o autor, quando afirma que Portugal nos legou a cultura do "semeador", que se orienta pela rotina e não pela razão abstrata, e que prefere agir por "experiências sucessivas, nem sempre coordenadas umas às outras, a traçar de antemão um plano para segui-lo até o fim"? (idem:109).

Essa indagação, parece claro, é útil para que se pondere em que medida esses valores interferem na efetivação da política de Assistência Social, conforme a perspectiva democrática indicada na LOAS. Afinal, esse é o campo no qual muito se pratica o *eventual*, o *descontínuo* e o *provisório*.

A história de nossas idéias, no entanto, não termina aqui. Novos tempos e novas retóricas — algumas não tão novas assim — demonstram o quanto os traços culturais indicados ainda persistem, não apenas embaçando, mas, principalmente, impedindo a afirmação do que se pretende inovador.

É evidente que seria desnecessário percorrer o longo fio que tece nossa História, para registrar a atualidade da Cultura Política que se pôde até então ilustrar. É a partir dessa História, entretanto, que se retiram mais alguns "flashes" ou fragmentos que permitem observar a permanência de traços da cultura clientelista na realidade brasileira, cultura que se estende, com suas particularidades, aos diferentes Estados da federação.

Auxilia-nos, nessa empreitada, o estudo de Abranches (1989) sobre os dilemas da Política Social na década de 1980, no qual insere a discussão sobre a burocracia e a lógica dos *clãs* e das *facções*.

Referindo-se à área social, o autor afirma que é nela que mais se observa a manipulação do favor assistencialista e do empreguismo como moeda política. Essa área é ponto tradicional de confluência das pressões clientelistas, que distorcem os seus padrões de alocação de recursos humanos e financeiros.

Não cabendo aqui uma avaliação das políticas sociais nessa perspectiva, utiliza-se, de Abranches, as caracterizações acerca das *facções* e dos *clãs*, pela interface que mantêm com o tema sob estudo — o clientelismo. Não se desconsidera, contudo, a convivência desses últimos com a burocracia, conforme já se pôde anotar em vários momentos neste trabalho.

Referindo-se à crise econômica, social e política que o Brasil presenciou, especialmente a partir do final da década de 1970, Abranches informa:

> O Estado encontra-se segmentado em 'feudos', por meio da política de clientelas e pela consolidação de grupos tecnoburocráticos poderosos. Formam-se verdadeiros 'baronatos', alguns mais tradicionais, outros menos, alguns reminiscentes da República Autoritária, outros nascidos na Nova República. Novamente, predomina a lógica das *facções* e, em poucos casos, dos *clãs*, e não a da *burocracia* (1989:16).

Ainda que a burocracia seja a capa protetora de todos esses arranjos, esclarece o autor, é a lógica das facções e, em poucos casos, a dos clãs, que define a estratégia de ação e interação predominante. De qualquer modo, confirma, "a garantia das posições e dos padrões de interação é dada pela regulação burocrática, na maioria das vezes em sua forma mais tradicional, a cartorial" (idem:16).

Conforme diferencia Abranches, a lógica das facções distingue-se da de mercado, porque é conflitiva nas transações, mas não competitiva, uma vez que os conflitos por recursos e vantagens não implicam a competição pela sucessão de posições entre as *facções*. A informação básica que define a avaliação das transações, nesse caso, é o grau de privilégio ou garantia institucional.

Os *clãs*, por outro lado, diferenciam-se do mercado e das *facções*, porque nele prevalecem normas de reciprocidade e de confiança interna. O que predomina nos *clãs* é a desconfiança em relação aos outros, e a informação básica para a avaliação das transações é a tradição ou a ideologia ou, mais amplamente, os valores.

Em situações de desequilíbrio geral, como a que Abranches afirma viver o Brasil, a regra burocrática passa a ser utilizada como uma "regra privada, de proteção aos protegidos".

Essa breve incursão a Abranches (1989) revela a persistência dos valores clientelistas na gestão das políticas sociais e, de modo específico, na de Assistência Social, contribuindo, por certo, para explicar as numerosas restrições que se impõem à sua legislação.

Como complementa Tavares (1982:138), enredado na lógica das *facções* e dos *clãs*, em maior ou menor grau, o clientelismo se fortalece como "sistema adscritivo de controle, distribuição e alocação dos recursos de poder e de influência [...], sobre a formulação, no interior das arenas decisórias do Estado, de políticas substantivas".

Martins, por outro lado, reitera as posições de Abranches (1989), afirmando que o clientelismo, no Brasil, não desapareceu. Ao contrário, acentua o autor, "em muitas regiões do país ele revigorou, embora mudando de forma, praticado por uma nova geração de políticos de fachada moderna" (1999:29).

Embora Martins se refira, especialmente, ao clientelismo político, entende-se que suas ponderações podem ser estendidas a outros espaços das relações sociais, pois, como sugere Schwarz (1991), o clientelismo se combina com as mais diversas atividades.

Para Martins (1999), o clientelismo, como "uma relação de troca de favores políticos por benefícios econômicos, é, essencialmente, uma relação entre os poderosos e os ricos e não principalmente entre os (políticos) ricos e os (eleitores) pobres" (idem:29).

Explicando seu argumento, o autor anota que muito antes de os pobres votarem, o Estado já estabelecia com os ricos — no caso, senhores de terras e escravos — uma relação de troca de favores. As novas classes, como a burguesia e a classe operária, acrescenta Martins, adequaram-se prontamente ao clientelismo, realizando transações de troca de favores com o Estado. Através de exemplos retirados de nossa História, o autor desenha e confirma esse argumento, discutindo a Revolução de 30 e as relações travadas entre os militares e as oligarquias, e o período da ditadura militar mais recente, em que se reorientou "a força do oligarquismo em favor de um Estado conservador" (idem:33).

O favor de que fala Martins não é, portanto, o favor dos ricos em relação aos pobres, conforme o compreendia a ética católica, mas "o favor como obrigação moral entre pessoas que não mantêm entre si vínculos contratuais, ou, se os mantêm, são eles subsumidos pelos deveres envolvidos em relacionamentos que se baseiam antes de tudo na reciprocidade" (idem:33).

É sob essa ótica que Martins informa que, mesmo diante da presença menos visível do patrimônio na política, como é o caso das grandes cidades, a população continua se relacionando com a política e com os políticos de acordo com as concepções tradicionais, que não separavam o político do protetor e provedor.

A transformação da relação de base patrimonial patrão/cliente, nos espaços urbanos, não derruba, portanto, a força dessa idéia, o que explicaria, para Martins, a dificuldade de "ressocialização do eleitorado para padrões modernos de conduta política" (idem:37).

Em conseqüência, no entendimento do autor, dissemina-se a prática que associa patrimônio e poder, sendo ela a principal responsável pela cristalização da "cultura de apropriação do privado pelo público".

Essa lógica, subentende-se, perpassa também as relações que se estabelecem entre poder público e sua "clientela", muitas vezes "manipulada" pela concessão de favores. Isso não significa, em contrapartida, especialmente no caso da Assistência Social, o abandono da ética religiosa de proteção dos pobres pelos mais "afortunados".

De fato, como acentua Martins, as práticas clientelistas da política brasileira se disseminam para amplos e inesperados setores da sociedade. Conforme registra, na medida em que o patrimônio pessoal não corresponde ao tamanho da clientela política, e o uso "descarado" do patrimônio público seria tomado como corrupção, diante da lei, "há artifícios para uso de bens públicos como se fossem bens privados" (idem:42).

É o que ocorre, por exemplo, tanto em nível federal, como estadual e municipal, através do mecanismo das "subvenções sociais", tão largamente utilizado pelos políticos, para atender, principalmente, às suas próprias conveniências, às "de sua família, ou de membros de seu clã político". Como esclarece Martins (idem:42), "exatamente como se faz onde ainda prevalece a conduta política clientelista".

Confirmando, sob outro ângulo, a posição de Sérgio Buarque de Holanda, Martins anota que parece "insuportável para amplas parcelas da população brasileira estabelecer relações sociais de qualquer natureza, políticas ou não, com base unicamente nos pressupostos racionais do contrato social e com base no pressuposto da igualdade e da reciprocidade como princípios que regulam e sustentam as relações sociais" (idem:43).

A abordagem sobre as características principais do clientelismo — que, herdadas de nosso passado colonial escravista, ainda se fazem tão presentes em nossa realidade contemporânea — pode ser finalizada a partir de Avelino Filho (1994) e Seibel (1997).

A política clientelista moderna, ensina Avelino Filho, é mais competitiva que sua antecessora. Ela sobrevive substituindo os antigos laços de lealdade, pela oferta de benefícios materiais, de forma a evitar e dirimir conflitos. O patrono moderno, para o autor, é o *broker*, cujo poder depende de sua habilidade em operar como intermediário entre sua clientela e os recursos públicos.

O clientelismo significa, nesse sentido, uma ação de troca entre sujeitos. De um lado, como anota Seibel, encontra-se aquele que demanda um serviço de caráter público que não pode ser obtido através do mercado e, de outro, aquele que administra ou tem acesso aos decisores sobre a concessão desse serviço.

Essa intermediação, nesse caso, dá-se pela moeda política que é o favor, o que implica uma condição de débito a ser cobrado, quem sabe, em período eleitoral. Como conteúdo de relações políticas e vínculos entre Estado e sociedade, o clientelismo se fortalece, principalmente, a partir de necessidades que são sempre excepcionais e urgentes. É o momento da necessidade, portanto, que "'firma' o acordo da prestação do favor". (Seibel, 1997:11).

É nesse cenário que se fortalece a "cultura da dádiva" como avesso da cidadania, conforme sugere Teresa Sales (1994), e se reduz a favor, direitos sociais e políticos. Afinal, é dessa relação pautada no favor que se nutre o clientelismo. Para sustentá-lo, nada melhor que o afrouxamento dos limites entre os espaços privado e público.

Se a superação desses entraves se constitui árdua tarefa para aqueles que pretendem consolidar os princípios éticos da democracia, tão ou mais árdua tem sido, com certeza, para aqueles que intentam efetivar, sob esses princípios, a Assistência Social em sua dimensão mais universal, igualitária e pública.

No próximo capítulo pretende-se, em primeiro lugar, recuperar algumas categorias implícitas nos eixos analíticos ora referidos, destacando sua relação com a Cultura Política e a Assistência Social, para, em seguida, indicar os caminhos traçados no intento de imprimir a tais conceitos uma dimensão operativa.

Capítulo Segundo

Assistência Social e Cultura Política: os caminhos da discussão e da operacionalização dos conceitos

2.1. Cultura Política e Assistência Social: uma interlocução necessária

Ao inserir a Assistência Social como política integrante do sistema de Seguridade Social, a Constituição Federal Brasileira de 1988 instaurou o princípio da cidadania como vetor dessa política e estabeleceu como parâmetro de sua organização a descentralização político-administrativa e a participação da população, por meio de organizações representativas, na formulação e controle de suas ações, em todos os níveis. Essa indicação é confirmada pela Lei Orgânica da Assistência Social (LOAS), aprovada em 1993, que, ao estabelecer a descentralização como estratégia fundamental de gestão da Assistência Social, expressa o necessário redesenho das funções dos governos federal, estadual e municipal, no sentido de instituir a idéia de "pluralismo institucional, que incumbe ao Estado papel decisivo no enfrentamento da pobreza, de par com a sociedade" (Pereira, 1998:74).

Esse caráter de responsabilidade social do Estado para com seus cidadãos pressupõe uma visão de Proteção Social que tenha como referência a universalidade de cobertura e de atendimento, em oposição a padrões restritivos e seletivos de acesso a serviços e benefícios sociais.

Como vêm apontando alguns analistas dos sistemas de Proteção Social, no entanto, no Brasil e no mundo[1], é grande a distância entre o "ótimo abstrato" e o "péssimo concreto", como alude Vianna (1998:12), ao afirmar que "muitos fatores concorrem para que, no Brasil, bem-estar, seguridade social e análogos não passem de palavras".

A Assistência Social não escapa dessa conclusão pouco otimista, pois, ainda que tenha suas particularidades, não pode ser pensada sob uma ótica setorialista, como se suas dificuldades não fizessem parte de uma lógica mais ampla, que vem afetando, de maneira crescente, esses sistemas de Proteção Social. Nesse contexto, é salutar entender os dilemas da Assistência Social sob a ótica da Cultura Política.

2.1.1 A Assistência Social no contexto dos sistemas de Proteção Social

A literatura referente ao *Welfare State* é bastante profícua, no sentido de indicar seus principais modelos, bem como os elementos constitutivos de sua emergência, consolidação e crise. Não cabendo abordá-los com a amplitude que requerem, entende-se oportuno registrar a tipologia apresentada por Esping-Andersen (1991, 1995), uma das mais referidas nessa literatura, de modo a oferecer elementos que facilitem o entendimento das condições geradoras dessa crise na Assistência Social, tal como está inscrita no atual sistema de Seguridade Social brasileiro[2].

Para o autor, três são os regimes de *Welfare State:* o socialdemocrata (ou institucional-redistributivista), o regime ou modelo conservador/corporativista (também conhecido como meritocrático-particularista, na definição de Titmus/Ascoli, apud Draibe, 1993a), e o regime ou modelo residual ou liberal.

O primeiro, democrata, típico do norte da Europa, mais especificamente dos países escandinavos, caracteriza-se por ser um sistema de Pro-

---

1. Destacam-se, em nível mundial, Esping-Andersen (1985, 1991, 1995); Ramesh Mishra (1995); Ian Gough (1997) e, ainda, Marzal (1997); Díaz e García (1999) e, no Brasil, Draibe (1988, 1993, 1997); Draibe e Henrique (1988); Fleury (1994); Mota (1995); Arretche (1995), Vianna (1989, 1998).

2. Cabe ressaltar que a idéia de proteção vinculada à Assistência Social é anterior à formação do *Welfare State*. Toma-se, no entanto, esse sistema como ponto de partida para a discussão de tal política, considerando que sua configuração, sob essa ótica, se deu, no Brasil, a partir da Constituição de 1988. A respeito da noção de Seguridade Social, consultar Mota (1996).

teção Social abrangente, com cobertura universal, e com benefícios garantidos como direitos, cujo valor é desvinculado de contribuição por parte do beneficiário. Ele procura assegurar mínimos vitais, conforme critérios de eqüidade, e não de mérito. É normalmente identificado como o modelo "inglês" de Proteção Social, ou modelo formulado por Beveridge, e tem caráter mais desmercadorizante e universalista.

O segundo, conservador/corporativista, ou meritocrático-particularista, característico da Europa continental, inclui países como Alemanha, Áustria, França, Japão, Bélgica e Itália. Esse padrão, fortemente marcado pelo corporativismo e por esquemas de estratificação ocupacional, vincula ao emprego o acesso a benefícios, e é conhecido como o modelo "alemão", ou modelo do "seguro", inspirado em Bismarck; adota, como fundamento, a previdência estatal e compulsória.

O terceiro padrão, residual ou liberal, é peculiar aos países de tradição anglo-saxônica, como Estados Unidos, Austrália, Canadá, Suíça e, em parte, peculiar à própria Grã-Bretanha. As políticas inspiradas nesse modelo caracterizam-se pelos testes de meios para eleger beneficiários. Estes serão atendidos a partir de critérios de seletividade e conforme seu mérito, sendo estreitos os limites para a intervenção estatal, e otimizados os espaços para o mercado na distribuição dos benefícios. É bastante conhecido como modelo de mercado, e a intervenção social do Estado, nesse caso, deve cessar com a eliminação da situação de emergência. Nesse sentido, os direitos dos beneficiários não são tão ligados a seu desempenho no trabalho e, sim, à comprovação das necessidades de subsistência (Esping-Andersen, 1985, apud Arretche, 1995).

Na América Latina (à exceção de Cuba) e no Brasil, segundo indicam estudos de Draibe (1988 e 1993), predomina o modelo de tipo meritocrático-particularista, que repousa sobre a premissa de que "as pessoas devem estar em condições de resolver suas próprias necessidades, com base em seu trabalho, em seu mérito, no desempenho profissional, na sua produtividade" (Draibe, 1993a:8).

No caso brasileiro, especialmente, conforme situa Draibe (1988), o *Welfare State* tendeu a adquirir, nas suas relações com os grupos de interesse e com o sistema político, conotação corporativista, típica dos sistemas de base meritocrática-particularista, mas foi o caráter clientelista, o que mais marcou sua dinâmica.

Como alerta esta autora, contudo, não se pode considerar que esses modelos sejam cristalizados no tempo. Segundo ela adverte: "um dos temas mais caros à literatura comparativa internacional neste campo, é a tendência à homogeneização dos sistemas, detectando um movimento em direção a padrões mistos, nos quais os componentes de tipo seguridade social tendem a se impor ao componente seguro social" (Draibe, 1993a:8).

Até que ponto o modelo de Seguridade Social proposto na Constituição Brasileira altera o diagnóstico de que o país adota o modelo do tipo meritocrático-particularista? Novos estudos contribuem para esclarecer essa questão. É o caso do trabalho de Fleury (1994), para quem as tipologias desenvolvidas sobre o *Welfare State* — dentre as quais algumas já são consideradas clássicas — apresentam sua utilidade "provada tanto pela possibilidade de maior desenvolvimento teórico e explicativo, quanto pela capacidade de predição das possibilidades de evolução dos sistemas atuais, considerados em tais estudos" (idem:102).

Segundo Fleury, no entanto, os avanços obtidos por esses estudos, no sentido de que se afastaram significativamente da mera descrição histórica e incorporaram elementos gerais e específicos a essa análise, não foram capazes de superar "os principais problemas que costumam enviezar as análises neste campo, a saber, sua profunda identificação com um modelo de desenvolvimento europeu e seu comprometimento com a ideologia social-democrata" (idem:102).

É oportuno, ainda, destacar o pensamento de Fleury, quanto à busca de tipos ideais, no sentido weberiano que, para a autora, é atravessada pela recorrente idealização de:

> Um modelo perfeito de Welfare State redistributivo, ao mesmo tempo produto e compatibilizador da coexistência virtuosa do capitalismo com a democracia de massas. Assim, face a este modelo idealizado, os demais deixam de ser vistos como tipos ideais, para serem considerados seja como modelos subótimos (*sic*), seja como etapas anteriores em um curso ascensional inexorável de aperfeiçoamento que culminaria com sua superação pelo modelo social-democrata (Fleury, 1994:102).

Discordando de autores que apresentam um dos tipos ideais na qualidade de "tipo perfeito", "seja por sua identificação com a ação governamental (institucionalista), seja com um programa político (social-democrata)", Fleury (1994:107) afirma que "a problemática da Proteção Social tem que ser apreendida a partir de uma dupla dimensão: política e institucional".

A partir daí, a autora apresenta uma proposta que procura considerar as diferentes características de cada um dos tipos ideais formulados, conforme dois critérios: a natureza da Proteção Social, que expressa um modelo de organização da *engenharia social*, e a expressão jurídica e política, que articula a modalidade de integração Estado/sociedade. Considerando o primeiro critério, os modelos seriam *Assistência Social, Seguro Social e Seguridade Social*. Considerando o segundo critério, ter-se-iam, de acordo com Fleury, as relações de *Cidadania invertida, Cidadania Regulada e Cidadania Universal*[3].

O modelo de *Assistência Social* inserido na proposta de Fleury não é aquele considerado na perspectiva da Constituição Brasileira de 1988 e regulamentado através da LOAS, mas é o que reconhece o "mercado como canal de satisfação das demandas sociais, onde (*sic*) as necessidades são preenchidas de acordo com os interesses individuais e a capacidade de adquirir bens e serviços" (1994:107).

Na perspectiva indicada, talvez o termo mais correto fosse *Assistencialista*, já que é esse o conceito que traduz o conteúdo proposto pela autora, quando se refere ao modelo *Assistência Social*. Da mesma forma, a relação Estado/sociedade que propõe a política de Assistência Social não é a *Cidadania Invertida*, típica do *assistencialismo*, mas a *Cidadania Universal*, vinculada, no texto de Fleury (1994), ao modelo de Seguridade Social. As características que a autora relaciona a esses três modelos confirmam essa observação, pois práticas como caridade, filantropia e discriminação, dentre outras, estariam associadas, nesse estudo, ao chamado modelo de *Assistência Social*, cujo conteúdo é distinto da proposta inscrita na LOAS. A anotação que se faz nesse sentido poderia parecer desnecessária, mas é fundamental, dado o esforço incessante — de, principalmente, profissionais da área —, no intento de imprimir a essa política o sentido legal que lhe é atribuído: o do *direito social* e o da eqüidade com justiça social.

Pode-se supor que a classificação de Fleury obedece a uma percepção do que essa política tem, de fato, realizado; ainda assim, é preciso anotar a importância de se contextualizar tal conceito.

Sem pretender detalhar a proposta da autora — bastante profícua, na análise que faz dos sistemas de Proteção Social em países como Estados Unidos, Alemanha e Inglaterra, e, na América Latina, Argentina,

---

3. Fleury (1994) lembra que a expressão *cidadania regulada* foi cunhada por Santos (1979).

Uruguai, Chile e Brasil —, cabe situar algumas ponderações feitas sobre o caso brasileiro. A respeito, ela esclarece: "A utilização do conceito de Seguridade representou uma inovação importante, na medida em que houve uma dissociação parcial entre Proteção Social e vínculo contributivo, assumindo, no mesmo nível, os benefícios contributivos e assistenciais" (Fleury, 1994:224).

Complementa Fleury, com apoio em Teixeira:

No entanto, a manutenção da separação funcional entre previdência, saúde e assistência revela a incapacidade de se superar uma concepção da Proteção Social como seguro, à qual vão se superpondo programas assistenciais e diversificando-se a clientela, de tal forma que se pode falar de um sistema de Seguridade Social híbrido, ou seja, orientado por princípios e práticas concorrentes, originadas de uma base contributiva individual, de um lado, e de programas distributivos assistenciais de outro (Teixeira, apud Fleury, 1994:224).

O trabalho de Vianna (1998), que examina a questão da Seguridade Social no Brasil, contribui para ampliar o entendimento da questão. Ao sustentar a tese de uma *americanização (perversa) da seguridade social no Brasil*, Vianna sugere a incorporação, no país, dos padrões norte-americanos de Proteção Social. Como ela afirma:

Algumas das características sociais e políticas que nos EUA impedem arranjos neocorporativos, estimulando, outrossim, o lobismo, estão claramente presentes no Brasil. O regime presidencialista com seus conflitos latentes entre Executivo e Legislativo, a estrutura partidária fraca e pouco enraizada na sociedade, entidades de representação de grupos sociais segmentadas, com baixa capacidade de interlocução, e uma disseminada cultura do privatismo, por exemplo, se alinham como prováveis componentes de um quadro análogo ao americano e, pois, bastante favorável à prática lobista (Vianna, 1998:107).

Vianna admite ser delicado transportar conceitos de uma realidade para outra, ainda mais no caso do Brasil, que *também* possui evidente tradição de corporativismo no sentido "antigo".

Ainda assim, cabe considerar em que medida a chamada crise do sistema de Proteção Social no Brasil, nele incluídas a Seguridade Social e a política de Assistência Social, tem suas origens, entre outros fatores também relevantes, já abordados pelos especialistas referidos, no fato de sua orientação legal ser inspirada no chamado modelo socialdemocrata, de caráter mais universalista, e sua vertente pragmática, ao contrário, seguir uma tendência mais liberal, de origem norte-americana, que estimula os indivíduos a se autoprotegerem.

Nova consulta a Vianna nos auxilia a compreender esse paradoxo. Conforme ela pontua:

> Não há [...] como reconstituir no Brasil, o percurso do Welfare State europeu. [...] o sistema previdenciário brasileiro, montado durante o Estado Novo em moldes bastante próximos àquele instituído na Alemanha por Bismarck nos anos 80 do século passado, embora tenha sido reformado à inglesa pela Constituição — no espírito universalista da 'social security' — vem se americanizando a passos largos (Vianna, 1998:14).

A americanização mencionada supõe que as provisões públicas fiquem para os pobres, e que o mercado se encarregue da oferta de proteção aos que dispõem de alguma renda para comprá-la. É a face privatista e liberalizante de uma opção econômica e política que impõe a um desenho universalista um perfil seletivo e escorchante.

Com apoio na assertiva referida, Vianna questiona o fato de cientistas políticos não terem colocado em dúvida a possibilidade de efetivação de um modelo socialdemocrata de *Welfare State* (conforme sugere a Constituição Brasileira) em um país onde os demais componentes da socialdemocracia inexistem. Como ela assevera:

> No Brasil, nunca houve partido com as características (e as raízes) das agremiações social-democratas européias; políticas keynesianas não foram propriamente o forte das experiências de planejamento econômico no país; e, sobretudo, no campo das relações de trabalho e de movimento sindical, o arbítrio e a segmentação corporativa sempre predominaram, impedindo que qualquer idéia de 'pacto' vingasse (Vianna, 1998:167).

Reafirmando que, no país, a prática particularizante do *lobismo* se impôs, Vianna (1998:168) indaga: "como, pois, construir um sistema de seguridade europeu, num país 'americanamente' recortado?"

Tudo indica, então, que se faz necessária uma revisão constante das tendências atuais que perfilam os modelos de Proteção Social no país, já que o padrão de tipo *meritocrático-particularista*, ou *corporativista*, entende-se, não dá conta, por si só, de explicar as especificidades do padrão contemporâneo de Proteção Social brasileiro.

Como lembra Fleury:

> As transformações em curso no campo das políticas sociais apresentam duas tendências de movimento que se deslocam desde o central para o local, e desde o público para o privado, podendo-se afirmar que se está processando uma readequação do padrão de relacionamento entre Estado e sociedade. [...] No cruzamento destes dois eixos encontramos possibilidades alternativas de combinações polares em substituição aos modelos central/público, prevalente nos governos populistas e central/privado, característico dos regimes autoritário/burocrático, tais como local/público, local/privado, além de novos 'mix' público/privado (1994:233).

A análise dessas combinações não pode, contudo, deixar de considerar a tendência mundial (na qual a cultura norte-americana se insere de forma mais hegemônica) que prerroga a lógica do mercado, a retração dos investimentos sociais[4], e defende uma cultura que estimula o repasse da responsabilidade pelas questões sociais para a sociedade, pois isso traz conseqüências diretas e danosas para o sistema de Proteção Social, particularmente, para a política de Assistência Social.

Draibe e Henrique (1988:75), ao tematizarem a crise e a gestão da crise do *Welfare State*, caracterizam a matriz desse pensamento conservador, cujos princípios, entende-se, atingem claramente a Assistência Social. Para essa matriz, conforme elucidam:

> a provisão de renda, bens e serviços pelo Estado constitui uma ameaça aos interesses e liberdades individuais, inibe a atividade e concorrência privadas, gera uma extensão do controle da burocracia. A ação do estado no campo social deve estar restrita à área de caridade pública — auxílio à pobreza — e de preferência em caráter complementar à caridade privada.

Nessa perspectiva, completam as autoras, opera-se um corte entre política econômica e política social, sendo esta mero apêndice, pois que subordinada aos desígnios da primeira.

Sem a pretensão de esgotar essa polêmica, nem a literatura a respeito, as breves ponderações traçadas não têm por objetivo iniciar uma discussão sobre a crise do sistema de Proteção Social, mas, apenas, situá-la, de modo a captar um dos elementos que tem sido apontados como inter-

---

4. Draibe e Henrique (1988) abordam com clareza o tema da "Crise e gestão da crise" do *Welfare State*. Essa é a mesma direção que imprime Mota (1995) no estudo da questão.

veniente nesse processo. Para tanto, entende-se oportuno adensar a posição de Vianna (1998), a qual sugere a existência de um comportamento político que afeta as diferentes áreas da Seguridade Social por igual, impedindo a sua consolidação nos moldes legalmente substanciados.

Ainda que a autora não inclua a Assistência Social em sua análise, pois que destaca mais a saúde e a previdência, considera-se que o argumento proposto também se aplica a essa política, pois suas especificidades só podem ser mais bem compreendidas se consideradas, sob, entre outros aspectos, a ótica da Cultura Política que permitiu a emergência, a consolidação e, principalmente, a crise dos sistemas de Proteção Social, tanto em nível mundial, como também na América Latina e Brasil.

A LOAS é exemplo emblemático dos efeitos desse quadro na Assistência Social, pois, apesar dos avanços identificados a partir de sua aprovação, como a construção de uma nova dinâmica de gestão da Assistência Social[5], de que são exemplo os Conselhos dessa política, instalados em quase todo o país, há que considerar o que adverte Almeida (1995:99), quando afirma:

> O impulso reformador foi suficiente para inscrever uma concepção moderna de assistência social na Constituição e para produzir uma legislação orgânica racionalizadora, ainda que ambígua do ponto de vista da redistribuição de competências e funções. Entretanto, não logrou se (*sic*) instalar no Poder Executivo. Nesse território, quase sempre, a política assistencial continuou a ser concebida e praticada como moeda de troca de acordos políticos e como recurso de patronagem e de escambo eleitoral.

Conforme ensina a mesma autora: "as características do aparato institucional da Assistência Social, não são as mais propícias ao surgimento de uma cultura organizacional reformista e racionalizadora. Parecem antes favorecer as resistências corporativas e burocráticas à mudança, tanto no plano federal quanto nos demais níveis de governo".

Essas indicações sugerem que a implementação efetiva do modelo de gestão da Assistência Social, pensado na perspectiva de uma cultura democrática, e imbuído de um perfil universalista e redistributivo de atendimento à população, é tarefa complexa, pois, ao lado de proposições legais e práticas inovadoras, parecem conviver mentalidades e va-

---

5. Sugere-se, dentre outras leituras sobre o assunto, Raichelis (1998a) e Stein (1999).

lores típicos das culturas elitista e clientelista, que estimulam ações emergenciais de caridade e pronto-socorro aos pobres.

É nessa perspectiva que se entende que, se o comportamento político não é elemento determinante desses conflitos, por certo é relevante, no sentido de demonstrar, conforme anota Draibe (1988), que as prioridades com que são assumidas as questões de combate à pobreza e à desigualdade social, bem como as formas e *timings* de sua concretização, podem diferenciar posições conservadoras, liberais ou democráticas no trato da questão social. Ou seja, se a efetividade da Assistência Social, como política integrante do sistema de Proteção Social, está relacionada, entre outros fatores, à Cultura Política que sustenta suas ações, que comportamentos políticos se inscrevem nesse contexto? A que modelos de Assistência Social dão origem?

A título de exemplo, podem-se indicar os principais modelos de Assistência Social recentemente identificados a partir de estudo comparativo feito por Gough et alii (1999) sobre essa política, nos 24 países da OECD (Organização para Cooperação e Desenvolvimento Econômico), não estando incluídos os da América Latina. São eles: Estado de Bem-Estar Seletivo (Austrália e Nova Zelândia); Estado Assistencial (EUA); Estado de Bem-Estar Integrado a Redes de Proteção (Inglaterra, Irlanda e Canadá); Assistência Social Dual (Alemanha, França, Bélgica e Luxemburgo); baseado em direitos de cidadania, mas com assistência residual (países nórdicos — excluindo-se Noruega e Holanda); Assistência Social Rudimentar (Europa Meridional e Turquia); Lenitivos Descentralizados e Discriminados (Noruega, Áustria e Suíça); Assistência Social Discriminatória e Centralizada (Japão).

Os autores responsáveis pelo estudo referido alertam que os regimes identificados não se enquadram perfeitamente na tipologia de Esping-Andersen, para os regimes de bem-estar social, pois "outros fatores aparecem para mediar as ligações entre os princípios de Esping-Andersen de estratificação do estado de bem-estar e os regimes por nós identificados" (Gough et alii, 1999).

O estudo das características desses regimes, ainda que referente a outra realidade, permite que se identifique, em cada um deles, distintas orientações políticas, que podem ser favorecedoras de práticas democráticas, com efeitos mais universalizantes, ou favorecedoras de práticas elitistas e clientelistas, com efeitos mais restritivos ante os que a demandam.

Não sendo oportuno avaliar as distinções entre esses regimes, pois que se referem a uma abordagem que foge ao interesse imediato deste estudo, cabe considerar sua pertinência, bem como a das demais análises pontuadas sobre o *Welfare State*, no sentido de apontar a existência de um conjunto de mudanças que afeta os sistemas contemporâneos de Proteção Social em todo o mundo e que incide no comportamento político da sociedade diante desses sistemas — de modo específico, na Assistência Social.

Dentre essas mudanças, incluem-se a crise dos modelos estruturais, do socialismo real, do Estado de bem-estar e das instituições clássicas da democracia representativa, em decorrência do que se assiste, para Cheibub e Lima (1996), ao ressurgimento da preocupação com a "sociedade civil" e das teorias normativas da democracia, bem como a retomada da perspectiva da Cultura Política.

2.1.2 Assistência Social e Cultura Política: entre a democracia, a tecnocracia e o clientelismo

O conceito de Cultura Política[6], como acentua Moisés (1992:13), apresenta uma história polêmica no desenvolvimento das ciências sociais. O autor esclarece: "Embora apareça já nas preocupações de autores tão diferentes como Rousseau, Burke, Tocqueville e Gramsci, associados aos longos e, por vezes, contraditórios processos de secularização da esfera política no mundo ocidental, ele deu origem a abordagens diferentes, e às vezes, contraditórias".

A retomada dos estudos no campo da Cultura Política se dá, nos anos 1990, privilegiando não mais comportamentos individuais, mas a identidade de um "coletivo de atores sociais, a partir de um conjunto de valores e de representações simbólicas que eles têm sobre a realidade social" (Gohn, 1999:56).

Para Gohn, a convivência permanente entre novos e antigos valores é que permite que a Cultura Política seja o reflexo de um processo de construção permanente e que os valores dos atores sociais recebam a influência dos acontecimentos da política, conforme "a interpretação que

---

6. Para aprofundar a discussão sobre Cultura Política, sugere-se consultar Moisés (1992, 1995), Cheibub e Lima (1996), Avritzer (1996), Baquero, Castro e González (1998), Gohn (1999), dentre outros. Alguns desses autores foram discutidos no capítulo anterior deste trabalho.

captam das ações dos atores do mundo da política oficial, governamental" (1999:56).[7]

Podem interferir na formação desses valores, segundo Albuquerque (1992), atitudes políticas, tais como a identificação partidária e as orientações de tipo liberal ou conservador; pertinência cultural, como a filiação religiosa e a origem étnica; e as variáveis demográficas, como idade, sexo, nível de renda e grau de instrução. Como lembra o autor, as correlações entre essas variáveis sofrem constantes correções, pois o que se busca é identificar aquelas que, num determinado contexto, melhor explicam a cultura observada. No Brasil, além dessas variáveis, algumas pesquisas vêm acrescentando outras, relevantes para a compreensão dos comportamentos estudados, como níveis de participação e informação política, opiniões sobre as instituições e a classe política, além de atitudes em relação às instituições e ao regime político.

É nesse sentido que o autor apresenta uma tipologia que não prioriza as variáveis demográficas e contextuais, mas aquelas relacionadas ao comportamento político.

Essa observação se faz necessária, dada sua importância para o entendimento dos fatores que podem favorecer determinadas culturas em relação à Assistência Social. É possível supor, nesse caso específico, que variáveis como identificação religiosa, identificação partidária e níveis de participação em espaços relacionados à Assistência Social podem contribuir para o conhecimento das orientações a ela referidas.

A par dessa informação, cabe lembrar que, no contexto das ações coletivas referidas por Gohn (1999), marcam presença distintas culturas políticas classificadas por Viola e Mainwaring (1987) em cinco tipos principais: autoritárias de direita, autoritárias de esquerda, semidemocráticas, democráticas liberais e democráticas radicais. Nesse sentido, os autoritários de direita combinam o autoritarismo político com o elitismo social; o autoritarismo de direita combina igualitarismo social e autoritarismo político; os semidemocráticos têm uma atitude instrumental em face da democracia; os democráticos liberais defendem a democracia representativa de um ponto de vista não instrumental, e; os democratas radicais combinam a crença na democracia política com a preocupação com o igualitarismo social.

---

7. Adota-se, neste trabalho, a posição da autora (Gohn, 1999:59), segundo a qual falar de Cultura Política significa tratar do comportamento de indivíduos nas ações coletivas.

Não sendo pertinente detalhar tal tipologia, parece útil esclarecer que, no estudo das relações entre Cultura Política e democracia, as posições de alguns autores divergem (Castro, 1998), no sentido de precisar qual delas é determinante. Para Cheibub e Lima (1996:85), "os estudos recentes sobre transição, abandonaram a idéia de que os fatores culturais são determinantes da democracia, mas continuam a considerá-los como relevantes para a consolidação democrática".

Na literatura sobre as novas democracias, como informam os autores, há consenso em relação a quando começa e termina a "primeira transição", que é o momento em que ocorre a queda do regime autoritário. O problema reside, no entanto, na chamada "segunda transição" ou, como alertam Cheibub e Lima (1996:85), na fase de "consolidação da democracia" ou do funcionamento efetivo de um "regime democrático".

No Brasil, como evidenciado em capítulo anterior deste trabalho, a eliminação do regime autoritário não significou a superação dos altos níveis de elitismo e clientelismo que caracterizam o estilo de fazer política no país.

É nesse sentido que distintas culturas políticas não só atravessam as ações coletivas dos grupos sociais, como também incidem nos sistemas de Proteção Social. No caso da Assistência Social, essas culturas apresentam características que, de um lado, favorecem a "transição" para um modelo participativo, e, de outro, impedem sua consolidação, na medida em que mantêm atitudes e práticas perpetuadoras do elitismo e do clientelismo.

As características da democracia, do elitismo e da tecnocracia, bem como do clientelismo, eixos analíticos selecionadas para estudo da Cultura Política dos gestores estaduais da Assistência Social, já foram discutidas no capítulo primeiro deste trabalho, e nessa discussão se pôde pontuar, brevemente, sua influência na Assistência Social.

Cabe, agora, arrolar algumas peculiaridades dessa política, acentuando a incidência de cada uma dessas culturas — democrática, tecnocrática e clientelista —, no conjunto dos elementos que a compõem. Tomando como referência a LOAS, pode-se considerar que a política de Assistência Social tem definidos claramente seu *conceito*, seus *pressupostos*, seus *destinatários*, bem como seu *modelo de financiamento e gestão*. Esses elementos, no entanto, pensados majoritariamente, na perspectiva da democracia participativa, convivem com tendências típicas da tecnocracia e do clientelismo, que embaçam a "consolidação" de uma Cultura Política democrática na Assistência Social.

Ainda que tais elementos estejam indicados de forma objetiva no próximo item, que trata do desenho de pesquisa, cabem, neste ponto, algumas considerações gerais em torno dessas diferentes concepções que orientam a política de Assistência Social e imprimem a seus conteúdos e estratégias, características distintas.

Considera-se, em primeiro lugar, a perspectiva *democrática e participativa*, sob a qual, pode-se inferir, a LOAS foi pensada. A par de algumas restrições nessa legislação, conforme referidas por Pereira (1996), fica evidente que a Assistência Social é política pública que, inserida no sistema de Seguridade Social, deve prover os mínimos sociais a quem dela necessitar. Nesses moldes, a condução da Assistência Social deve pautar-se em marcos descentralizados e participativos, o que implica, de um lado, a gestão negociada e articulada dessa política entre União, Estados e Municípios, com definição de atribuições e Comando Único em cada uma dessas esferas de governo, e, de outro, a organização e o efetivo funcionamento de instâncias paritárias e deliberativas de gestão, por meio dos Conselhos de Assistência Social nesses três níveis de poder.

Esses Conselhos supõem a participação de organizações governamentais (OGs) e não-governamentais (ONGs), sendo função destas representar a sociedade civil organizada, através de entidades prestadoras de serviços assistenciais e de assessoria, organizações dos usuários e organizações dos trabalhadores (Raichelis, 1998a).

Nessa perspectiva, o Estado não perde a centralidade[8] na gestão do social (Carvalho, 1999), ou a primazia de sua responsabilidade na condução da Assistência Social (artigo 5° da LOAS).

Ao contrário, esse novo desenho para a Assistência Social remete à idéia de pluralismo institucional, que incumbe ao Estado papel decisivo no enfrentamento da pobreza, de par com a sociedade (Pereira, 1998), no sentido de garantir padrões de redistributividade e Proteção Social compatíveis com a democracia e a cidadania.

A cultura *tecnocrática*, por outro lado, como diversos estudos[9] têm indicado, confere a essa política um perfil limitado e ambíguo, (Yazbek,

---

8. A noção de centralidade indica o caráter principal da responsabilidade estatal na condução da Assistência Social; não significa o mesmo que centralização ou centralismo na gestão dessa política. Este conceito será abordado melhor neste mesmo item.

9. Dentre outros, registra-se Draibe (1993b); Yazbek (1993, 1998); Pereira (1998).

1993), que estimula ações emergenciais e descontínuas no enfrentamento da pobreza e da desigualdade social.

As reformas político-administrativas, no âmbito do aparato estatal, ao tempo em que reforçam o núcleo tecnocrático do governo (Diniz, 1998), introduzem, sob essa ótica, uma série de dispositivos "legais" que incidem diretamente na LOAS e despolitizam os mecanismos de participação da sociedade nos espaços decisórios de gestão dessa política.

Cristaliza-se, desse modo, a noção de que a Assistência Social se constitui em ação compensatória de desigualdades, destinada apenas a neutralizar os riscos que os "miseráveis" podem trazer às liberdades individuais e à concorrência privada. Afinal, o mercado deve ser capaz de atendê-los, pois essa tarefa não é "exclusiva" do poder estatal.

A descentralização da Assistência Social, sob esse enfoque, restringe-se a um processo administrativo, que busca, na "parceria" com a sociedade, uma forma de homologar e legitimar a lógica focalista e seletiva que orienta essa estrutura político-administrativa no atendimento aos "necessitados".

O respeito à hierarquia, à autonomia das esferas decisórias e ao "discurso competente" e "instituído" (Chaui, 1981) são as "regras de ouro" dessa cultura, que encontra na racionalidade técnica e nas soluções ágeis e eficientes, o suporte necessário a uma gestão livre dos controles e procedimentos públicos.

A incidência do *clientelismo* na Assistência Social, por fim, pode ser caracterizada como decisiva, no sentido de imprimir a essa política, uma cultura que fragiliza a idéia do direito e fortalece a idéia da dádiva e do favor.

A história da Assistência Social tem sido pródiga em demonstrar o quanto essa Cultura Política tem sido capaz de legitimar a Assistência Social como ação emergencial e restrita aos exclusivamente pobres, carentes e desassistidos de toda sorte. A esses predestinados cabe o apoio moral da sociedade que, imbuída do desejo de socorrê-los da miséria e da pobreza, termina confirmando sua submissão e dependência a uma lógica perversa e legitimadora das desigualdades.

A gestão da Assistência Social, sob esse enfoque, como não poderia deixar de ser, é desarticulada e fragmentada, e seus efeitos se reduzem a ajudas e concessões pontuais e descontínuas que, longe de superar a miséria, podem reproduzir uma forma de relação clientelista entre ricos poderosos e pobres desafortunados. A estes não cabem direitos, mas restam favores de protetores e provedores privados que, muitas vezes, munidos de poderes e recursos públicos, deles podem se apropriar como forma de controlar e manter sua rede de clientela.

Em tempos de crise social e exclusão, as necessidades sociais se transformam em moeda de troca para a obtenção de favores, alimentando esse ciclo hostil que inviabiliza o caráter público e afiançador de direitos da política de Assistência Social, e estimula ações efêmeras da rede privada, junto aos necessitados.

A par dessas considerações, vale esclarecer algumas variáveis implícitas nessas diferentes tendências da Cultura Política da Assistência Social. Para fazê-lo, utilizam-se as categorias que foram incorporadas à investigação, a partir da participação de especialistas no momento em que se construía o instrumento de pesquisa[10]. Elas possibilitam o aprofundamento dos elementos que configuram a política de Assistência Social e, ao mesmo tempo, contribuem para a leitura da Cultura Política de seus gestores em Santa Catarina. Cada um dos temas que se passa a abordar remete a infindáveis mediações teóricas, que não se ambiciona esgotar. Pontuam-se apenas seus aspectos principais, de modo a oferecer mais subsídios para o entendimento das questões que compõem o arcabouço teórico explicativo da Assistência Social.

Traz-se, em primeiro lugar, a discussão sobre a *centralização* ou *centralismo* do Estado na condução das políticas sociais, questão compatível com a cultura clientelista, e, que é importante desvelar, dada sua incidência na Assistência Social.

Essa discussão, vale lembrar, não remete imediatamente à questão da *descentralização*, mas ao tema da *"não-centralização"*, ou à idéia de Federalismo. Se a primeira supõe uma pirâmide de governos, com o poder fluindo do topo para baixo, a segunda é mais bem conceitualizada como uma matriz de governos com poderes distribuídos (Elazar, apud Almeida, 1995).

Como estruturas não centralizadas, os sistemas federais implicam modalidades de interação baseadas na negociação entre esferas de governo e têm sua expressão mais clara na existência de competências comuns entre essas esferas (Almeida, 1995).

---

10. A explicação desse procedimento faz parte do item que segue, e as categorias ora selecionadas foram organizadas a partir da interpretação do pesquisador.

Diferentemente do "federalismo centralizado", o "federalismo cooperativo" supõe que se guarde, entre as unidades subnacionais, significativa autonomia decisória e capacidade própria de financiamento.

Como informa Almeida, no entanto, a não-centralização, típica do ordenamento federativo, convive de forma conflitante com a lógica da centralização-descentralização[11]. Esta, especialmente no caso das políticas sociais, transformou-se em mote contra padrões de Proteção Social hipercentralizados, fragmentados e ineficientes, do ponto de vista dos serviços e benefícios ofertados.

No caso da Assistência Social[12], as reformas de cunho descentralizador[13], instaladas a partir da LOAS, não implicaram, necessariamente, a realocação de capacidade decisória e de recursos para as instâncias subnacionais. O que parece ter ocorrido é a centralização dessa capacidade nos aparatos federais, prática que, combinada com extrema pulverização na execução dos serviços sociais, além de inviabilizar a meta da equidade social, pode incentivar disputas regionais e minar a estabilidade do pacto federativo[14].

A própria LOAS, segundo Almeida (1995), não expressa como preocupação central a descentralização, mas o estabelecimento de um modelo baseado em mecanismos participativos de decisão.

A respeito, Stein (1999) esclarece que a organização do sistema descentralizado pode se dar em duas direções: da esfera federal para a estadual e municipal, comumente chamada de municipalização, e do Estado para a sociedade.

---

11. Sobre descentralização das políticas públicas, inclusive da Assistência Social, consultar, além de Almeida (1995), Fleury (1994), Arretche (1996) e Melo (1996).

12. Sposati e Falcão (1990) discutem o processo de descentralização e municipalização da Assistência Social na década de 1980. Da mesma forma, Yazbek (1998) e Stein (1999) abordam essa temática, referindo-se a esse processo em período mais recente, sob a vigência da LOAS.

13. Kugelmas e Sola (2000), ao referirem que o Brasil alterna períodos de centralização e descentralização, informam que o alcance das esperadas vantagens da descentralização, como maior eficiência, transparência e abertura de espaços de participação, não dependem apenas de um certo figurino institucional, mas de um contexto social e cultural mais amplo.

14. Arretche (1997:22-3) afirma que o governo federal vem desenvolvendo políticas explícitas em direção à distribuição de competências entre os níveis de governo e consolidando um projeto de atribuições de gestão de política social para Estados e municípios. Há, contudo, programas federais que ainda são geridos de forma centralizada.

Neste sentido, a idéia de descentralização prevista na LOAS (artigo 5°) representa um rearranjo político, que pode possibilitar o aprofundamento da democracia e da participação[15].

Cidadania Fortuita é outra categoria que permite ampliar o entendimento da Assistência Social e, colocada dessa forma, é coerente com uma visão clientelista da Assistência Social.

Como esclarece Telles (1999), a questão social[16], no horizonte simbólico da sociedade brasileira, é, e sempre foi, tematizada a partir das evidências mais tangíveis da pobreza absoluta. Os pobres, sob essa perspectiva, são os *deserdados da sorte* e os infelizes do destino que já se encontram fora do contrato social. É assim que se percebe o pobre como *carente e fraco, vítima e sofredor das desgraças da vida*, para quem a justiça se transforma em caridade e os direitos em ajuda.

Nessa perspectiva, é o "mérito da necessidade"[17] que determina, conforme Sposati et alii (1989:15), o acesso aos serviços sociais. Desloca-se, assim, o possível "direito do cidadão" para a "noção de carência", expressa na "criteriosa aplicação dos critérios".

Carências, lembra Chaui (1999), são sempre específicas e particulares, não conseguindo ultrapassar a especificidade e a particularidade rumo a um interesse comum, nem universalizar-se como direito.

É nesse sentido que a noção segundo a qual *aqueles que conseguem atendimento são "afortunados"* referenda a lógica que percebe os pobres como pessoas atadas pelo destino ao mundo das privações (Telles, 1999:129). Para sair delas, só mesmo com "muita sorte", já que direitos

---

15. No trabalho referido, Stein (1999) sintetiza as conclusões da II ª Conferência Nacional de Assistência Social, instância em que se avaliou o sistema descentralizado e participativo dessa política, e se indicou, a par de algumas conquistas, a grande concentração de poder no Executivo, nas três esferas de governo, além da existência de poder paralelo ao Comando Único de Assistência Social, com forte presença de "primeiras-damas".

16. Sobre a Questão Social, vale consultar Castel (1998), que discute, entre outros temas, a origem do estigma que acompanha o atendimento aos pobres. Como ele afirma: *o pobre mais digno de mobilizar a caridade, é o que exibe em seu corpo a impotência e o* sofrimento humanos (Idem:67). Sobre o mesmo tema, sugere-se: Wanderley, Bógus e Yazbek (1997).

17. Ao analisar os princípios do direito, do mérito e da necessidade, no contexto dos princípios de Justiça Distributiva, Figueiredo (1997) informa que a distribuição de recursos ou recompensas, de acordo com o mérito, é feita com base em três critérios: contribuição, esforço e compensação. Em todos os casos, produzem-se efeitos desiguais, pois o mérito requer a adequação de formas de tratamento a qualidades ou ações específicas.

pertencem a um mundo imaginário, distante da realidade tangível na qual se movimentam os predestinados à pobreza e ao sofrimento.

Incorporada à pesquisa, na etapa de construção de sua metodologia, a categoria *Efeito das decisões da Assistência Social* contribui, igualmente, para a compreensão dos desafios que se colocam à efetivação da Assistência Social.

Interessa entender, sob essa ótica, que efeitos se esperam alcançar com tal política; se democracia em sua visão instrumental ou substantiva. Held (1997) e Vita (2000a) auxiliam-nos a entender esse paradoxo.

Held (1997) afirma que democracia e *justiça distributiva* são inseparáveis, pois pedir democracia é também pedir *justiça distributiva*. Se a democracia implica direitos civis e políticos necessários para que os cidadãos possam governar-se a si mesmos, estes, isoladamente, "não podem criar uma estrutura comum de ação — uma estrutura justa de autonomia social, econômica e política — que é necessária para a democracia" (1997:75). Se qualquer um desses direitos estiver ausente, o processo democrático será unilateral e incompleto.

Da mesma forma, VITA (2000a) discute os conceitos de democracia e justiça, mas, conforme lembra, ambas têm valor intrínseco e não são redutíveis uma à outra. Não sendo pertinente acompanhar o estudo do autor, a respeito do conceito de democracia deliberativa, a partir do qual realiza seu debate, cabe registrar sua ponderação quanto ao fato de que somente a competição política não é suficiente para assegurar que a democracia produza resultados justos.

Importa, a esta análise, incluir a hipótese sustentada por Vita, de que a crença na necessidade de eliminar as desigualdades e a pobreza absoluta é *exógena à discussão pública*. O que é "endógeno ao processo político, e operativo para influenciar as decisões políticas, afirma, são as crenças sobre qual é a forma mais eficaz de fazer isso" (idem:12).

Sob essa perspectiva, Vita afirma que democracia e justiça nem sempre caminham juntas.

Por outro lado, interessa compreender a categoria *Definição do conteúdo da Assistência Social*, que contribui para o entendimento do tipo de interação que se estabelece entre Estado e sociedade — esta representada pelos Conselhos —, na condução da Assistência Social, conforme prevê sua dimensão democrática. Tal questão remete ao protagonismo desses Conselhos como atores relevantes no *processo de fazer políticas* (Viana, 1996).

Os *fazedores de política*, expressão de Viana utilizada para qualificar os gestores da Assistência Social, são aqueles que participam do processo de formulação, implementação e avaliação de políticas públicas[18].

As possibilidades de inserção da sociedade civil organizada no debate referente à Assistência Social, ou a perspectiva de sua caracterização como *fazedora de política*, instalam-se, mais precisamente, a partir da aprovação da LOAS, que estabelece como condição para o repasse de recursos da Assistência Social aos Estados e municípios, a instalação e o funcionamento dos Conselhos paritários e deliberativos, além dos Fundos e Planos de Assistência Social (artigo 30).

Desnecessário recuperar esse processo histórico, apropriadamente localizado por Raichelis (1998) em estudo sobre o Conselho Nacional de Assistência Social (CNAS), cuja lógica de constituição, composição e organização é similar à dos Conselhos estaduais e municipais dessa política[19].

O que interessa aqui destacar é esse novo caráter que adquire a sociedade organizada, no sentido de, através dos Conselhos, participar da gestão da *coisa pública* (Raichelis, 1998a), ou de se constituir como *fazedora de política* (Viana, 1996).

Como informam Dagnino et alii (1998:15), esse novo caráter representa uma concepção ampliada do espaço da política, "que extrapola os limites da política institucional configurada pela ação do Estado e dos partidos, e enfatiza o terreno da sociedade civil"[20].

Essa concepção, vinculada à ampliação da democracia, expressa um questionamento em relação aos estilos tradicionais de se fazer política no país, pautados em uma visão centralizadora e estatista que percebe o Estado como único agente das transformações da sociedade (Dagnino, et alii, 1998).

Mais uma questão permite ampliar a discussão sobre a Assistência Social — a *filantropia*, conceito compatível, de forma mais característica com as culturas tecnocrática e clientelista.

---

18. Viana (1996) inclui entre os *fazedores de política* tanto atores governamentais como não governamentais, a quem chama de participantes ativos que se inserem no processo de construção da agenda governamental.

19. Em Oliveira e Tapajós (1999), encontra-se uma avaliação do processo de descentralização da Assistência Social em Santa Catarina, na qual se contempla a instalação do Conselho Estadual de Assistência Social — CEAS/SC.

20. Indispensável situar, nesse contexto, o protagonismo dos movimentos sociais. A respeito, pesquisar Scherer-Warren (1993, 1995). Sobre o conceito de sociedade civil, consultar Simionatto (1998).

Tema polêmico e controverso, a filantropia acompanha, historicamente, o debate relativo à Assistência Social. Ao destacar as particularidades da política citada, Ferreira (2000:67) registra que "a eterna (e muitas vezes intencional) confusão entre assistência e filantropia é reforçada pela opacidade entre as relações do público e do privado no Brasil". Essa confusão, alerta, não resulta de mero desconhecimento das diferenças e antagonismos existentes entre essas duas expressões. Conforme complementa: "trata-se, na verdade, de uma atitude orientada por uma intencionalidade de manutenção da assistência sob a ótica do dever moral e submetida a interesses clientelistas e paternalistas" (idem:67).

A complexidade de que este assunto se reveste adquiriu maior densidade a partir da aprovação da LOAS. A necessidade de regulamentar seu artigo dezoito, que trata da responsabilidade do CNAS, no sentido de normatizar o registro e a concessão do certificado de filantropia para as Entidades Sociais que o pleiteiam, trouxe à baila outras questões igualmente importantes, como a premência de se definir o que é uma Entidade de Assistência Social, bem como os critérios básicos para sua inscrição nos Conselhos de Assistência Social[21].

No contexto dessa discussão, foram estabelecidos alguns consensos, no sentido de reiterar que a filantropia, como espaço da ação voluntária e espontaneísta, se move na contramão do direito, reduzindo a visibilidade do caráter público que deve pautar a Assistência Social. A filantropia, informa Faleiros (1997:8), surge "na relação entre grupos ou classes dominantes e dominadas [...] enquanto doação do supérfluo dos ricos aos pobres, tratando-se, pois, de uma relação de poder através da doação". Não sendo pertinente avaliar, neste espaço, as práticas de filantropia, interessa demarcar que o campo da Assistência Social é radicalmente distinto. Se a filantropia pertence ao domínio das motivações particulares, a Assistência Social se insere no domínio do que é público, cabendo-lhe instaurar direitos e não favores.

---

21. Consultar, a respeito, *Cidadania ou filantropia: um dilema para o CNAS*, organizado por Sposati (1994b) e o Relatório da Oficina de trabalho sobre Entidades e Organizações de Assistência Social, organizado por Paiva (1997). Da mesma forma, sugere-se a leitura de Gomes (1999) sobre a nova regulamentação da filantropia, e dos Anais do II Seminário Nacional de Assistência Social, que abordam o tema *Filantropia: marco legal e a universalização dos direitos*; Brasília, 2000.

Essa discussão se torna complexa em função da perda do certificado de filantropia por parte de Entidades Sociais tradicionalmente portadoras desse documento, que possibilita a isenção de uma série de contribuições sociais.

Cabe registrar, neste ponto, o alerta inscrito no Relatório da Oficina sobre Entidades e Organizações Sociais (Paiva, 1997), no sentido de que não é a Assistência Social que precisa descaracterizar-se para contemplar ações no campo da filantropia; na verdade, as Entidades de Assistência Social que se dispuserem a se constituir como tal é que poderão ser parceiras do Estado na implementação dessa política, conforme a perspectiva dos direitos sociais que a legislação pertinente prevê.

A respeito, Sposati (1998) esclarece que não se trata de enquadrar a liberdade de organização e colaboração da sociedade, ou de o Estado institucionalizar a solidariedade, mas, sim, de subsidiá-la, desde que imbuída do caráter público da política de Assistência Social.

A questão da *responsabilidade financeira da população* no atendimento às demandas sociais é outro tema controverso no âmbito da Assistência Social e pode ser compreendido melhor no contexto da discussão anterior sobre a filantropia, dada sua interface com o caráter moral que deve pautar o atendimento aos necessitados, atitude típica do clientelismo.

Cabe ressaltar que, em tempos de retração dos investimentos estatais, no campo das políticas públicas, ganha fôlego a lógica segundo a qual a sociedade é a responsável principal pelo custeio das despesas com a pobreza e a desigualdade. A cultura que estimula a contribuição financeira da população entende que cabe aos mais favorecidos auxiliar aqueles que, por razões diversas, não dão conta de suprir suas necessidades sociais.

Emblemático dessa cultura é o "Fundo de Combate à Pobreza"[22], cujas receitas, de fontes diversas, incluem contribuições "voluntárias" dedutíveis do Imposto de Renda.

Essa tendência pode favorecer ações que deslocam "a produção de bens e serviços públicos para o setor privado não-lucrativo, composto por associações de filantropia e organizações comunitárias, ou as novas formas de organizações não-governamentais" (Draibe, 1993b:97).

Resultam, daí, o caráter *seletivo* e *focalista* das ações de atendimento às demandas sociais que, sob essa ótica, livram-se dos controles e garantias públicas e favorecem a arbitrariedade dos que decidem sobre o grau de necessidade dos beneficiários.

A categoria *descentralização administrativa* da Assistência Social foi, também, adensada à pesquisa, a partir da participação de espe-

---

22. Paiva, B.; Oliveira, M. N.; Gomes, A. L. (2000) discutem o referido Projeto, ressaltando seu caráter centralizador e personalista, que reitera os problemas de superposição e paralelismo presentes nas políticas sociais.

cialistas na etapa de construção do instrumento de coleta de dados, o questionário.

Cabe esclarecer que essa tendência é contrária à LOAS, que defende a descentralização política *e* administrativa da Assistência Social e não apenas a descentralização administrativa, esta compatível com a Tecnocracia. Isso porque, pensada numa perspectiva meramente administrativa, a descentralização das políticas públicas nada mais significa do que a *desconcentração* de tarefas e atribuições, seja do nível central para os demais níveis de governo, seja do Estado para a sociedade, sem que a eles se repassem recursos e poder decisório.

Como lembra Nogueira (1997:9), "é muito mais difícil descentralizar de modo participativo do que simplesmente 'municipalizar' ou remeter a responsabilidade pela gestão dessa ou daquela política para outras instâncias de governo que não as 'centrais'".

A *desconcentração*, nessa perspectiva, não ameaça tanto as estruturas consolidadas e imprime à descentralização uma face renovadora, a qual encobre reformas de cunho eminentemente administrativo (Stein, 1997).

Essa forma de descentralização, característica da ideologia neoliberal, associada às suas estratégias de privatização e focalização, pretende reorientar o gasto social público, tarefa que cumpre eficazmente, reduzindo o atendimento às demandas sociais.

Nesse sentido, como sugere Carvalho (1999), a idéia de um Estado mínimo e a primazia do mercado se impõem como receita mágica para enfrentar a crise. Consolida-se, assim, um *"Welfare dualizado* [...], no qual o mercado cuida daqueles com poder de compra e deixa os mais vulneráveis sob a responsabilidade das instituições locais" (1999:22).

Nesses moldes, não se dispensa, no entanto, o poder discricionário de governo, que convive, paradoxalmente, com a defesa da intervenção mínima nas questões sociais.

Por fim, apresenta-se a discussão sobre o que se pode chamar de *Republicanismo na Assistência Social*, tema compatível com a democracia.

Para discuti-lo, é preciso situar, inicialmente, que, a par das divergências entre esquerda e direita, quanto aos sentidos da palavra República[23], o debate sobre o Republicanismo supõe alguns consensos quanto

---

23. Essa questão é abordada por Francisco Oliveira (2001) e Gabriel Cohn (2000), a partir do título "Pensar a República", de Newton Bignoto (2000).

aos valores a ele intrínsecos. Os valores republicanos, informa Benevides (1996), supõem, basicamente, "o respeito às leis, o respeito ao bem público e o sentido de responsabilidade no exercício do poder".

Desses três valores, interessa destacar o que se refere à questão do *bem público*, pela oposição que representa em relação ao interesse privado, típico da estrutura político-administrativa clientelista. A noção do *público* se distingue da noção do *súdito*, pois que se vincula ao conceito de *cidadão* (Benevides, 1996).

Os elementos centrais que definem o caráter do que é público, conforme Wanderley (1996), são a *universalidade*, que supõe o acesso de todos aos bens e serviços públicos; a *publicidade*, que remete à transparência e à eliminação do segredo burocrático; o *controle social*, a ser exercido sobre o Estado, e institucionalizado por normas conhecidas e legitimadas; e a *democratização da sociedade civil*, base para a redemocratização do Estado.

É nestes parâmetros que se propõe inserir a discussão da *gratuidade*, condição *sine qua non* para que a política de Assistência Social se confirme como pública.

Em seu papel *processante no reconhecimento da cidadania* (Carvalho, 2000), a Assistência Social demanda a consolidação desses valores e princípios republicanos, sem o que se poderá constituir, ainda mais, como ação privatista, "semeadora"[24] de atendimentos eventuais e descontínuos, que legitimam as desigualdades.

A efetivação de uma Cultura Política republicana na Assistência Social exige, portanto, uma ética pública que se contraponha aos particularismos que balizam o mundo privado[25].

Esse conjunto de questões, pode-se facilmente deduzir, exige um aprofundamento constante, pois incide diretamente na forma de se fazer e pensar a Assistência Social. Ficam evidentes a partir da leitura de seus conteúdos, os numerosos conflitos que essa política aglutina e os distintos valores que pode traduzir.

Não cabendo resolver o dilema da relação de determinação entre Cultura Política e democracia, é preciso acentuar que a Cultura Política,

---

24. No sentido que Sérgio Buarque de Holanda atribui à cultura do "semeador", de origem lusitana, e que se orienta pela rotina e não pela razão abstrata.

25. Vale consultar a discussão de Chaui (1997) sobre a esfera privada na era pós-moderna.

oferece, por certo, instrumentos para a compreensão dos óbices que impedem a consolidação da Assistência Social no conjunto do sistema de Proteção Social público.

Como esclarece Vianna (1998), parece prevalecer, no Brasil, uma cultura *americanizada*, que desmonta o ideal de um modelo mais universalista de atendimento às demandas sociais. Essa cultura não encontra maiores dificuldades de se instalar nesse país de cultura *híbrida*, facilitadora de arranjos tecnocratas e clientelistas, que convivem em harmonia com valores pautados na democracia. Resta saber em que medida os gestores da Assistência Social foram absorvidos por esse *hibridismo*. Antes, é necessário compreender como se organizou o desenho de pesquisa destinado a captar essas orientações.

2.2 A construção do desenho quali-quantitativo da pesquisa

A gestão da Assistência Social, como área de ação pública, foi, tradicionalmente, marcada pelo clientelismo e pelo fisiologismo político e apresentou-se, muitas vezes, como o "braço caridoso dos governantes", ou ainda, como uma política secundária que não requeria uma gestão coerente a práticas democráticas pautadas na lógica do reconhecimento da cidadania de seus demandatários.

Presente no senso comum como prática de benemerência ou puro assistencialismo, a Assistência Social encontra, ainda hoje, dificuldades de articular uma Cultura Política consoante aos propósitos inscritos na Constituição de 1988 e à legislação que lhe é pertinente — LOAS.

Buscando compreender esses paradoxos, procurou-se construir um desenho de pesquisa que permitisse desvelar a Cultura Política dos gestores da Assistência Social em Santa Catarina. A definição deste objeto de estudo conduziu à opção por um desenho de pesquisa de caráter quali-quantitativo que se revelou como o melhor caminho para se conhecer a Cultura Política dos gestores da Assistência Social.

A polêmica acerca de métodos qualitativos e quantitativos não é recente no âmbito das ciências humanas e sociais. Pode-se afirmar, no entanto, que há um certo consenso entre pesquisadores, no sentido de situá-la como um "falso dilema", na medida em que essas duas perspectivas não podem ser colocadas como opostas ou excludentes (Baptista, 1999).

A respeito, parece útil registrar a recomendação de Baptista, no sentido de que "o questionável nas concepções radicalmente quantitativas não são os números, mas os pressupostos teóricos e as limitações decorrentes" (idem:38). O problema não reside, portanto, no uso do empirismo e da quantificação, já que estes são importantes para o melhor conhecimento da realidade, mas em não associar a esses procedimentos a análise qualitativa, "pois ela possibilita um aprofundamento real do conhecimento e uma acumulação do saber, requisitos fundamentais na ciência" (1999:38).

Essas referências serviram de suporte para a construção do instrumento definitivo de pesquisa — o Questionário —, e os procedimentos adotados para sua elaboração, conforme se relata a seguir, oportunizaram uma rica e inestimável experiência de pesquisa.

2.2.1 A operacionalização dos conceitos e a elaboração do questionário

Estudar a Cultura Política que nutre as ações da Assistência Social e suas ramificações subculturais exige focar a análise nas atitudes dos sujeitos responsáveis pelas decisões referentes à implementação de tal política. Tais atitudes, por outro lado, não são fenômenos isolados do contexto mais amplo de interação social e institucionalização política, sendo, muitas vezes, reflexo dele mesmo[26]. O desafio consiste em como capturar esse reflexo, ou seja, como medir as atitudes, se estas, ao contrário dos comportamentos, não podem ser diretamente observadas.

Marconi e Lakatos (1996) propõem as escalas numéricas a partir das quais tais atitudes podem ser inferidas da subjetividade do indivíduo.

As escalas são construídas a partir de uma quantidade de itens ou assertivas que ilustram diversos graus de reação positiva ou negativa, diante de um objeto ou pessoa em estudo (Richardson, 1985).

Considerando o interesse em avaliar atitudes e opiniões em relação à Assistência Social, e a inexistência de uma escala especificamente destinada a esse fim, procurou-se construí-la, de forma a oferecer instrumentos mais precisos para estudar essa política.

Entre os métodos escalares mais utilizados, Richardson (1985) indica o método proposto por Thurstone, que consiste em coletar várias dezenas de itens que pareçam expressar diferentes graus de atitudes posi-

---

26. Para uma análise da Cultura Política brasileira no período de democratização, ver Moisés (1995).

tivas e negativas sobre determinado objeto a investigar. Destaca-se, nesse método, a utilização de juízes (especialistas), cuja função é selecionar, do conjunto de itens, aqueles mais compatíveis com o tema em estudo.

Esse método foi adotado para a construção da escala pretendida e demandou uma série de procedimentos — incluindo a construção dos itens e sua apreciação pelos especialistas — até que se chegasse a uma escala final que pudesse ser aplicada à amostra selecionada para a pesquisa, através do instrumento escolhido — o Questionário.

Para tornar esse momento de explicação metodológica menos exaustivo, caracterizar-se-á esse processo, que culminou na construção do Questionário destinado a medir atitudes relacionadas à Assistência Social, de acordo com a lógica com que foi desenvolvido. Na verdade, esse instrumento sintetizou todo um percurso de elaboração teórica, de que foi o principal motivador.

A. A Construção do Quadro Conceitual e a Definição dos itens da escala para avaliar atitudes sobre a Assistência Social.

A definição dos itens da escala referida foi precedida pelo estabelecimento de *eixos de investigação* e pela identificação de diferentes dimensões que estruturam a *Gestão da política de Assistência Social*, a partir das quais foram derivadas suas múltiplas variáveis e indicadores.

Esses elementos formaram um Quadro Conceitual construído a partir da LOAS e de uma intensa revisão de literatura sobre as políticas públicas, de modo especial sobre a política de Assistência Social, bem como da experiência de participação nos espaços organizativos de discussão dessa política, tais como fóruns, comissões e Conferências de Assistência Social. Somente com esse quadro conceitual delineado é que se construíram os itens (afirmações) capazes de representar as atitudes dos gestores da Assistência Social. Os movimentos que se detalha a seguir refletem os caminhos percorridos na tentativa de se imprimir, a tais conceitos, uma dimensão operativa.

Os *eixos de investigação* foram estruturados como ilustra o Quadro I, a seguir.

Com os eixos de pesquisa estabelecidos, iniciou-se o processo de identificação das tendências de gestão da *Assistência Social*, suas *variáveis, indicadores e afirmações (itens)* correspondentes. Várias revisões desse

Quadro I — Eixos/variáveis

EIXOS DE PESQUISA
I — Conceito de Assistência Social/Referências em que se fundamentam: (Conhecimento da Lei/o que é).
II — Pressupostos: objetivos, metas. (Para onde/para quê/o que fundamenta/qual a finalidade a que obedece cada modelo).
III — Destinatários/Processo de incorporação das demandas sociais: (Para quem/quem merece/se poucos/se muitos/se todos/quais incorpora/como e por quê?).
IV — Gestão: Forma/Níveis/Forma de Relação/Responsabilidade/Espectro de Atores: (Como, por quem e com quem).
V — Financiamento: (Quem paga).

Fonte: Pesquisa Cultura Política e Assistência Social.
Elaboração: Heloisa Maria José de Oliveira. Florianópolis-SC, 1999.

exercício foram realizadas, até que se chegasse a três tendências que, se entende, encontram-se mais presentes na condução da Política de Assistência Social. São elas:

a) Democrática;

b) tecnocrática;

c) clientelista.

Para definir seus indicadores, tomaram-se os eixos de pesquisa como variáveis, organizando-os no chamado Quadro[27] II — Estruturas de Gestão da Assistência Social (com variáveis e indicadores).

O fato de se atribuírem características específicas às estruturas de gestão Democrática, Tecnocrática ou Clientelista não significa considerá-las de forma estanque ou exclusiva. Supõe-se, na verdade, a presença mais acentuada, ou, a predominância de determinadas características no conjunto de cada uma dessas estruturas.

O quadro conceitual proposto a seguir não ambiciona, portanto, estabelecer modelos acabados ou preconcebidos, mas, apenas, suge-

---

27. Esse quadro conceitual será tomado como referência para a análise da Cultura Política dos gestores, conforme será sistematizado no item 3.1.

rir indicativos que possibilitem o reconhecimento e o desvelamento daqueles atributos mais compatíveis a cada uma das tendências sob análise.

Essa aproximação teórica foi tomada como ponto-de-partida para a construção de itens/afirmações que pudessem traduzir diferentes atitudes em relação à Assistência Social.

Dessa forma, para cada indicador foi elaborada uma série de *itens/ afirmações* que, entendia-se, melhor traduziriam as atitudes a eles referentes. Por exemplo, uma *afirmação* do tipo: "Assistência Social é só uma ajuda para situações de emergência" estaria relacionada ao *indicador* (C1), o qual identifica a Assistência Social como ação emergencial (pronto socorro), que operacionaliza em parte a *variável* (I) Conceito de Assistência Social como estratégia de medição (observação empírica) da *Estrutura de Gestão* (C), Clientelista.

Desse modo, e considerando todos os indicadores definidos, listou-se um conjunto de 196 afirmações, das quais 53 relacionaram-se à Estrutura de Gestão Democrática (A), 78 à Estrutura de Gestão Tecnocrática (B) e 65 à Estrutura de Gestão Clientelista (C). Em função desse grande número de estímulos, e da necessidade de reduzi-lo, de modo a manter o equilíbrio entre número de estímulos e número de sujeitos (para evitar mais explicações/afirmações, do que casos), é que se utilizou, do método proposto por Thurstone, conforme já indicado, a participação de juízes/especialistas.

B. A participação dos juízes (especialistas) na seleção dos itens atitudinais referentes à Assistência Social.

Os juízes são pessoas que, pela sua prática profissional ou acadêmica, destacam-se como especialistas em determinados assuntos. Sua convocação para selecionar os itens atitudinais referentes à Assistência Social visou, no caso da presente pesquisa, maximizar a validez interna e externa do instrumento final a ser utilizado e, ao mesmo tempo, auxiliar na construção definitiva de um instrumento de pesquisa enxuto e objetivo.

Marconi e Lakatos (1996) contribuem para esclarecer o método de Thurstone, quando sugerem que a intervenção dos juízes consiste em avaliar as proposições em sentido positivo ou negativo quanto aos temas da pesquisa e, ainda, colocá-las em ordem hierárquica.

Quadro II — Estruturas de Gestão da Assistência Social

	ESTRUTURAS DE GESTÃO DA ASSISTÊNCIA SOCIAL		
	A) DEMOCRÁTICA	B) TECNOCRÁTICA	C) CLIENTELISTA
VARIÁVEIS (EIXOS): I) Conceito de Assistência Social/Referências em que se fundamentam	A1 — Política de Seguridade Social não contributiva; A2 — direito social de cidadania; A3 — política em igual patamar de reconhecimento das demais políticas; A4 — lógica do direito.	B1 — Ação compensatória de desigualdades (baseada na noção de pobreza absoluta); B2 — amparo a clientes/grupos vulneráveis que podem desestabilizar o sistema; B3 — política secundária; B4 — lógica da eficiência administrativa.	C1 — Ação emergencial (pronto socorro); C2 — dever moral das sociedades para com os pobres; C3 — prática sem "status" de política; C4 — lógica da troca de favores, da caridade e da compaixão. Estabelecimento de compromissos no plano exclusivamente pessoal.
	⇑ INDICADORES		
VARIÁVEIS (EIXOS): II) Pressupostos (finalidade)	A1 — Garantia dos Mínimos Sociais; A2 — participação ativa; A3 — autonomia.	B1 — Controle dos níveis de pobreza; B2 — participação hierarquizada e burocratizada; B3 — manipulação do consenso/apoio.	C1 — Assistencialismo; C2 — manutenção do apoio; C3 — esvaziamento da autonomia política.
	⇑ INDICADORES		
VARIÁVEIS (EIXOS): III) Destinatários/Processos de Incorporação de demandas sociais (públicas X privadas)	A1 — Sujeitos de direitos, todos os que necessitam de proteção social; A2 — processo histórico e social.	B1 — Grupos vulneráveis ou de risco social (idosos, portadores de deficiência, crianças e adolescentes infratores, pessoas não inseridas no mercado de trabalho), que podem desestabilizar o sistema; B2 — situações de risco social.	C1 — Pobres, miseráveis, carentes, "clientes", desassistidos, desafortunados, aliados e "aderentes" partidários; C2 — situações emergenciais e de carência.
	⇑ INDICADORES		

ESTRUTURAS DE GESTÃO DA ASSISTÊNCIA SOCIAL				
VARIÁVEIS (EIXOS):		A) DEMOCRÁTICA	B) TECNOCRÁTICA	C) CLIENTELISTA
IV) Gestão	a — Forma	A1 — Descentralizada e participativa (com conselhos paritários e deliberativos).	B1 — Descentralização administrativa.	C1 — Centralizada.
	b — Níveis	A2 — Gestão negociada intra e inter-governamental (União, Estados e Municípios), com comando único de gestão, competências e autonomia em cada esfera de governo (federal, estadual e municipal).	B2 — Gestão hierarquizada (em nível federal, estadual e municipal).	C2 — Gestão fragmentada/desarticulada (em nível federal, estadual e municipal).
	c — Forma de relação	A3 — Democrática, baseada no poder legitimamente conferido e no controle social.	B3 — Profissional/burocrática/elitista.	C3 — Clientelista, tuteladora, personalista, baseada na reciprocidade de benefícios e na lealdade particularista.
	d — Responsabilidade e espectro de atores	A4 — O Estado é ator principal (centralidade do Estado), articulado à sociedade civil, organizada em seus espaços e esferas públicas.	B4 — O mercado é ator principal. O Estado é ator secundário; conjuga filantropia à co-responsabilidade compartilhada com atores situados em esferas públicas e privadas formais, grupos de pressão e *lobbies*.	C4 — A sociedade benemerente é o ator principal (formada por pessoas caridosas e de boa vontade, que integram a rede privada de Assistência Social).
		⇑ INDICADORES		

ESTRUTURAS DE GESTÃO DA ASSISTÊNCIA SOCIAL		
A) DEMOCRÁTICA	B) TECNOCRÁTICA	C) CLIENTELISTA
A1 — Orçamento público com vinculação de receita das contribuições sociais.	B1 — % salário (renda); (exigências de contrapartida).	C1 — Doações, dotações públicas.

VARIÁVEIS (EIXOS):
V) Financiamento

⇑ INDICADORES

Conforme ensinam as autoras, as proposições/afirmações que obtiverem consenso, tanto do ponto de vista valorativo, quanto hierárquico, serão selecionadas para compor o instrumento definitivo de pesquisa. Esse procedimento, conforme já indicado, maximiza a validez conceitual interna, como também a externa, ou confiabilidade do instrumento final[28].

No caso da pesquisa em foco, a participação dos juízes objetivou, igualmente, a redução do expressivo número de itens atitudinais elencado para um número viável para ser apresentado aos sujeitos da investigação.

Participaram, então, como juízes, vinte especialistas no assunto da pesquisa. Eles foram selecionados considerando-se, dentre outros critérios, participação em Conselhos de Direitos ou em Fóruns de Políticas Públicas e envolvimento no debate intelectual ou executivo sobre essas políticas, incluindo assistentes sociais, médicos, enfermeiros, sociólogos e cientistas políticos[29].

O material enviado aos juízes detalhou as variáveis e os Indicadores de Pesquisa e suas respectivas afirmações.

Para avaliação das afirmações pelos juízes foi construída uma escala de 1 a 5, em que 5 quer dizer que a afirmação corresponde totalmente ao indicador; 4 corresponde bastante; 3, algo; 2, pouco; e 1, muito pouco.

Cada juiz recebeu o material referido, com uma carta explicativa sobre a tarefa a desempenhar. Nela, procurou-se esclarecer que sua função não seria avaliar seu grau de concordância com cada afirmação em si, mas a pertinência/correspondência das afirmações em relação às variáveis levantadas.

Os resultados da avaliação dos juízes foram tabulados e submetidos à Análise Fatorial — que será explicada no próximo item —, segundo o pacote estatístico SPSS.

---

28. Por validez interna entende-se a capacidade de um instrumento produzir medições adequadas e precisas para chegar a conclusões corretas, assim como a possibilidade de aplicar as descobertas a grupos semelhantes não incluídos em determinada pesquisa. A confiabilidade, por outro lado, supõe a capacidade que devem ter os instrumentos utilizados de produzir medições constantes quando aplicados a um mesmo fenômeno (Richardson, 1985).

29. Assistentes Sociais foram maioria, em face de sua proximidade com o tema em estudo, mas buscaram-se outros profissionais, para garantir a necessária interlocução com outras áreas do saber e imprimir uma direção mais abrangente, ou menos reducionista a essa etapa da pesquisa.

C. *A utilização da Análise Fatorial para definição dos itens do instrumento de pesquisa e seus resultados.*

A Análise Fatorial é uma técnica matemática que permite extrair o componente latente de um conjunto de variáveis observadas e, portanto, visa descobrir as dimensões de variabilidade comum — chamados "fatores" — existentes num campo determinado de fenômenos (Tabachnik e Fidell, 1988).

O fator é a variável "não observada", que "encapsula" conceitualmente as variáveis observáveis (os indicadores através dos quais fazemos as medições).

Existem vários procedimentos de Análise Fatorial. No caso da presente pesquisa, foi utilizado, nessa etapa, um dos mais comuns, chamado de *análise de componentes principais*, e que tem como objetivo achar a melhor combinação linear entre os indicadores.

Como explicam Tabachnik e Fidell (1988), os indicadores que compõem um fator o fazem porque eles co-variam, isto é, as respostas das pessoas — no caso, os juízes — seguem uma direção comum, em uma intensidade comum também. Quando as respostas aos indicadores co-variam, isso significa que os indicadores não são independentes, mas que existe certa dependência entre eles; a dependência entre os indicadores se manifesta como correlação. Segundo a Análise Fatorial, essa correlação resulta da existência de uma dimensão comum a todos os indicadores, chamada "fator".

Nesse sentido, a Análise Fatorial dos itens selecionados pelos juízes que participaram dessa etapa da pesquisa revelou a existência de 19 fatores, número considerado ainda muito amplo para os objetivos da pesquisa.

Por outro lado, 10 desses fatores demonstraram ser irrelevantes, dada a baixa "carga fatorial" de seus indicadores, isto é, o baixo nível de relação entre cada indicador e o fator. Por esse motivo, os 10 fatores foram eliminados, restando 9 fatores, com 57 itens e percentual de 75,60% da variância a ser explicada.

Desse modo, do número original de itens — 196 — foram descartados 139, por seu caráter ambíguo ou por falta de consenso entre os juízes, quanto à sua pertinência para a pesquisa.

O número restante de itens, num total de 57, ainda foi considerado elevado para tornar a pesquisa operativa, razão pela qual se realizou novo procedimento de validação dos itens, através da Análise Fatorial. Esse segundo procedimento foi efetuado visando reduzir o número de itens e, com isso, assegurar tempo hábil para os sujeitos da pesquisa responderem ao instrumento — Questionário —, bem como para garantir o poder inferencial do desenho de pesquisa.

Esse poder inferencial, isto é, a possibilidade de deduzir atributos válidos acerca da população, a partir da informação da amostra, não pode ser obtido com um número de itens superior ao número de casos/sujeitos (King, et alii, 1994). Uma regra geralmente utilizada em pesquisa quantitativa consiste em ter, no mínimo, o dobro de casos válidos para cada item da escala; ou seja, uma amostra insuficiente não permite ao pesquisador estabelecer maiores generalizações dos resultados obtidos.

Nesse sentido, considerando a amostra disponível para a pesquisa, e as conhecidas dificuldades para devolução do instrumento selecionado, optou-se por considerar como carga fatorial mínima o valor de .75, chegando então a 8 dimensões/fatores. Esses 8 fatores explicam 71,51% da variação na correspondência entre as afirmações/indicadores e os conceitos sob observação e são compostos de forma significativa por 38 itens, que integram a versão final da escala de atitudes sobre a Assistência Social. Isso representa a exigência de um número mínimo de 76 casos válidos (sujeitos) para conferir poder inferencial à pesquisa (o mapeamento do universo de pesquisa revelou a possibilidade de obter esse número com relativa segurança).

No Quadro III, que será incluído adiante, é possível visualizar esse novo exercício que a Análise Fatorial demandou. Nele aparecem as afirmações selecionadas, o peso que receberam por meio da Análise Fatorial, seu número de ordem, conforme incluído no Questionário (registrados apenas para controle do pesquisador) e a redefinição teórica que cada dimensão/fator recebeu. A necessidade de reinterpretar os indicadores, e nomeá-los, partiu da apreciação dos resultados da avaliação dos juízes, que apontaram novos agrupamentos desses indicadores.

Antes de apresentar esse quadro, será feito um comentário geral acerca das 8 dimensões/fatores selecionados.

O *primeiro fator*, designado de "Centralização da Assistência Social no Poder Executivo", é composto por 23 itens, com cargas fatoriais que variam de .88 a .75 e explica 23,6% da variância observada, indicando ser ele o mais importante na explicação das atitudes sobre a Assistência Social.

O conteúdo desses 23 itens está relacionado ao papel centralizador do Estado na condução da política de Assistência Social e pretende discriminar as orientações dos sujeitos quanto a essa questão.

Diferentes afirmações compõem essa dimensão, incluindo indicadores relacionados às três Estruturas de Gestão da Assistência Social: democrática (A), tecnocrática (B) e clientelista (C), conforme delineadas no desenho de pesquisa.

O primeiro item selecionado, com carga fatorial de .87, caracteriza claramente esse fator, ao pontuar que a Assistência Social não necessita constituir-se em responsabilidade estatal, já que dela a rede privada pode cuidar, sugerindo-se, assim, a concentração da Assistência Social na rede privada.

Outro item, com carga fatorial de .83, indica que a administração dos recursos para a Assistência Social, apesar dos Conselhos, deve ser de responsabilidade do Poder Executivo. Dessa forma, indicadores distintos, mas correlacionados, integram o primeiro fator, confirmando sua relevância para traçar a Cultura Política dos sujeitos pesquisados, no que se refere à possibilidade de centralização da Assistência Social no Poder Executivo, ou, em caso contrário, à rede privada, aí incluída a sociedade.

O *segundo fator*, denominado "Cidadania fortuita", com densidade menor, contribui para desvelar 11,2% da variação das respostas. Apresenta apenas um item, com carga fatorial de .79 e se refere às condições que determinam o acesso à Assistência Social: sorte, providência divina, amigos ou o mero acaso?

O *terceiro fator* foi identificado como "Efeito das decisões de Assistência Social" e responde a 8,2% do interrogante; revelou-se bastante misto, agrupando itens aparentemente heterogêneos. Sua carga fatorial oscilou de .85 a .77, e os três itens que o compõem procuram identificar atitudes quanto aos efeitos da política de Assistência Social. Ou seja, essa política favorece a democracia, ou, simplesmente, "apaga o incêndio", em situações de miséria extrema?

Os três itens que constituem o *quarto fator* tratam da "Definição do conteúdo da Assistência Social", que apresenta caráter mais homogêneo e explica 7,1% da variância total da escala. A carga fatorial obtida foi de .86 para o primeiro item, .76 para o segundo e .75 para o terceiro item.

Essa dimensão (fator) está relacionada ao tipo de interação que se estabelece entre Estado e Sociedade, na definição da agenda da Assistência Social. Ela questiona quanto à eficácia dos Conselhos de Assistência

Social e sua possibilidade de favorecer a participação da sociedade nas decisões referentes a essa política.

Os três itens que compõem esse fator fazem parte de uma única Estrutura de Gestão da Assistência Social, conforme delineado no desenho de pesquisa — a estrutura democrática.

O *quinto fator*, com um único item, refere-se à "Importância da Filantropia". Explica 6,4% da variância e apresenta carga fatorial de .74.

O item selecionado questiona quanto à necessidade da filantropia, em momentos de crise econômica; ou seja, qual o lugar da filantropia, para os sujeitos? Quais são suas atitudes perante essa questão?

Ainda que apresente um único item, esse fator inclui um tema bastante polêmico e abrangente, no campo da Assistência Social.

O *sexto fator* também incorporou um único item e foi designado como "Responsabilidade Financeira da População". Esse fator responde a 5,4% da variância a ser explicada e apresenta carga fatorial de .85, o que faz com que seja considerado bastante significativo no conjunto dos resultados.

Através desse fator, pretende-se medir a percepção dos sujeitos quanto ao nível de compromisso da população com o financiamento da Assistência Social. Quem deve subsidiar financeiramente as entidades sociais, para que estas dêem conta de sua tarefa? Qual a atitude predominante dos sujeitos, quanto a essa proposição?

O *sétimo fator* respondeu por 5,1% da variância e agrupou três itens, com carga fatorial de .80; .77 e .77. Recebeu o nome de "Descentralização Administrativa da Assistência Social", considerando que seus itens traduzem atitudes compatíveis com as propostas de privatização no campo da Assistência Social ou, ainda, de "prefeiturização" ou "desconcentração" das atividades relacionadas a essa política.

O item que recebeu pontuação mais alta nesse fator traz a afirmação: "Cada município deve cuidar dos seus pobres".

Por fim, o *oitavo fator*, igualmente com três itens, tendo o primeiro deles pontuação bastante alta — .88 —, corresponde a 4,5% da variância e foi caracterizado como "Orientação Republicana na Assistência Social". Essa dimensão se refere a atitudes quanto ao republicanismo e à divisão de poderes entre as três esferas de governo. No que tange à Assistência Social, quais as orientações dos sujeitos, em relação às competências dos diferentes níveis de gestão dessa política?

A alta carga fatorial atribuída ao indicador que aborda essa questão (.88) revela sua pertinência no conjunto das questões de pesquisa. Da mesma forma, o item que trata da gratuidade como princípio básico de uma entidade de Assistência Social recebeu pontuação alta — .81 —, indicando a importância de se analisarem atitudes diante do dilema "público x privado", ou público estatal e privado com fins públicos. No caso dessa política, esse é um tema recorrente e instigante, e traduz a complexidade do debate inerente ao campo da Assistência Social.

O Quadro III, como anunciado, sintetiza o resultado da Análise Fatorial e é apresentado conforme segue:

Quadro III — Quadro geral de fatores conforme *peso* atribuído pela análise fatorial[30]

Fator 1 — Centralização da Assistência Social no Poder Executivo: O caráter centralizador do ator estatal (*vis-a-vis* o privado) na condução/elaboração da política de Assistência Social.		
Nº de ordem no Questionário	Afirmações	Carga fatorial
10	A Assistência Social não necessita constituir-se em responsabilidade estatal, já que dela a rede privada pode cuidar.	.88
17	A Assistência Social funcionaria melhor se os Conselhos fossem apenas consultivos.	.83
23	A administração dos recursos para a Assistência Social, apesar dos Conselhos, deve ser de responsabilidade do Poder Executivo.	.83
20	Os governantes foram eleitos pelo povo e são os mais indicados para decidir sobre a distribuição dos recursos para a Assistência Social.	.81
27	A fidelidade ao governo é uma qualidade fundamental para a indicação de dirigentes de Instituições Governamentais.	.81

---

30. Este Quadro, que destaca as categorias derivadas da Análise Fatorial, serve de parâmetro para a análise da Cultura Política dos gestores, conforme será descrito no item 3.2.

Nº de ordem no Questionário	Afirmações	Carga fatorial
16	As decisões referentes à Assistência Social devem ser tomadas por pessoas indicadas pelo Poder Executivo.	.80
35	Só na base de compaixão é que se poderão suprir necessidades sociais.	.80
11	Recursos de convênio são mais bem administrados pelo governo do que pelos Conselhos.	.79
28	Os conselheiros não estão preparados para administrar os recursos da Assistência Social.	.78
34	O Estado é impotente para cuidar da Assistência Social.	.78
24	É fundamental que os interesses particulares sejam contemplados nos espaços dos conselhos de Assistência Social.	.78
32	Os contatos políticos devem ser considerados para obtenção de recursos para as entidades sociais.	.78
37	Os conselhos de Assistência Social podem opinar sobre a área, mas a palavra final cabe ao Poder Executivo/Estado.	.78
29	Aquele que se doa a alguém necessitado dele merecer lealdade e gratidão.	.77
14	As instituições estatais devem centralizar as ações de Assistência Social.	.77
21	O Poder Executivo precisa acompanhar atentamente o trabalho dos Conselhos, para não perder sua autonomia decisória.	.77
3	A existência de Comando Único de governo (órgão responsável) na Assistência Social melhora sua eficácia.	.76
13	Os Conselhos discutem e "deliberam", mas quem tem o direito de decidir sobre a distribuição dos recursos para a Assistência Social é o Poder Executivo.	.76
8	A Assistência Social não altera a condição de pobreza, apenas a atenua provisoriamente.	.76

N° de ordem no Questionário	Afirmações	Carga fatorial
31	O combate à miséria é responsabilidade da sociedade civil.	.76
6	O Poder Executivo federal é o mais competente para cuidar da Assistência Social.	.75
38	Assistência Social é um conjunto de ações e atividades prestadas por aqueles que têm mais em benefício daqueles que possuem menos.	.75
9	O Poder Executivo é o responsável principal pela condução da política de Assistência Social em cada esfera de governo.	.75

Fator 2 — Cidadania fortuita:
Do que se depende para ter acesso à Assistência Social: Deus, amigos ou mero acaso?

N° de ordem no Questionário	Afirmações	Carga fatorial
33	As pessoas que conseguem obter apoio em momentos de necessidades sociais podem se considerar pessoas com sorte.	.80

Fator 3 — Efeito das decisões de Assistência Social:
Impacto das decisões da Assistência Social: favorece a democracia, ou apenas "apaga a miséria"?

N° de ordem no Questionário	Afirmações	Carga fatorial
18	O modelo de gestão descentralizado e participativo da Assistência Social previsto na LOAS favorece a consolidação da democracia.	.85
30	As decisões dos Conselhos de Assistência Social quanto à distribuição de recursos para essa área precisam ser consideradas.	.78
7	A Assistência Social tem por missão, muitas vezes, apagar o incêndio, nas situações de miséria extrema.	.77

Fator 4 — Definição do conteúdo da Assistência Social: Tipo de interação Sociedade/Estado na definição do conteúdo da política de Assistência Social		
N° de ordem no Questionário	Afirmações	Carga fatorial
22	Participando dos Conselhos de Assistência Social, a sociedade civil pode opinar sobre questões que envolvem decisão e partilha do poder governamental.	.87
26	Os Conselhos de Assistência Social são instrumentos privilegiados para a implementação de decisões e ações mais eficazes na Assistência Social.	.76
4	É função da Política Nacional de Assistência Social conter definições orientadoras a Estados e Municípios para a condução da Assistência Social.	.75
Fator 5 — Importância da filantropia Ubiqüidade/lugar da filantropia: circunscrita a momentos de crise?		
N° de ordem no Questionário	Afirmações	Carga fatorial
5	Em momentos de crise econômica, a filantropia precisa ser ampliada.	.75
Fator 6 — Responsabilidade financeira da população: Compromisso financeiro da população.		
N° de ordem no Questionário	Afirmações	Carga fatorial
1	A população precisa contribuir financeiramente com as entidades sociais, para que estas dêem conta de sua tarefa.	.85
Fator 7 — Descentralização Administrativa da Assistência Social: Determina-se municipalização da Assistência Social, incentivos a empresários, ainda que não motivado por troca de favores, mas sem renunciar à autoridade Estatal dentro dos Conselhos. Ou privatiza ou descentraliza administrativamente. Discussão da prefeiturização, desconcentração.		
N° de ordem no Questionário	Afirmações	Carga fatorial
36	Cada município deve cuidar dos seus pobres.	.80

Nº de ordem no Questionário	Afirmações	Carga fatorial
19	Os empresários merecem isenções fiscais para contribuírem com a Assistência Social.	.78
2	O segmento governamental precisa participar dos Conselhos de Assistência Social, para não perder sua autonomia.	.77
Fator 8 — Republicanismo na Assistência Social: Divisão de poderes e estabelecimento da pauta público x privado. Questão da gratuidade na Assistência Social — bem público para todos.		
Nº de ordem no Questionário	Afirmações	Carga fatorial
15	As ações da Assistência Social devem se dar de forma articulada e complementar entre União, Estados e Municípios.	.88
25	A gratuidade é o princípio básico de uma entidade de Assistência Social.	.81
12	É tarefa da sociedade, por meio de organizações representativas nos conselhos, controlar e fiscalizar as ações de Assistência Social em todos os níveis.	.78

Fonte: Pesquisa Cultura Política e Assistência Social.
Elaboração: Heloisa Maria José de Oliveira. Florianópolis-SC, 2000.

Os estímulos/afirmações incluídos nesses oito fatores/dimensões, num total de 38,[31] foram distribuídos aleatoriamente no Questionário, com instruções apropriadas para sua auto-administração.

Completaram o Questionário itens destinados a obter informações sobre o perfil dos sujeitos, tais como faixa etária, sexo, profissão e nível de instrução, bem como itens referentes à sua participação em espaços organizativos diversos e em Conselhos de Direitos, entre outros.

---

31. Do total de 38 itens, 10 referem-se à estrutura Democrática, 13 à estrutura Tecnocrática e 15 à estrutura Clientelista.

Integraram a amostra 101 gestores[32] que atuaram na política de Assistência Social no período de março de 1995 ao primeiro semestre de 2000[33], predominando, nesse conjunto, o sexo feminino e a faixa etária que vai de 36 a 55 anos. Assistentes Sociais, Pedagogos, Administradores e Professores representam o maior número de profissões aí incluídas, destacando-se, ainda, Sociólogos e outros. Chama a atenção o alto nível de escolaridade dos gestores, que se dividem, basicamente, entre os que possuem Curso Superior completo e Pós-Graduação completo.

Como se observa, a realização deste modelo de pesquisa exigiu um grande empenho no seu desenvolvimento e concretização. Foi, porém, o caminho necessário para se conhecer e compreender a Cultura Política que informa a gestão da Assistência Social.

Enfim, tabulados a partir do já citado *software* SPSS, os resultados obtidos a partir da aplicação dos Questionários permitiram a organização de um vasto e rico material empírico, cujo tratamento exigiu uma leitura cuidadosa e atenta do pesquisador. Para efeito da apresentação desses resultados, adotar-se-á uma análise de tipo descritivo, baseada nos eixos teóricos abordados neste trabalho e nas variáveis e indicadores de pesquisa. A primeira análise, consubstanciada no item 3.1 do próximo capítulo, toma como referência as variáveis e indicadores definidos na fase inicial de pesquisa, conforme sistematizado nos Quadros I e II.

A segunda análise, que será descrita no item 3.2, toma como parâmetro as variáveis estabelecidas a partir da Análise Fatorial, conforme registradas no Quadro III, e utiliza, dessa forma, o trabalho dos juízes para além de sua participação inicial, destinada a contribuir na organização do instrumento de pesquisa.

As análises que seguem consideram, portanto, resultados idênticos obtidos a partir da aplicação dos Questionários, mas adotam diferenciados conjuntos de variáveis para observá-los, permitindo, assim, o aprofundamento da leitura das orientações dos gestores diante da Assistência Social.

---

32. Entre esses gestores, incluem-se Secretários de Estado de Assistência Social, Diretores, Gerentes, Coordenadores, Assessores e Técnicos, além de Conselheiros, tanto governamentais como não-governamentais.

33. Nesse período houve dois mandatos de governo no Estado e, pelo menos, três mandatos nos Conselhos de Direitos.

Cabe lembrar que tal análise reflete os movimentos contínuos que se realizam entre as dimensões teórica e empírica, ou entre a construção do conhecimento e a realidade.

Como sugere Iamamoto (1992:179), "a questão teórico-metodológica diz respeito ao modo de ler, de interpretar, de se relacionar com o ser social; uma relação entre o sujeito cognoscente — que busca compreender e desvendar essa sociedade — e o objeto investigado".

Isso supõe uma apropriação da teoria e um ângulo de visibilidade que exigem, para além de um ponto de vista político, um compromisso ético.

Com essas referências é que se pretende, no próximo capítulo, revelar a Cultura Política dos gestores da Assistência Social.

Capítulo Terceiro

Meios democráticos, fins tecnocráticos e clientelistas: os paradoxos da política pública de Assistência Social

3.1 Consenso quanto aos meios, dissenso quanto aos fins: a Assistência Social entre a dinâmica da participação e a lógica da privatização

As orientações da Cultura Política dos gestores da Assistência Social, em nível estadual, serão discutidas, neste item, considerando-se a distribuição geral de suas opiniões[1] diante dos três eixos temáticos que estruturam a ação político-administrativa da Assistência Social[2]: democracia, tecnocracia e clientelismo. Cada um desses eixos será observado a partir das variáveis *conceito, pressupostos, destinatários, forma e níveis de gestão, forma de relação, responsabilidade e financiamento* da Assistência Social, conforme indicado no desenho de pesquisa.

Para efeito da análise que ora se inicia, serão avaliados os níveis de *consenso e dissenso* dos gestores em relação aos eixos referidos, de modo a revelar quais dessas tendências prevalecem, a intensidade com que se manifestam e as estruturas (eixos) e variáveis às quais correspondem.

---

1. As opiniões dos gestores foram coletadas a partir da aplicação de questionário que incluiu trinta e oito estímulos (questões/afirmações) referentes às três estruturas político administrativas da Assistência Social — democrática, tecnocrática e clientelista —, e em relação aos quais foram solicitados a manifestar seus níveis de concordância ou discordância.

2. O quadro conceitual orientador do processo investigativo, incluído no item que trata da metodologia da pesquisa, detalha esse conjunto de variáveis e indicadores.

Em princípio, pode-se indicar que os maiores níveis de *consenso* se referem às afirmações cuja orientação é pró-democrática, enquanto os maiores níveis de *dissenso* vinculam-se às afirmações com orientações tecnocráticas e clientelistas.

Esses resultados, que poderiam sugerir uma Cultura Política única e majoritariamente progressista na gestão da Assistência Social, precisam, contudo, ser considerados sob a ótica das variáveis e indicadores específicos que compõem cada uma das três estruturas político-administrativas da Assistência Social observadas na pesquisa. Sem esse cuidado, corre-se o risco de avaliar esses resultados de forma aparente e equivocada.

Espera-se que os graus de homogeneidade ou heterogeneidade das opiniões dos gestores possa indicar os conteúdos da LOAS que foram incorporados em sua Cultura Política e aqueles que demandam investimento no sentido de melhor compreensão.

3.1.1 Observando a estrutura político-administrativa democrática

A evidência empírica que se apresenta a seguir revela que as atitudes dos gestores da Assistência Social, em Santa Catarina, mostram-se bastante favoráveis a um modelo de gestão democrático e participativo dessa política. Os níveis de *consenso* que as questões de orientação democrática aglutinaram traduzem a adesão dos respondentes à nova dinâmica proposta na LOAS. Pode-se anunciar, entretanto, que esse mesmo comportamento não se mantém quando se observam as variáveis relacionadas às questões da inclusão social e da cidadania, tanto diante da estrutura democrática, como da tecnocrática e da clientelista.

Isso pode sugerir que a Cultura Política dos gestores denota a existência de um hiato entre as concepções formal e substantiva da democracia, ou seja, defendem-se os "meios", ou as "regras do jogo democrático", não se atribuindo o mesmo grau de importância aos seus fins, direcionados à conquista da igualdade e da justiça social.

Os resultados relacionados à estrutura democrática, incluídos no quadro que segue, permitem que se observem tais indicações. Como se pode constatar, cinco itens resultaram em *consenso alto*, três em *consenso médio* e três em *dissenso médio*, revelando a predominância de *consenso* diante de afirmações de conteúdo democrático.

Como esses resultados podem confirmar, os níveis de consenso em torno das questões de orientação democrática superam os níveis de dissenso. Da mesma forma, o número de itens articuladores de alto consenso é maior do que aqueles que resultaram em consenso médio. Cabe enfatizar que, mesmo nos casos de dissenso, estes não chegam a níveis mais altos. Destaca-se, assim, a tendência favorável dos gestores a valores democráticos, e a presença, ainda que secundária, de valores que poderiam ser chamados de parademocráticos, ou favoráveis às demais estruturas político-administrativas da Assistência Social.

A observação da variável *conceito* de Assistência Social oferece um primeiro indicativo dessa ponderação. A afirmação a ela relacionada, que sugere que "a gratuidade é o princípio básico de uma Entidade de Assistência Social" (q.25), e aponta para o caráter não contributivo dessa política, resultou em *dissenso médio*, revelando atitudes heterogêneas diante da idéia de "contrapartida" para acesso aos serviços sociais.

Vale relembrar que a questão da gratuidade está prevista na LOAS, em seu artigo 3º, que alude, claramente, para o caráter não contributivo, ou *desmercadorizável* da Assistência Social.

A tendência observada, na medida em que revela certa oposição a esse princípio, parece compatível com a lógica do mercado, segundo a qual os pobres devem pagar pelo que recebem, mesmo que simbolicamente, como forma de não se "acostumarem" a depender dos serviços prestados.

Cabe questionar, neste ponto, o quanto esse princípio foi incorporado a essa nova lógica da Assistência Social como política pública; como se colocaria, nessa perspectiva, a garantia dos mínimos sociais previstos na LOAS? Eles implicariam pagamento, ainda que simbólico? Ou a concessão de mínimos sociais, sem exigência de contrapartida, caberia à esfera pública estatal? Para as demais esferas da vida em sociedade caberiam outras regras, a serem fixadas conforme o livre jogo de mercado?

Em outras palavras, não se reconheceria o princípio da *gratuidade* como inerente à Assistência Social, mas se favoreceria o seu caráter participativo, como permitem inferir os itens provocadores de *consenso* democrático?

A análise dos demais resultados pode contribuir para esclarecer essa contradição. É o caso das orientações verificadas diante da variável *pressupostos* da Assistência Social, que provocou *consenso médio*, traduzindo a adesão dos gestores a estratégias participativas que permi-

Quadro IV — Respostas aos itens da estrutura democrática[3]

Número Questionário	Variáveis	Itens	Percentuais			Índices[4]	Diag.
			Muito acordo/ Acordo	Nem acordo/ Nem des.	Desacordo/ Muito des.		
15	Níveis de gestão	As ações da A. S. devem se dar de forma articulada e complementar entre União, Estados e Municípios.	99%	1%	0	+99	Consenso alto
12	Forma de relação	Nos conselhos, a sociedade organizada tem como tarefa, controlar e fiscalizar as ações de A. S.	93%	1%	6%	+87	Consenso alto
22	Responsabilidade	Participando dos conselhos, a sociedade civil pode opinar sobre questões que envolvem decisão e partilha do poder governamental.	88%	6%	5%	+83	Consenso alto
18	Forma de gestão	O modelo descentralizado e participativo da A. S. favorece a democracia.	85%	7%	6%	+79	Consenso alto

---

3. Os itens da pesquisa serão apresentados conforme hierarquia de valores consenso/ dissenso, mas analisados conforme a seqüência de variáveis.

4. Regra adotada para atribuição dos índices de consenso e dissenso: % Muito de Acordo e Acordo – % Desacordo e Muito Desacordo (% MA/A – % D/MD) =

> ou = a (+) ou (–) 50% = Consenso majoritário;
< ou = a (+) ou (–) 49% = Dissenso.

Consenso		Dissenso	
Alto	Médio	Médio	Alto
(+ –) 75%	(+ –) 74 – 50%	(+ –) 49 – 25%	(+ –) 24 – 0%

Número Questionário	Variáveis	Itens	Percentuais			Índices[4]	Diag.
			Muito acordo/ Acordo	Nem acordo/ Nem des.	Desacordo/ Muito des.		
30 Pressupostos		As decisões dos Conselhos de A. S. quanto aos recursos para essa área, precisam ser consideradas.	82%	9%	9%	+73	Consenso médio
26 Responsabilidade		Os conselhos são instrumentos privilegiados para implementar decisões mais eficazes na A. S.	76%	13%	10%	+66	Consenso médio
4 Níveis de gestão		A Política Nacional de A. S. tem como função orientar Estados e Municípios na condução da A. S.	76%	9%	14%	+62	Consenso médio
25 Conceito		A gratuidade é princípio básico de uma entidade de A. S.	58%	13%	29%	+29	Dissenso médio
9 Responsabilidade		O Poder Executivo é o responsável principal pela A. S. em cada esfera de governo.	54%	18%	26%	+28	Dissenso médio
3 Níveis de gestão		Órgão de comando único melhora a eficácia da A. S.	52%	23%	25%	+27	Dissenso médio

Fonte: Pesquisa Cultura Política e Assistência Social.
Elaboração: Heloisa Maria José de Oliveira. Florianópolis-SC, 2000.

tam a inclusão da sociedade organizada nos espaços decisórios de gestão dessa política. Estes aprovam que "as decisões dos Conselhos de Assistência Social quanto à distribuição de recursos para essa área precisam ser consideradas" (q.30), indicando uma atitude compatível com as diretrizes previstas na LOAS, que sustenta a imprescindibilidade da "participação da população, por meio das organizações representativas, na formulação das políticas e no controle das ações em todos os níveis" (LOAS, art. 5).

Nessa mesma direção, mas com percentuais mais expressivos, a variável *forma de gestão* na Assistência Social resultou em *alto consenso*, revelando atitudes claramente positivas quanto a uma gestão descentralizada e participativa. Esse consenso foi revelado diante do estímulo que sugere que "o modelo de gestão descentralizado e participativo da Assistência Social previsto na LOAS, favorece a consolidação da democracia" (q.18).

O maior índice de consenso das opiniões dos gestores, no entanto, foi obtido a partir da variável *níveis de gestão*. A questão a ela relacionada menciona que "as ações de Assistência Social devem se dar de forma articulada e complementar entre União, Estados e Municípios" (q.15), e o resultado que pôde articular traduz uma posição amplamente favorável ao tipo de gestão que seja negociada de forma intra e intergovernamental entre as três esferas de governo — federal, estadual e municipal —, respeitando-se suas competências e autonomia.

Estímulo semelhante ao anterior, sugerindo que "é função da Política Nacional de Assistência Social conter definições orientadoras a Estados e Municípios para a condução da Assistência Social" (q.4), e que também mensura essa variável, originou percentual inferior, que chegou a +62%, ou seja, a *consenso médio*. Cabe lembrar que, nesse caso, está-se atribuindo à esfera nacional de gestão da Assistência Social um papel decisivo no sentido de coordenar tal política. Essa pequena variação de comportamento observada pode ser esclarecida através da leitura do resultado articulado em torno de mais uma questão relacionada aos níveis de gestão da Assistência Social.

É o que permite a afirmação que indica que "a existência de Comando Único de governo (órgão responsável) na Assistência Social melhora sua eficácia" (q.3) e que provocou *dissenso médio*.

Esse último resultado, tudo leva a crer, foi provocado pela presença do indicador que refere que *Comando Único* de governo favorece a condução da política de Assistência Social.

Esse indicador, tal como aquele implícito na questão anterior (q.4), acredita-se, pode ter sugerido uma idéia de *centralização* nesse processo, posição com a qual os gestores não concordam, já que são favoráveis à gestão da Assistência Social de forma compartilhada entre Estado e sociedade organizada, como revelam os índices relacionados às questões articuladoras de consenso democrático. Parece não estar muito clara a idéia de que Comando Único significa romper com a superposição e a concorrência entre esferas de governo ou mesmo entre órgãos do governo, prática persistente que se espera eliminar.

Nesse sentido, faz-se necessário esclarecer, em primeiro lugar, que a noção de Comando Único, tal como aqui colocado, remete às discussões que deram origem à inserção dessa diretriz, no próprio texto da LOAS.

Opondo-se a práticas geradoras de paralelismo e superposição de programas e tarefas, essa noção propõe formas de gestão contrárias àquelas hierarquizadas, desarticuladas e fragmentadas que tradicionalmente costumam marcar a Assistência Social[5]. O que se busca com essa proposta não é, desconsiderar o protagonismo da sociedade na gestão da Assistência Social, mas imprimir mais visibilidade e densidade a essa política.

Dessa forma, se não se está negando um modelo de gestão compartilhada entre Estado e sociedade civil, pode-se supor, em relação a essa afirmação, que as divergências identificadas resultam da pouca clareza quanto à importância da existência de Comando Único de gestão na Assistência Social ou, quem sabe, da pouca credibilidade que se atribui ao Poder Executivo no cumprimento desse papel.

A observação da variável *forma de relação* na gestão da Assistência Social, através da afirmação que aponta que "é tarefa da sociedade, por meio de organizações representativas nos Conselhos, controlar e fiscalizar as ações de Assistência Social em todos os níveis" (q.12), permite que se perceba o quanto os itens favorecedores de uma forma de relação democrática entre Estado e sociedade, baseada no poder legitimamente conferido, e no controle social, podem provocar atitudes positivas e homogêneas dos gestores, enquanto conteúdos opostos a essa noção, mesmo que em sentido aparente, podem conduzir as opiniões em outra direção. O alto índice de *consenso* a respeito dessa última questão, pode-se constatar, confirma a adesão dos gestores às "regras" democráticas, que prevêem a interação do Estado com segmentos organizados na condução da Assistência Social.

---

5. A respeito, consultar Pereira (1996, p. 108).

Orientações favoráveis à estrutura democrática na Assistência Social também ficaram evidentes quando foram apresentadas aos sujeitos da pesquisa, afirmações destinadas a avaliar sua posição com relação à variável *responsabilidade* quanto à Assistência Social.

Nesse aspecto, conforme a orientação democrática prevista na LOAS, o Estado é ator principal, mas articulado à sociedade civil organizada em seus espaços e fóruns públicos.

Essa convicção remete, portanto, à noção de responsabilidade compartilhada entre Estado e sociedade, o que não significa, cabe frisar, que o primeiro perca a centralidade na provisão dos mínimos sociais.

Nessa perspectiva, os Conselhos de políticas públicas, como espaços que possibilitam a inclusão da sociedade nesse processo, ocupam, para os respondentes, papel de destaque. Os percentuais de consenso a respeito da questão a qual apontou que "participando dos Conselhos de Assistência Social, a sociedade civil pode opinar sobre questões que envolvem decisão e partilha do poder governamental" (q.22), foram bastante expressivos — *alto consenso* —, confirmando, uma vez mais, a adesão dos gestores ao formato democrático da Assistência Social proposto na LOAS.

Diante da mesma variável — *responsabilidade* —, contudo, as atitudes podem mostrar uma direção menos consensual. É o que ocorre quando se sugere que "os Conselhos de Assistência Social são instrumentos privilegiados para a implementação de decisões e ações mais eficazes na Assistência Social" (q.26), afirmação que articulou *consenso médio*.

Esse resultado revela que determinados indicadores, presentes nos estímulos observados, provocam variações na Cultura Política dos gestores, permitindo, assim, que se percebam os conteúdos dessa política por eles assimilados e aqueles que exigem mais atenção dos que intentam efetivar o modelo democrático da Assistência Social.

Contribui ao esclarecimento dessa dedução a afirmação segundo a qual "o Poder Executivo é o responsável principal pela condução da política de Assistência Social em cada esfera de governo" (q.9), que provocou *dissenso médio*.

Nesse caso, tal como no comportamento observado quando se remete ao Comando Único, o potencial de garantir a eficácia da Assistência Social, pode-se supor, é a presença do indicador que sugere a concentração do poder decisório referente à Assistência Social numa única esfera, o responsável pelo dissenso observado. Esse indicador, no tocante ao item em questão, trata do caráter *principal* do Estado na gestão dessa política, idéia que não contraria, absolutamente, um modelo de gestão negociado entre as três esferas de governo, ou uma gestão compartilhada, entre governo *e* sociedade.

Vale ressaltar, nesse sentido, que, quando se está falando em responsabilidade *principal*, não se está argumentando a favor de uma responsabilidade centralizada em uma única esfera, ou não compartilhada, mas na direção de que a gestão pública dessa política requer, como sugere Raichelis (1998b: 80), "ativa intervenção do Estado para garantir sua efetivação dentro dos parâmetros legais que a definem". Não se trata, portanto, de restringir o universo da Assistência Social a uma intervenção exclusiva dos governos, mas de ampliar a esfera estatal, nela incorporando a sociedade.

Considerando, então, que quando se remete ao Poder Executivo a responsabilidade *principal* na condução da Assistência Social, como a afirmação analisada revela, não se está minimizando o papel da sociedade civil (nesse caso, representada através dos Conselhos) nessa condução, mas fortalecendo o que a LOAS prerroga; o *dissenso* revelado indica que a discussão sobre a *centralidade* do Estado, nesse processo, carece de melhor compreensão.

A observação dos níveis de *dissenso* e de *consenso médio* diante da estrutura democrática, revela, dessa forma, a presença de algumas ambigüidades na Cultura Política dos gestores quanto a temas claramente tratados na LOAS.

A polarização atitudinal encontrada possibilita reiterar que o comportamento dos gestores sofre alterações perante idênticas variáveis, desde que a elas estejam relacionados distintos indicadores. No caso de *dissenso democrático*, são os indicadores *Comando Único* de governo e responsabilidade *principal* os provocadores desse comportamento diferenciado, e não as variáveis *responsabilidade* e *níveis* de gestão que, em outros momentos, conduziram a atitudes consensuais pró-democráticas. Tratar-se-ia, nesse caso, muito mais de dificuldade de compreensão quanto aos indicadores levantados, do que de uma atitude antidemocrática de uma parcela dos gestores? Talvez a ausência do indicador *Conselhos* tenha contribuído para esse resultado pois, quando presente, ele conduz a atitudes majoritariamente democráticas, tradutoras da convicção dos respondentes quanto a seu papel estratégico na gestão da Assistência Social.

Cabe continuar observando em que medida outras questões provocadoras de *dissenso*, e vinculadas as estruturas tecnocrática e clientelista, podem confirmar ou contrariar a dedução de que a tendência consensual pró-democrática se mantém, mais claramente, perante variáveis e indicadores que favorecem a inclusão da sociedade civil organizada nos canais decisórios e participativos de gestão da Assistência Social; ou seja, há convicção quanto ao caráter formal do jogo democrático na gestão dessa política, o mesmo não ocorrendo quando se discute a responsabilidade no atendimento à população e a maneira de processá-la — se pública ou privada.

Em síntese, observando-se as questões que revelam *consenso democrático*, pode-se deduzir que, na sua quase totalidade, elas estão relacionadas às variáveis inerentes ao Eixo "Gestão da Assistência Social", aí incluídas as variáveis *forma* e *níveis de gestão*, *forma de relação* e *responsabilidade*, indicando uma orientação nitidamente democrática diante de estímulos que colocam em jogo o protagonismo da sociedade civil, representada através dos Conselhos, no gerenciamento da política de Assistência Social. As opiniões dos gestores, da mesma forma, revelam consistência no sentido de favorecer uma gestão negociada entre as diferentes esferas de governo, traduzindo, também no que tange a essa prerrogativa, uma Cultura Política democrática.

Cabe registrar que esse comportamento se mantém diante da variável *pressupostos* da Assistência Social que, mesmo não incluída no Eixo indicado — gestão —, também aglutinou atitudes favoráveis à estrutura político-administrativa democrática. Isso, provavelmente, porque contém, como um de seus indicadores, ainda que de forma implícita, o tema da participação que, ao que tudo indica, possui alto potencial aglutinador de atitudes democráticas.

Tais ponderações conduzem a deduzir que alguns indicadores, como, no caso, a participação, podem exercer papel fundamental, no sentido de revelar um comportamento democrático diante da Assistência Social. Essa tendência, somada ao resultado observado através das variáveis relacionadas com a Gestão dessa política, sinaliza para uma Cultura Política democrática, pelo menos no que tange ao seu caráter procedimental. Nessa perspectiva, não se "delega" à esfera governamental o poder de gerir a Assistência Social de forma centralizada e exclusiva.

Os níveis de *dissenso*, em contrapartida, denotam os conteúdos da LOAS que não articulam orientações democráticas dos gestores. São eles a *centralidade* do Poder Executivo na condução da Assistência Social e a *gratuidade* como princípio que lhe é fundamental. Os resultados obtidos com esses temas, pode-se inferir, apontam para o caráter privado no atendimento às demandas sociais.

A continuidade da análise, que tomará como foco de observação as mesmas variáveis e indicadores, para avaliar os níveis de *consenso* e *dissenso* quanto às estruturas tecnocrática e clientelista, pode confirmar ou contrariar essas indicações.

3.1.2 Avaliando a estrutura político-administrativa tecnocrática

As orientações dos gestores, diante dessa estrutura, são consensuais, no sentido de contrariar uma forma de gestão da Assistência Social que seja concentrada no Poder Executivo ou que não considere o caráter deliberativo dos Conselhos. Esse comportamento não é tão evidente quando se trata de garantir a autonomia do executivo nesses espaços, e, mais ainda, quando o que se discute é o atendimento às demandas sociais.

Os níveis de *dissenso* obtidos diante de estímulos de orientação tecnocrática chamam atenção, denotando a presença desses valores na Cultura Política dos gestores. Conforme se pode observar através dos resultados que seguem, cinco itens articularam *consenso médio*; ou seja, em sentido desfavorável a essas orientações, um provocou *dissenso médio*, enquanto sete resultaram em *alto dissenso*, permitindo que se revelem os aspectos da LOAS que não foram incorporados de forma consensual pelos gestores.

Recorre-se às variáveis de pesquisa, para analisar o comportamento encontrado.

A variável *conceito* de Assistência Social, observada através da afirmação que sugere que "a Assistência Social não altera a condição de pobreza, apenas a atenua provisoriamente" (q.8), articulou alto nível de *dissenso*. Esse resultado confirma a tendência dos gestores, no sentido de se distanciarem de um comportamento mais democrático, quando o que está em questão não é a oposição a uma gestão centralizada, mas o conteúdo substantivo da Assistência Social, como traduz a questão sob análise. Fica implícita, nesse resultado, a crença de que essa política dá conta, apenas, de ações compensatórias de desigualdades.

A oposição ao caráter centralizador do executivo é também visível diante da variável *pressupostos* da Assistência Social que, no caso dessa

Quadro V — Respostas aos itens da estrutura tecnocrática

Número Questionário	Variáveis	Itens	Percentuais			Índices	Diag.
			Muito acordo/ Acordo	Nem acordo/ Nem des.	Desacordo/ Muito des.		
17 Forma de relação		A A. S. funciona melhor com conselhos consultivos.	4,0%	15%	78%	-74	Consenso médio
6 Níveis de gestão		O Poder Executivo federal é o mais competente para cuidar da A. S.	6,0%	14%	79%	-73	Consenso médio
11 Forma de relação		Recursos de convênio são mais bem administrados pelo governo do que pelos conselhos.	4,0%	21%	75%	-71	Consenso médio
37 Pressupostos		Os conselhos podem opinar sobre a A. S., mas a palavra final cabe ao Executivo.	11%	15%	73%	-62	Consenso médio
13 Pressupostos		Os conselhos deliberam, mas quem tem direito de decidir sobre recursos para a A. S. é o Executivo.	14%	11%	74%	-60	Consenso médio
21 Forma de relação		O Executivo precisa acompanhar os conselhos, para não perder sua autonomia.	22%	22%	56%	-34	Dissenso médio
8 Conceito		A Assistência Social não altera a pobreza, só a atenua provisoriamente.	55%	10,1%	33,3%	+22	Dissenso alto
19 Financiamento		Os empresários merecem isenções fiscais, para contribuírem com a A. S.	50%	21%	29%	+21	Dissenso alto

CULTURA POLÍTICA E ASSISTÊNCIA SOCIAL

Número Questionário	Variáveis	Itens	Percentuais			Índices	Diag.
			Muito acordo/ Acordo	Nem acordo/ Nem des.	Desacordo/ Muito des.		
34 Responsabilidade		O Estado é impotente para cuidar da A. S.	27%	23%	48%	-21	Dissenso alto
28 Forma de relação		Os conselheiros não estão preparados para administrar os recursos da A. S.	29%	22%	49%	-20	Dissenso alto
23 Forma de relação		Apesar dos Conselhos, a administração de recursos deve ser responsabilidade do Executivo.	36%	11%	53%	-17	Dissenso alto
2 Pressupostos		O segmento governamental precisa participar dos Conselhos de A. S., para não perder sua autonomia.	40%	24%	36%	+4	Dissenso alto
36 Destinatários		Cada município deve cuidar dos seus pobres.	38%	20%	40%	-2	Dissenso alto

Fonte: Pesquisa Cultura Política e Assistência Social.
Elaboração: Heloisa Maria José de Oliveira. Florianópolis-SC, 2000.

estrutura, traz a afirmação segundo a qual "os Conselhos de Assistência Social podem opinar sobre a área, mas a palavra final cabe ao executivo" (q.37). O *consenso médio* articulado em torno desse item se mantém diante da afirmação que sugere que "os conselhos discutem e deliberam, mas quem tem o direito de decidir sobre a distribuição dos recursos para a Assistência Social é o Poder Executivo" (q.13).

Percebe-se, com esses resultados, que a Cultura Política dos gestores não é favorável a estilos hierarquizados e burocratizados de participação, o que, mais uma vez, reforça a leitura de que eles são bastante democráticos, quando se trata de garantir a inserção da sociedade civil organizada no processo decisório relativo à Assistência Social.

Até que ponto se mantém esse comportamento antitecnocrático? Que variáveis ou indicadores seriam responsáveis por essa permanência, ou, ao contrário, por divergências nessas orientações? A análise do *dissenso* obtido em torno dessa mesma variável, através do item que sugere que "o segmento governamental precisa participar dos Conselhos de Assistência Social para não perder sua autonomia" (q.2), contribui para esclarecer algumas dessas indagações.

O alto índice de dissenso que esse item articulou revela o indicador *autonomia* (no caso, do Poder Executivo) como provocador do comportamento observado. Esse resultado pode sugerir a valorização da presença do Poder Executivo nos Conselhos, como forma de "manipular" o consenso e obter o apoio de outros segmentos inseridos nesses espaços deliberativos.

A variável *destinatários* da Assistência Social, por outro lado, oferece indicativos para confirmar a dificuldade de os gestores se posicionarem diante de temas que remetem à questão da pobreza e da exclusão social. A afirmação que menciona que "cada município deve cuidar dos seus pobres" (q.36) resultou em *alto dissenso*, denotando tendência a perceber os *pobres* como pertencentes aos grupos vulneráveis ou de risco social que, não inseridos no mercado, podem desestabilizar o sistema.

Cabe lembrar que a idéia segundo a qual cada município deve se responsabilizar por seus pobres não é recente. As tão conhecidas *Poor Laws*[6], que têm origem na Inglaterra, a partir do século XVII, já traduziam essa convicção. Como ficariam, nesse contexto, os preceitos da Constituição Brasileira que, em seu artigo 5º, afirma: "é livre a locomoção no território nacional [...], podendo qualquer pessoa [...] nele entrar, permanecer ou dele sair com seus bens"?

O item que mediu a variável *níveis de gestão*, e que informa que "o Poder Executivo federal é o mais competente para cuidar da Assistência Social" (q.6), traz, mais uma vez, a questão da concentração de poder. As opiniões consensuais dos respondentes, contrárias a essa afirmação, permitem reiterar sua oposição a mecanismos unilaterais de decisão.

Esse comportamento permanece diante da variável *forma de relação*, cuja leitura oferece mais subsídios para a compreensão da Cultura Polí-

---

6. A respeito, referem-se, no âmbito do Serviço Social, Oliveira (1996) e Schons (1999).

tica dos gestores. Cabe analisar, em primeiro lugar, as afirmações que sugerem que "a Assistência Social funcionaria melhor se os Conselhos fossem apenas consultivos" (q.17), e a que anota que "recursos de convênio são mais bem administrados pelo governo do que pelos Conselhos" (q.11), articuladoras de *consenso médio*.

É fácil verificar que os indicadores presentes nesses estímulos seguem uma mesma lógica, e que os resultados obtidos, mais uma vez, confirmam as observações registradas até aqui, quanto à orientação democrática dos respondentes, no que tange às variáveis relativas à Gestão da Assistência Social. Nesse sentido, fica cada vez mais evidente que os gestores são desfavoráveis a uma lógica de gestão do tipo ou *sociedade* ou *Estado*.

Suas orientações tomam, no entanto, outra direção, quando não se explicita claramente a noção de exclusividade na condução da Assistência Social. O indicador *autonomia* do Poder Executivo, novamente considerado — desta vez para avaliar as opiniões dos gestores, quanto ao tipo de relação que deve pautar a condução da Assistência Social — pode ser observado através do item que refere que "o Poder Executivo precisa acompanhar atentamente o trabalho dos Conselhos, para não perder sua autonomia decisória" (q.21).

Provocador de *dissenso médio*, esse item parece traduzir uma preocupação no sentido de *perda de autonomia ou de poder*, típica de uma cultura burocrática ou descentralizada apenas administrativamente e segundo a qual até se "concedem" espaços para a participação, mas até o ponto em que esta não interfira na sua forma própria de gestão.

A observação da mesma variável, através dos itens que afirmam que "os conselheiros não estão preparados para administrar os recursos da Assistência Social" (q.28), e que "a administração dos recursos para a Assistência Social, apesar dos Conselhos, deve ser de responsabilidade do Poder Executivo" (q.23), denota as ambigüidades presentes na Cultura Política dos gestores. Articuladoras de altos níveis de *dissenso*, tais afirmações parecem indicar resistências de um grupo de respondentes quanto à possibilidade de os Conselhos assumirem um protagonismo mais decisivo na gestão dos recursos destinados à Assistência Social.

Esse indicador — *recursos* — não é capaz de, isoladamente, articular orientações tecnocráticas dos gestores e, por essa razão, precisa ser considerado no conjunto das afirmações em que se faz presente. Olhando-se os itens ora sob análise, portanto, pode-se perceber que não está em questão a desconsideração da participação da sociedade organizada na gestão da Assistência Social, mas, sim, a garantia da presença do executivo nesse processo. Deduz-se, dessa forma, que o problema não reside na questão da participação da sociedade em si, mas, ao que parece, nos níveis em que ela pode se dar, de modo a não interferir na gestão governamental dos recursos da Assistência Social.

Esse resultado sugere, de qualquer forma, a presença de uma Cultura hierarquizada e elitista, em que quem tem maior poder de barganha ou mais "competência" para administrar recursos, deles se apodera, muitas vezes de forma privada. A sociedade civil organizada não disporia, então, de saber técnico para compartilhar dessa dinâmica? Ou sua atuação mais efetiva poderia ameaçar as estratégias de controle sobre tais recursos?

A continuidade da análise traz mais indagações. Olhando-se as opiniões dos gestores diante da estrutura tecnocrática, sob o ângulo da variável *responsabilidade*, podem-se encontrar valores que favoreçam uma cultura compatível com a lógica que delega ao *mercado* e à filantropia a responsabilidade pela Assistência Social.

O item que sugere que "o Estado é impotente para cuidar da Assistência Social" (q.34) conduziu a alto índice de *dissenso*, revelador das divergências que se articulam quando não se discutem as regras do jogo democrático, mas o conteúdo que sustenta tal política.

Essa orientação pode ser confirmada através da variável *financiamento*, à qual se vincula o item que sugere que "os empresários merecem isenções fiscais para contribuírem com a Assistência Social" (q.19). Essa afirmação resultou em alto índice de *dissenso*, traduzindo a capacidade do indicador *recursos*, no sentido de revelar as contradições presentes no comportamento dos gestores.

Isso conduz à dedução de que esse é um dos pontos mais controversos da política de Assistência Social, o que torna fundamental que aqueles que a gerenciam se apropriem adequadamente dessa questão, de forma a dirimir as incertezas nela implícitas.

Supõe-se, com esse resultado, que significativo número de gestores considera positivas as medidas de concessão de incentivos fiscais aos empresários que optem por destinar recursos para o custeio dessa política.

Essa noção traz, em si, um paradoxo. Na atual conjuntura brasileira, quem vem dando sustentação financeira aos serviços, programas e projetos de Assistência Social? Quem deveria responder por essa função, e quem realmente o faz? O que prevê a legislação pertinente e qual é o grau de sua aplicabilidade? Que Cultura Política estimula práticas dessa natureza? A idéia de contrapartida financeira para acesso à Assistência Social estaria apoiada nesse tipo de orientação? Em que medida essa atitude favoreceria a lógica da privatização, segundo a qual o "mercado" é o canal mais adequado para atender às demandas decorrentes da pobreza e da miséria? Que riscos essa Cultura pode trazer para a afirmação dessa política, na perspectiva do direito e da responsabilidade estatal em seu custeio?

O conjunto desses resultados parece corroborar a dedução de que os gestores privilegiam o caráter procedimental da democracia, em detrimento de seu caráter substantivo.

Afinal, parece ficar cada vez mais marcada uma posição favorável à democracia, sempre que está em questão a participação da sociedade, seja através de organizações não-governamentais (ONGs) ou governamentais (OGs), que também têm representação nos Conselhos, na gestão da Assistência Social. O mesmo resultado não é tão preciso, quando o que se discute é a autonomia do Poder Executivo, ou seu poder discricionário de gerir recursos para essa política, ou, ainda, quando se trata das finalidades da Assistência Social, no sentido de garantir os mínimos sociais a quem dela necessitar, sem exigência de contrapartida financeira.

Um olhar para esses resultados, a partir das variáveis observadas, conduz a duas ponderações finais. Em primeiro lugar, constata-se que a variável *forma de relação* tem potencial preditivo, no sentido de revelar a falta de consistência das opiniões dos gestores diante de temas que questionam o tipo de relação que deve pautar a condução da Assistência Social — se democrática, tecnocrática ou clientelista. Em segundo lugar, destaca-se o indicador *recursos*, capaz de provocar divergências nas atitudes dos gestores e revelar, assim, os pontos mais polêmicos dessa política. Nessa mesma direção, coloca-se o indicador *autonomia*, traduzindo a dificuldade de um grupo de gestores, no sentido de não "abrir mão" das prerrogativas do poder governamental na administração de recursos para a Assistência Social. Pode-se inferir, então, que as opiniões dos gestores não são consistentes diante do indicador *recursos* ou verbas, na Assistência Social, nem tampouco diante de indicadores que postulam a autonomia do Poder Executivo, o que favoreceria uma postura elitista.

O que se percebe, no caso dessa estrutura, são tendências favoráveis à tecnocracia e a uma descentralização da Assistência Social, apenas em caráter administrativo, em que não se descentraliza poder, apenas funções. O apoio de segmentos da sociedade organizada é requisitado, mas apenas quando deles se necessita para legitimar as ações governamentais.

A observação da estrutura político-administrativa clientelista pode contribuir para o esclarecimento dessas indagações, que a cada novo passo da análise da Cultura Política dos gestores adquire novos, mas persistentes contornos.

3.1.3 Discutindo a estrutura político-administrativa clientelista

As orientações dos gestores, diante da estrutura clientelista, revelam sua oposição a uma forma de gestão centralizadora e a relações embasadas no favor, na tutela e na comiseração dos ricos pelos pobres. Quando, no entanto, se toca no suposto dever moral da sociedade para com esses pobres, o comportamento dos gestores tende a se distanciar de uma postura mais democrática e a não explicitar, de maneira mais contundente, a idéia do direito social.

Os resultados observados ante essa estrutura oscilam entre *consenso* e *dissenso* e permitem inferir, tal como através das demais estruturas já analisadas, que a Assistência Social, conforme referenciada na LOAS, foi incorporada pelos gestores no que diz respeito aos seus meios, mas não aos seus fins.

É preciso, entretanto, verificar essas suposições através do exame das variáveis e indicadores relacionados ao clientelismo. Antes, é necessário observar, de modo geral, os resultados que essa estrutura pôde articular. Conforme se pode verificar, duas questões geraram *alto consenso*, no sentido de desfavorecer essas orientações, cinco provocaram *consenso médio*, também no sentido de discordância com atitudes dessa natureza, mas quatro resultaram em *dissenso médio* e também quatro em *dissenso alto*, mostrando que os níveis de dissenso, em relação às concepções clientelistas, são maiores do que os níveis de consenso. Isso traduz as divergências que tal cultura aglutina.

Tal como se procedeu diante das demais estruturas observadas, tomam-se as variáveis de pesquisa para se analisarem as orientações dos gestores perante o clientelismo.

Dois estímulos compatíveis com essa estrutura observam a variável *conceito* de Assistência Social. O primeiro, que aponta que "só na base de compaixão é que se poderá suprir necessidades sociais" (q.35), obteve *alto consenso* em sentido desfavorável à orientação clientelista, com percentual bastante significativo. Deduz-se, nesse caso, que a lógica de ação que os gestores privilegiam é contrária às atitudes de piedade e comiseração, tão presentes quando o assunto é Assistência Social.

Estímulo com a mesma orientação, e que indica que "a Assistência Social é um conjunto de ações e atividades prestadas por aqueles que têm mais, em benefício daqueles que possuem menos" (q.38), no entanto, resultou em opiniões diferenciadas, provocando *dissenso médio*.

É interessante registrar que a primeira afirmação observa a lógica da compaixão, à qual os gestores se opõem, mas a segunda observa o indicador *dever moral* para com os pobres, atitude em relação à qual as opiniões dos gestores são heterogêneas, indicando a presença de valores favoráveis a essa cultura.

Mais um estímulo de orientação clientelista aglutinou *dissenso* dos respondentes. Procurou-se observar a variável *pressupostos* da Assistência Social, através de afirmação de cunho assistencialista e segundo a qual "as pessoas que conseguem obter apoio em momentos de necessidades sociais podem se considerar pessoas com sorte" (q.33). A diversidade de opiniões diante dessa questão reflete as dificuldades dos gestores de se posicionarem diante de estímulos com conteúdos marcadamente vinculados a valores morais e religiosos, tema que mereceria um estudo mais sistemático e aprofundado.

É oportuno destacar que essa mesma variável — *pressupostos* da Assistência Social — diretamente relacionada à finalidade dessa política, articulou, diante de estímulos observadores das demais estruturas, *consenso democrático* e *consenso antitecnocrático*. Nesses dois casos, porém, o que se estava observando apresentava uma relação direta com o indicador *participação*, que, como já se pôde registrar, provoca, predominantemente, atitudes pró-democráticas.

Isso se torna evidente quando se avalia a posição dos gestores com relação à variável *destinatários* da Assistência Social, ou seja, quando se procura verificar seu comportamento quanto ao tipo de situações e usuários que demandam o sistema de Proteção Social pública. Seriam as situações de risco social das quais fazem parte grupos vulneráveis, as situações emergenciais nas quais estão incluídos os pobres desafortunados, ou aquelas que resultam do processo histórico e social em que estão inseridos sujeitos de direitos?

Quadro VI — Respostas aos itens da estrutura clientelista

Número Questionário	Variáveis	Itens	Percentuais			Índices	Diag.
			Muito acordo/ Acordo	Nem acordo/ Nem des.	Desacordo/ Muito des.		
35 Conceito		Só com compaixão se suprem necessidades sociais.	1%	10%	87%	-86	Consenso alto
24 Forma de relação		Os interesses particulares precisam ser contemplados nos conselhos.	6%	6%	88%	-82	Consenso alto
16 Forma de relação		As decisões quanto à A. S. devem ser tomadas por pessoas indicadas pelo Executivo.	5%	18%	77%	-72	Consenso médio
10 Responsabilidade		A rede privada pode cuidar da Assistência Social (A. S.).	10%	10%	80%	-70	Consenso médio
20 Forma		Os governantes são os mais indicados para decidir sobre os recursos da A. S.	8%	16%	76%	-68	Consenso médio
14 Forma		As instituições estatais devem centralizar a A. S.	15%	15%	70%	-55	Consenso médio
29 Forma de relação		Aquele que se doa a alguém necessitado, dele merece lealdade e gratidão.	7%	31%	62%	-55	Consenso médio
31 Responsabilidade		O combate à miséria é responsabilidade da sociedade civil.	11%	33%	56%	-45	Dissenso médio
38 Conceito		As ações da A. S. são prestadas por quem tem mais, para quem tem menos.	21%	17%	61%	-40	Dissenso médio

Número Questionário	Variáveis	Itens	Percentuais			Índices	Diag.
			Muito acordo/ Acordo	Nem acordo/ Nem des.	Desacordo/ Muito des.		
7	Destinatários	A missão da Assistência Social é "apagar incêndio" em situações de miséria extrema.	61%	13%	26%	+35	Dissenso médio
33	Pressupostos	As pessoas que conseguem apoio em momentos de necessidades sociais podem se considerar pessoas com sorte.	21%	23%	54%	-33	Dissenso médio
27	Forma de relação	A fidelidade ao governo é fundamental para indicação de dirigentes de instituições governamentais.	31%	16%	52%	-21	Dissenso alto
5	Responsabilidade	Em momentos de crise econômica, a filantropia precisa ser ampliada.	50%	20%	30%	+20	Dissenso alto
32	Forma de relação	Contatos políticos devem ser considerados para se obterem recursos para entidades sociais.	31%	20%	49%	-18	Dissenso alto
1	Financiamento	A população precisa contribuir financeiramente com as entidades sociais para que estas dêem conta de sua tarefa.	43%	22%	35%	+8	Dissenso alto

Fonte: Pesquisa Cultura Política e Assistência Social.
Elaboração: Heloisa Maria José de Oliveira. Florianópolis-SC, 2000.

A afirmação segundo a qual "a Assistência Social tem por missão, muitas vezes, 'apagar o incêndio' em situações de miséria extrema" (q.7), e que denota uma orientação clientelista, articulou *dissenso médio* entre os gestores, sugerindo que estes comungam a idéia segundo a qual essa política só dá conta de situações emergenciais e de carência, atitude compatível com a noção de pobreza absoluta, que não apenas estimula, como perpetua ações emergenciais e de pronto-atendimento, em oposição à noção de pobreza relativa ou de desigualdade social, que supõe sistematicidade e continuidade na provisão de benefícios, serviços e direitos (Pereira, 1996).

Essa percepção, que legitima o cariz compensatório que marca tradicionalmente essa política, concebe como destinatário típico da Assistência Social o "miserável" (Pereira, 1996) e pode denotar o não reconhecimento do caráter preventivo da Assistência Social, pois, se a noção de pobreza absoluta toma como parâmetro das ações assistenciais, o mínimo vital de sobrevivência biológica, a noção de pobreza relativa considera o padrão de vida de todos os membros de uma dada sociedade na definição de pobreza[7].

Atitudes dessa natureza reforçam, na Assistência Social, uma Cultura Política que legitima ações de cunho focalista, que fragilizam o seu caráter preventivo e assegurador de direitos sociais.

Por outro lado, dado o conteúdo da afirmação apresentada aos gestores, e que denota uma orientação clientelista, cabe ponderar quanto à possibilidade de estes se terem posicionado favoravelmente à questão, em face de sua descrença quanto à efetividade de políticas de caráter realmente preventivo. Ou seja, a orientação clientelista, nesse caso, resultaria da interpretação que fazem do que a política de Assistência Social é, e não do que acreditam que deveria ser? Como sugere Cheibub e Lima (1996), esse resultado poderia indicar uma diferença na percepção dos gestores entre o funcionamento real e o funcionamento ideal dessa política? Ou, de qualquer modo, o consenso revelado indica concordância com a noção de pobreza absoluta e a partir da qual a Assistência Social é vista como sinônimo de emergência, de amadorismo e de ação eventual e incerta que depende dos azares ou caprichos da rentabilidade privada? Acredita-se ou não na capacidade que tem a Assistência Social "de se antepor ao surgimento de problemas que poderão aprofundar ainda mais o 'apartheid' entre classes e grupos diferenciados" (Pereira, 1996:55)?

---

7. Sobre o conceito de Mínimos Sociais, consultar Sposati (1997) e Pereira (2000).

O resultado analisado confirmaria a dedução de que a ausência de variáveis e indicadores relacionados à questão da participação conduz a um comportamento menos democrático? Isso traria, mais uma vez, a questão de que o comportamento dos gestores denuncia a presença de um hiato entre democracia formal e substantiva.

Cabe avaliar os demais resultados, antes de estabelecer conclusões.

A análise das variáveis relacionadas à gestão da Assistência Social oferece mais indicativos para discussão da Cultura Política dos gestores. É o caso da variável *forma* de gestão da Assistência Social, através da qual se procurou observar se a atitude dos gestores aponta para um tipo de gestão descentralizada e participativa, segundo uma orientação democrática; descentralizada administrativamente, conforme uma orientação tecnocrática, ou centralizada, em consonância com uma orientação clientelista.

Os resultados obtidos confirmam uma tendência bastante evidente no grupo pesquisado, que é a de se posicionar contrariamente à forma de gestão centralizada, que não inclui, no processo decisório relativo a essa política, os Conselhos paritários e deliberativos.

A afirmação que menciona que "os governantes foram eleitos pelo povo e são os mais indicados para decidir sobre a distribuição de recursos para a Assistência Social" (q.20) gerou *consenso médio* (no sentido de discordância com orientações clientelistas), o mesmo ocorrendo quanto ao estímulo segundo o qual "as instituições estatais devem centralizar as ações de Assistência Social" (q.14). Percebe-se, nesse aspecto, o claro posicionamento desfavorável dos gestores em relação a modelos de gestão de política social que desconsiderem o protagonismo da sociedade civil organizada na sua condução.

No que concerne à variável *forma de relação*, presente na Gestão da Assistência Social, as opiniões foram *consensuais*, na maior parte dos casos, mas também reveladoras de *dissenso*. O estímulo segundo o qual "é fundamental que os interesses particulares sejam contemplados nos espaços dos Conselhos de Assistência Social" (q.24) obteve *consenso*, indicando discordância dos gestores quanto a uma forma de relação personalista, baseada na reciprocidade de benefícios e na lealdade particularista.

Essa mesma atitude foi observada diante da afirmação que sugeria que "as decisões referentes à Assistência Social devem ser tomadas por pessoas indicadas pelo Poder Executivo" (q.16).

Tal comportamento também se expressa diante do estímulo que refere que "aquele que se doa a alguém necessitado, dele merece lealdade e gratidão" (q.29).

No conjunto, a orientação demonstrada perante os três estímulos apresentados denota discordância dos gestores quanto a uma forma de relação clientelista na gestão da Assistência Social, fortalecendo o indicativo de que sua atitude, no que tange a essa questão, é democrática.

A última afirmação (q.29), por exemplo, contém indicadores que não explicitam o papel dos Conselhos, mas sugerem, em contrapartida, as noções de lealdade e gratidão, típicas de uma relação pautada no favor, que parece não obter a adesão dos gestores.

Essa mesma variável, reveladora da discordância dos respondentes quanto a práticas tuteladoras e particularistas, no processo de negociação dessa política, no entanto, traduz atitudes não consensuais, quando o que está em discussão não é, diretamente, o processo decisório referente à política de Assistência Social e seus mecanismos de controle social e participação, mas o "jogo político" que regula essas relações.

As afirmações sobre as quais se pondera referem *que* "a fidelidade ao governo é uma qualidade fundamental para a indicação de dirigentes de Instituições governamentais" (q.27) e que "os contatos políticos devem ser considerados para obtenção de recursos para as entidades sociais" (q.32).

Ficam evidentes, nesse caso, algumas contradições que precisam ser melhor consideradas.

Quanto à primeira afirmação (q.27), cabe ponderar que o *dissenso* observado pode indicar certo grau de resistência à incorporação de uma nova Cultura Política na Assistência Social, conforme previsto na LOAS (Yazbek, 1998), e a persistência de traços de uma cultura personalista, pautada no favorecimento de poucos apadrinhados.

Quanto à segunda afirmação (q.32), tudo leva a crer que, de fato, o indicador *recursos* para o custeio da Assistência Social exerce papel importante, no sentido de provocar o *dissenso* clientelista observado. Caberia, quanto a esses dois casos, uma reflexão sobre *a lógica dos clãs e das facções* (Abranches, 1989) ou dos *lobbies* (Vianna, 1998) e *grupos de pressão*?

De qualquer modo, pode-se ponderar que o percentual de concordância (31%) com a pertinência dos contatos políticos para a obtenção de recursos para as Entidades Sociais é, de certa forma, inquietante. O que esse resultado poderia traduzir? Algum desencanto com os critérios públicos que devem pautar a destinação de recursos para essas Entidades, ou a defesa, de fato, dessa estratégia típica de relações clientelistas, tão arraigadas na história da Cultura Política brasileira?

Em que medida essa Cultura interfere na forma de se fazer e compreender a Assistência Social?

Ainda no que diz respeito ao eixo Gestão da Assistência Social, a variável *responsabilidade*, observada através de uma afirmação bastante instigante, gerou *consenso* (anticlientelista). As respostas a essa afirmação, que sugerem que "a Assistência Social não precisa constituir-se em responsabilidade estatal, já que dela a rede privada pode cuidar" (q.10), revelam que as atitudes dos gestores são contrárias à noção de que apenas a sociedade benemerente, formada por pessoas caridosas e de boa vontade, é a responsável pelas demandas dessa política. Ou seja, os gestores não dispensam o papel do poder público estatal na provisão de serviços sociais.

Esse resultado precisa ser olhado atentamente, pois o que ele revela, pode-se supor, é uma preocupação com o caráter *principal* dessa rede, no sentido de se responsabilizar isoladamente pelo atendimento das demandas dessa política e não, necessariamente, com sua atuação perante essa tarefa.

Esse resultado confirma ponderações já sinalizadas quanto à defesa de um modelo de gestão para a Assistência Social, em que as responsabilidades entre governo e sociedade sejam divididas, em caráter não centralizado ou exclusivo.

Como, no entanto, essa oposição à idéia de centralização não é acompanhada, em maior grau, pelo reconhecimento da centralidade do Estado nesse processo, como a observação dos estímulos de orientação democrática puderam revelar, corre-se o risco de "abrir espaços", por vezes demasiado, para que "todos", seja da rede pública ou privada, através de pessoas de boa vontade, possam cuidar da Assistência Social. A despeito do mérito de muitas ações dessa natureza, cujo valor não se pretende negar, cabe acentuar que essa Cultura pode impedir a visibilidade da Assistência Social como política pública que requer, para sua efetivação, o protagonismo *principal* do Estado, mesmo quando articulado à rede privada.

A continuidade da análise pode esclarecer alguns desses elementos. É o caso de mais uma questão de orientação clientelista observadora da variável *responsabilidade* e que gerou *dissenso médio*. Ela refere que "o combate à miséria é responsabilidade da sociedade civil" (q.31) e a variação de atitudes que pôde provocar permite questionar até que ponto os gestores estão bastante seguros quanto ao fato de que a Assistência Social é política pública, direito do cidadão e dever do Estado, como a LOAS indica, mas não compreendem a idéia de "miséria" como seu foco de intervenção. Ou seja, pode-se supor que os gestores assimilaram o potencial deliberativo e de controle social inerente a essa política, mas não os "miseráveis" como seus principais destinatários?

O que se pretende observar é em que medida, sempre que os indicadores se relacionam à "miséria" ou "pobreza", o comportamento dos gestores apresenta uma direção, e, em contrapartida, sempre que esses indicadores se referem claramente à política de Assistência Social e ao protagonismo da sociedade civil nos seus espaços deliberativos, apresenta outra direção. Mas, afinal, quem é essa sociedade civil organizada? Quem ela representa, senão os usuários a quem a Assistência Social deve atender? Haveria uma "abstração" ou um distanciamento em relação aos usuários "miseráveis"? Ou uma separação entre público *versus* privado, em que a Assistência Social seria de responsabilidade pública, e a miséria, de responsabilidade privada? Qual é a visibilidade dos miseráveis, no domínio do que é público?

Mais uma afirmação mensura a variável *responsabilidade*, sugerindo que "em momentos de crise econômica a filantropia precisa ser ampliada" (q.5). Essa questão provocou *alto dissenso* dos respondentes, confirmando que o comportamento dos gestores se modifica diante de variáveis semelhantes, desde que haja mudança significativa no conteúdo de seus indicadores. Se em outros momentos a posição dos gestores revelou-se favorável à responsabilidade do Estado, em articulação com a sociedade civil, na gestão da Assistência Social, no tocante ao estímulo indicado, essa atitude se dá em outra direção, expressando que, para os gestores, a sociedade benemerente é ator fundamental, ainda que não principal, na condução da política de Assistência Social. Os indicadores, nesse caso — crise econômica e filantropia — foram os articuladores do comportamento observado.

Dois pontos devem ser assinalados aqui. Em primeiro lugar, o indicador que aponta o protagonismo dos Conselhos, nesse processo, não está incluído na afirmação sob análise. Dito de outra forma, o que está em questão, aqui, não é a responsabilidade pela gestão da Assistência Social, mas a responsabilidade pelo atendimento à população. Isso conduz ao segundo ponto, ou seja, o índice atitudinal favorável, diante do apelo a filantropia em situações de crise econômica, parece confirmar ponderações já sinalizadas quanto à dissociação feita entre Assistência Social como política pública, descentralizada e participativa, e sua finalidade precípua, que é prover os *mínimos sociais a quem dela necessitar*. Em consonância com atitude que referendou como missão da Assistência

Social, "'apagar o incêndio' em situações de miséria extrema" (q.7), o considerável nível de concordância dos gestores, quanto ao estímulo em análise (50%), sugere comportamento compatível com o discurso que atribui às pessoas de boa vontade a responsabilidade moral para com os mais necessitados. Contrariando postura democrática, sempre presente quando o assunto é participação nos espaços decisórios de gestão dessa política, os gestores demonstram um comportamento mais clientelista, quando o que está em pauta é o enfrentamento da pobreza e da miséria, ou a questão social propriamente dita, em suas múltiplas faces e determinações.

O *dissenso* observado leva à dedução de que, diante de indicadores que remetem ao engajamento da sociedade no combate à miséria, os gestores se posicionam favoravelmente a essa intervenção, corroborando a retórica amplamente difundida do dever moral da sociedade para com os pobres, noção que pode embaçar o reconhecimento dos direitos sociais.

A análise da afirmação observadora da variável *financiamento* e que, igualmente, provocou *alto dissenso*, pode ampliar o leque dessas ponderações. Nessa direção se traz a afirmação que menciona que "a população precisa contribuir financeiramente com as entidades sociais, para que estas dêem conta de sua tarefa" (q.1).

Essa variável procurou captar a atitude dos gestores diante das diferentes modalidades de custeio da Assistência Social: orçamento público, com vinculação de receitas das contribuições sociais (orientação democrática); percentual de salário (renda) com exigência de contrapartida (orientação tecnocrática); ou doações e dotações públicas (orientação clientelista).

Constata-se, também nesse caso, a dedução já assinalada, de que o comportamento dos gestores se afasta de uma orientação democrática, quando os indicadores não sinalizam para a interação da sociedade com o Poder Executivo, através dos Conselhos. Esse resultado indica a existência de traços significativos de uma Cultura Política clientelista, a qual reforça as ações da sociedade benemerente, de longa tradição na história da humanidade.

Nesse sentido, pode-se, mais uma vez, reforçar o argumento segundo o qual o comportamento dos gestores é claramente democrático, sempre que está em questão a divisão do poder decisório entre Estado e sociedade, na gestão da Assistência Social. Com isso, não se está desmerecendo essa orientação, extremamente positiva e facilitadora da noção de pluralismo institucional e de descentralização político-administrativa, com controle social. O que se quer assinalar é que esse mesmo comportamento não se faz presente diante de questões igualmente importantes, como aquelas relacionadas às finalidades da política de Assistência Social. Ou seja, há um risco de se supervalorizar os mecanismos de participação ativa e de controle social, em detrimento de uma compreensão mais acurada do sentido da Assistência Social como política de Seguridade Social responsável *pela garantia de direitos e de serviços sociais qualificados* (Yazbek, 1998).

O reconhecimento dos canais democráticos de participação e seu efetivo exercício são, indiscutivelmente, necessários, mas insuficientes para dar conta dos desafios inerentes a essa política que, como outros direitos sociais garantidos constitucionalmente, "sofre impactos da conjuntura de crise que pressiona no sentido de transformações de fundo, no papel e no peso do Estado na sociedade" (Yazbek, 1998:54).

A possível dissociação expressa no comportamento dos gestores, entre as regras democráticas que devem nortear a gestão da Assistência Social e os fins a que se destina essa política, pode fortalecer a lógica que se caracteriza pela "defesa de alternativas privatistas para a questão social, envolvendo a família, as organizações sociais e a comunidade" (idem).

As observações até aqui registradas parecem confirmar deduções anteriores, no sentido de que os gestores são contrários a um tipo de gestão que seja centralizada, unilateral ou hierarquizada, bem como a uma forma de relação com os chamados "necessitados", que seja pautada na compaixão, na piedade, na tutela ou na submissão. Essa atitude poderia indicar a defesa da idéia do direito, mas não é exatamente isso que as atitudes dos gestores revelam.

O que parece ocorrer, na verdade, é uma inversão dessa posição, mais compatível com a estrutura político-administrativa clientelista, o que fica evidente quando os gestores prerrogam, ainda que sutil e parcialmente, o dever moral da sociedade para com os pobres. Essa atitude seria mais evidente no sentido de referendar mecanismos de suporte financeiro às Entidades Sociais, percebidas, sob essa ótica, como "sinônimo" da rede privada?

Em que medida essa cultura, contrariamente ao proposto na LOAS[8], impede que esses sujeitos — os pobres — adquiram, no contexto dessa

---

8. A LOAS apresenta algumas restrições no tocante à inclusão dos demandatários da Assistência Social, restrições acentuadas no contexto da ideologia neoliberal, conforme indica Pereira (1998).

legislação, o protagonismo que lhes compete? Nessa perspectiva, não se excluiria, do próprio conteúdo dessa lei, aqueles a quem ela se destina, dada sua responsabilidade na provisão dos mínimos sociais?

Por um caminho pouco visível, parece ser possível vislumbrar a persistência da lógica do favor, que, imbuída do dever moral para com os necessitados, por certo, dilui a noção de direito que a Assistência Social requer e remete o atendimento das demandas sociais à esfera privada.

Cabe, por fim, registrar que as opiniões dos gestores são consistentes em sentido favorável à estrutura clientelista, quando se sugere que a Assistência Social só dá conta de situações emergenciais e de carência, noção que não incorpora o caráter preventivo dessa política. Essa consistência, passível de ser observada diante da variável *destinatários* da Assistência Social, toma sentido inverso, quando avaliada sob a ótica da variável *forma* de gestão. Isso porque as opiniões dos gestores diante dessa última variável são também consistentes, mas no sentido de desfavorecer a cultura clientelista e de se mostrarem contrários a uma gestão centralizadora da Assistência Social.

É possível, então, inferir que, diante das três estruturas observadas — democrática, tecnocrática e clientelista — a variável que aglutina opiniões mais consistentes é *forma de gestão*, aqui entendida em caráter descentralizado e participativo. Essa variável é a que apresenta maior potencial preditivo, no sentido de traduzir comportamento democrático dos gestores.

As demais, especialmente quando observadas sob a lente das estruturas tecnocrática e clientelista, são, contrariamente, reveladoras dos níveis de heterogeneidade de suas orientações diante da Assistência Social.

Tal heterogeneidade, como se pôde avaliar ao longo desta discussão, se mostra mais claramente perante as variáveis que remetem ao conteúdo dessa política, como *conceito*, *pressupostos* e *destinatários* da Assistência Social.

Relacionando essas inferências com o clássico debate acerca da democracia, pode-se ponderar que, conforme os resultados traduzem, a Cultura Política dos gestores é consensual, em sentido democrático, no que diz respeito ao aspecto formal da Assistência Social, e reveladora de dissenso, quando se trata do conteúdo dessa política, ou de suas demandas substantivas.

Isso posto, cabe por fim indagar em que medida os gestores compreendem que os "meios", ou os procedimentos inerentes à gestão da Assistência Social, fazem parte da esfera pública, e os fins a que ela se destina pertencem à esfera privada. No próximo item, os resultados até então discutidos serão observados sob a ótica de um novo conjunto de variáveis, a partir das quais se pretende trazer novas indicações sobre a Cultura Política observada.

3.2 Direito social ou dever moral? Sobre o público e o privado, ou: o dilema que persiste

Neste item se observa a Cultura Política dos gestores da Assistência Social em Santa Catarina, a partir de categorias teóricas derivadas da Análise Fatorial[9].

Ficam mais evidentes, a partir desse novo olhar, sua oposição à idéia de centralização na gestão da Assistência Social e a defesa de estratégias participativas que incluam a sociedade organizada nesse processo.

Paradoxalmente, fica também mais nítido o apoio à intervenção da rede privada no atendimento às demandas sociais. Confirma-se, desse modo, a presença de atitudes contraditórias que, ao tempo em que defendem a lógica do direito à participação nos espaços públicos de gestão da Assistência Social, favorecem a lógica do dever moral, que estimula relações de ajuda movidas pelos ideais da benemerência e da caridade.

As variáveis que ora se utilizam para analisar as atitudes dos gestores diante da Assistência Social, são: "Centralização da Assistência Social no Poder Executivo"; "Cidadania fortuita"; "Efeito das decisões da Assistência Social"; "Definição do conteúdo da Assistência Social"; "Filantropia"; "Responsabilidade financeira da população"; "Descentralização administrativa"; "Orientação Republicana na Assistência Social".

O comportamento dos gestores diante do debate sobre a "Centralização da Assistência Social no Poder Executivo" pode ser observado a partir dos resultados que os 23 itens vinculados a essa dimensão puderam articular. Para essa discussão se trazem aqueles considerados mais expressivos, conforme segue:

---

9. O item que trata do desenho de pesquisa esclarece o processo de definição dessas categorias, bem como o procedimento da Análise Fatorial. Para efeito dessa discussão segue-se a mesma lógica de organização das variáveis, conforme efetuado na análise referida.

Quadro VII — Centralização da Assistência Social no poder executivo

Número Questionário	Itens	Percentuais[10]		
		Muito acordo/ Acordo	Nem acordo/ Nem des.	Desacordo/ Muito des.
17	A A. S. funciona melhor com conselhos consultivos.	4,0%	15,0%	78,0%
20	Os governantes são os mais indicados para decidir sobre os recursos da A. S.	8,0%	16,0%	76,0%
16	As decisões quanto à A. S. devem ser tomadas por pessoas indicadas pelo Executivo.	5,0%	18,0%	77,0%
11	Recursos de convênio são mais bem administrados pelo governo do que pelos conselhos.	4,0%	21,0%	75,0%
37	Os conselhos podem opinar sobre a A. S., mas a palavra final cabe ao Executivo.	11,0%	15,0%	73,0%
14	As instituições estatais devem centralizar a A. S.	15,0%	15,0%	70,0%
3	Órgão de Comando Único melhora a eficácia de A. S.	52,0%	23,0%	25,0%
13	Os conselhos deliberam, mas quem tem direito de decidir sobre recursos para a A. S. é o Executivo.	14,0%	11,0%	74,0%
6	O Poder Executivo federal é o mais competente para cuidar da A. S.	6,0%	14,0%	79,0%
9	O Poder Executivo é o responsável principal pela A. S. em cada esfera de governo.	54,0%	18,0%	26,0%

Fonte: Pesquisa Cultura Política e Assistência Social.
Elaboração: Heloisa Maria José de Oliveira. Florianópolis-SC, 2000.

---

10. Cabe frisar que os resultados apresentados são os mesmos já discutidos na análise anterior. O que se modifica são as variáveis utilizadas para observá-los. Registram-se novamente os percentuais relativos a cada item, para facilitar a compreensão da presente análise, que se pauta apenas nos níveis de concordância ou discordância dos gestores diante desses itens.

Como se pode constatar, os níveis de discordância dos gestores, em relação a esses itens, foram bastante expressivos[11]. Confirmam-se, dessa forma, resultados já discutidos, que revelam seu desacordo quanto a mecanismos centralizadores de gestão, atitude acompanhada pela defesa de estratégias participativas que incorporem, nesse processo decisório, organizações representativas da sociedade civil.

Destaca-se, nessa direção, o papel dos Conselhos de Assistência Social, item que agrega amplo consenso dos gestores, no sentido de advogar o seu caráter propositivo e deliberativo.

Cabe destacar que, mesmo na ausência desse indicador — *Conselhos* — que se tem revelado como grande articulador de posições favoráveis à inserção da sociedade organizada nos espaços decisórios da Assistência Social, o comportamento dos gestores se mantem claramente contrário à centralização dessa política no órgão estatal, como ocorre diante das questões de nos 20, 16, 14 e 6.

A observação dessa dimensão — centralização — permite, então, que se reitere que os gestores são favoráveis à participação da sociedade nos espaços decisórios e, ao mesmo tempo, a um modelo de gestão da Assistência Social não centralizado em uma única esfera.

De qualquer forma, ainda permanece a questão de que o apoio a esse modelo, mesmo considerado sob uma perspectiva oposta à centralização, é importante, mas não suficiente para garantir o sentido ético valorativo da Assistência Social, pautado no direito aos mínimos sociais.

Cabe retomar, neste ponto, o tema da *centralidade* do Executivo na condução dessa política que, conforme observações já registradas, não significa o mesmo que *centralismo* ou *centralização*. A recuperação desse tema é oportuna, haja vista que as duas questões a ele referidas (q. 3 e 9), apesar de também fazerem parte da dimensão *centralização*, não articularam, como outras já indicadas, o mesmo comportamento dos gestores.

Considera-se desnecessário repetir os comentários esboçados em torno desses itens (q.3 e q.9), já discutidos na análise precedente. O que se pretende, ao retomá-los, é ressaltar que a posição contrária dos gestores à *centralização*, claramente marcada na observação dessa dimensão, não diminui a preocupação quanto aos resultados obtidos diante das ques-

---

11. É o caso, principalmente, dos itens de nos 17, 20, 16, 11, 37, 14, 13 e 6.

tões relativas ao *Comando Único* (q.3) e ao caráter *principal do Estado* (q.9) na condução da Assistência Social, que não aglutinaram opiniões majoritariamente favoráveis.

A observação desses indicadores sob o prisma da *centralização* permite que se confirme a dedução de que os gestores — ao não diferenciarem os termos, *centralidade* e *centralização*, ou ao não reconhecerem a importância do primeiro para a política de Assistência Social, tal como fizeram diante do segundo — podem fortalecer a Cultura segundo a qual cabe à filantropia cuidar dos necessitados. Isso pode, como sugere Raichelis (1998a:276), colocar em risco "o projeto estratégico que animou os reformadores da Assistência Social", e desautorizar o direito à Assistência Social.

O caráter de *centralidade* do Estado em cada esfera de governo, reitera-se, é necessário, para que o processo de descentralização das decisões e do Comando dessa política seja ordenado, efetivo e contínuo[12]. Isso não significa, evidentemente, a defesa da idéia de *centralização*, despropositada em todas as esferas da vida pública e não apenas no campo da Assistência Social. Cabe lembrar que, contra essa idéia, insurgem-se até mesmo muitos "liberais" que, ao confundi-la com "estatização", apregoam a privatização da produção e da distribuição de bens e serviços sociais (Draibe, 1988).

É nesse sentido que se ratifica a posição de que a defesa do ideal de *não centralização* precisa vir acompanhada da defesa da noção de *centralidade*. Esse "aparente paradoxo" (Arretche, 1996) precisa ser desvendado.

A atitude dos gestores perante a questão da "Cidadania fortuita" foi verificada através do enunciado que sugere que a "sorte" favorece o atendimento das necessidades sociais.

---

12. Martins (1994:331-2) afirma que o poder de coordenação é fundamental para a consecução de políticas descentralizadoras. Esse poder pressupõe a revogação do princípio centralizador, segundo o qual a coordenação sempre cabe aos níveis superiores.

Arretche (1996, 1997) trata do mesmo tema, lembrando que, em processos de descentralização de gestão de programas públicos, o nível central de governo apresenta uma importância estratégica na direção e coordenação, seja da formulação e aprovação de reformas, seja em sua implementação. Descentralização e necessidade de fortalecimento do governo central constituem, para a autora, um paradoxo "aparente".

Draibe (1997:13) referenda essas posições, acrescentando que, do ponto de vista da eqüidade, é fundamental que os processos de descentralização não esvaziem, no "centro", suas funções redistributivas e sua capacidade corretora das desigualdades regionais e individuais.

Quadro VIII — Cidadania fortuita

Número Questionário	Itens	Percentuais		
		Muito acordo/ Acordo	Nem acordo/ Nem des.	Desacordo/ Muito des.
33	As pessoas que conseguem apoio em momentos de necessidades sociais podem se considerar pessoas com sorte.	21,0%	23,0%	54,0%

Fonte: Pesquisa Cultura Política e Assistência Social.
Elaboração: Heloisa Maria José de Oliveira. Florianópolis-SC, 2000.

A opinião dos gestores, diante dessa afirmação — já comentadas na análise da estrutura Clientelista, e aqui observadas sob a ótica do caráter *fortuito* que muitas vezes se vincula à Assistência Social —, confirma que suas orientações são heterogêneas diante de temas relacionados à *questão social*. Na medida em que uma parcela do grupo pesquisado se posiciona favoravelmente ao estímulo referido, e outra revela dificuldades em manifestar sua opinião a respeito, pode-se imaginar que os estigmas associados à pobreza, e que variam, muitas vezes, entre a "comiseração e o desprezo aos infortunados" (Castel, 1998), encontram-se presentes na Cultura Política dos gestores, ainda que significativo grupo se oponha a tais premissas.

Seria interessante avaliar esse resultado a partir do pensamento de Castel (1998) sobre a situação atual que afeta a condição salarial e que resulta no desemprego em massa e na instabilidade das situações de trabalho. Residiria, nessa constatação, a crença de que somente com "sorte" se podem suprir necessidades sociais? Ou, em que medida a "falência" dos sistemas de Proteção Social contribuiria para a formação das atitudes observadas?

De qualquer forma, cabe a ressalva de que a cultura que prerroga o caráter circunstancial e fortuito de atendimento aos necessitados dilui, por certo, a gramática dos direitos na qual se devem assentar a igualdade e a justiça social.

Longe de ser tomada como "fortuita", a cidadania precisa ser considerada em sua vinculação estrita com essa noção de direitos, de modo a se poder afirmar que "as pessoas que recebem apoio em momentos de necessidades, são sujeitos de direitos, a quem cabe Proteção Social".

A variável "Efeito das decisões da Assistência Social" pode ser observada através dos seguintes resultados:

Quadro IX — Efeito das decisões da Assistência Social

Número Questionário	Itens	Percentuais		
		Muito acordo/ Acordo	Nem acordo/ Nem des.	Desacordo/ Muito des.
18	O modelo descentralizado e participativo da A. S. favorece a democracia.	85,0%	7,0%	6,0%
30	As decisões dos Conselhos de A. S., quanto aos recursos para essa área, precisam ser consideradas.	82,0%	9,0%	9,0%
7	A missão da Assistência Social é apagar incêndio em situações de miséria extrema.	61,0%	13,0%	26,0%

Fonte: Pesquisa Cultura Política e Assistência Social.
Elaboração: Heloisa Maria José de Oliveira. Florianópolis-SC, 2000.

Os resultados expressos remetem a algumas ponderações já sinalizadas na análise da Cultura Política dos gestores. Essas ponderações referem que eles revelam ampla concordância com os requisitos democráticos que devem pautar a gestão da Assistência Social, mas não traduzem a mesma convicção em relação ao caráter substantivo dessa política. Esse hiato fica bastante evidente diante das questões relacionadas com a categoria ora observada, que permite uma reflexão sobre essas duas dimensões da Assistência Social: formal e substantiva. Os dois primeiros itens (q.18 e q.30), por exemplo, tratam mais diretamente do aspecto formal da Assistência Social, pois se referem ao modelo descentralizado e participativo e ao papel dos Conselhos; o último (q.7), por outro lado, trata do aspecto substantivo dessa política, pois indica que sua missão é prestar atendimento em situações de miséria extrema.

Cabe ressaltar que, em relação às afirmações que se referem ao formato descentralizado e participativo da política de Assistência Social, as atitudes dos gestores são extremamente favoráveis, o que traduz sua convicção quanto ao potencial dessa política, no sentido de ampliar canais democráticos de decisão. Confirma-se, assim, sua crença no caráter formal da política de Assistência Social.

Resultado bastante inverso se constata diante do item que trata do efeito da Assistência Social em face da miséria. O percentual de opiniões favoráveis ante essa questão revelam o quanto as orientações mudam de direção quando não se encontram em questão os mecanismos de distribuição de poder.

No caso da presente pesquisa, não se discute se a democracia produz ou não resultados justos, mas em que medida a Cultura Política dos gestores denota a existência de uma separação entre essas duas dimensões da democracia ou, no caso da Assistência Social, entre a forma de conduzi-la e os objetivos a que ela se destina. É nesse sentido que se entende serem as contribuições de Held (1997) e Vita (2000a) bastante úteis para a compreensão das atitudes dos gestores diante das afirmações relacionadas à dimensão sob análise.

A partir de Vita (2000a) pode-se, então, supor que a crença na possibilidade de enfrentar a miséria seria *exógena* ao debate público em que se inscreve a Assistência Social. *Endógena* a esse debate seria, então, a forma de encaminhar os seus procedimentos.

Sob essas condições de dissociação entre a dimensão político-institucional e a dimensão igualitária da Assistência Social, ou entre os efeitos democrático-participativos gerados por essa política e seu caráter substantivo, o modelo democrático da Assistência Social ficaria, como diria Held (1997), incompleto.

As afirmações que observam a variável "Definição do conteúdo da Assistência Social" discutem o protagonismo dos Conselhos na gestão da Assistência Social (q. 22 e q. 26) e o papel da Política Nacional, no sentido de orientar Estados e municípios (q. 4). Interessa perceber, sob a perspectiva dessa variável, se os gestores assimilaram o "novo modo de fazer política" (Viana, 1996). As afirmações que lhes foram apresentadas, e que traduzem o conteúdo referido, são:

Quadro X — Definição do conteúdo da Assistência Social

Número Questionário	Itens	Percentuais		
		Muito acordo/ Acordo	Nem acordo/ Nem des.	Desacordo/ Muito des.
22	Participando dos conselhos, a sociedade civil pode opinar sobre questões que envolvem decisão e partilha do poder governamental.	88,0%	6,0%	5,0%
26	Os conselhos são instrumentos privilegiados para implementar decisões mais eficazes na A. S.	76,0%	13,0%	10,0%
4	A política nacional de A.S. tem como função orientar Estados e Municípios na condução da A. S.	76,0%	9,0%	14,0%

Fonte: Pesquisa Cultura Política e Assistência Social.
Elaboração: Heloisa Maria José de Oliveira. Florianópolis-SC, 2000.

Os resultados observados diante das três afirmações sob análise, conforme já relatado na discussão da estrutura político-administrativa democrática, reiteram a adesão dos gestores ao modelo proposto, que inclui a sociedade organizada nos espaços decisórios da Assistência Social. Cabe registrar que o maior índice de concordância se deu em relação à questão que menciona o potencial dos Conselhos, no sentido de representar a sociedade civil (q. 22) no debate público.

As demais afirmações, ainda que em menor grau, também provocaram atitudes favoráveis dos gestores, confirmando sua crença no sentido de se constituírem como participantes ativos no processo de definição, implementação e avaliação da política de Assistência Social. Esse resultado, bastante positivo, revela uma Cultura Política marcadamente democrática, que denota a incorporação, pelos gestores, do novo modelo de Assistência Social previsto na LOAS; pelo menos, no que tange ao seu formato descentralizado e participativo.

Não caberia discutir até que ponto essa adesão é meramente simbólica, até porque se sabe que os discursos nem sempre se convertem em práticas. De qualquer modo, as atitudes favoráveis dos *fazedores* (Viana, 1996) da política de Assistência Social a esses valores democráticos sinalizam para a possibilidade de uma nova relação entre Estado e sociedade, na definição do conteúdo a ela pertinente e para a ampliação e consolidação de novos espaços de cidadania. Ainda que limitados, esses novos espaços vêm-se instalando e movimentando em cenários até bem pouco tempo impensados, o que pode ser considerado um grande avanço em relação às práticas autoritárias que marcaram a convivência entre Estado e sociedade, em período recente de nossa História.

A observação da dimensão "Filantropia" pode ser realizada através dos resultados articulados em torno do item que segue:

Quadro XI — Filantropia

Número Questionário	Itens	Percentuais		
		Muito acordo/ Acordo	Nem acordo/ Nem des.	Desacordo/ Muito des.
5	Em momentos de crise econômica a filantropia precisa ser ampliada.	50,0%	20,0%	30,0%

Fonte: Pesquisa Cultura Política e Assistência Social.
Elaboração: Heloisa Maria José de Oliveira. Florianópolis-SC, 2000.

Os níveis de heterogeneidade diante dessa questão revelam a presença de atitudes compatíveis com a noção de que a tarefa da filantropia é primordial, no sentido de atender, sob a ótica do dever moral, aqueles que são "vítimas" da crise econômica. Esse resultado traduz o quanto a força dos argumentos de caráter religioso parece marcar o comportamento do grupo pesquisado.

É assim que a retórica do dever moral para com os necessitados imprime seu traço clientelista em um discurso democrático que prega a inclusão da sociedade organizada nos espaços públicos, mas neles não inclui os sujeitos com direito à Assistência Social.

A valorização da filantropia, ao lado da caridade, mais do que revelar atitudes contraditórias dos gestores, pode embaçar a gramática da LOAS, que prega o direito aos mínimos sociais. Atitudes dessa natureza ocultam, muitas vezes, estratagemas típicos de instituições clientelistas, que servem de anteparo para o repasse de verbas públicas destinadas a atender interesses privados. É evidente que não se está sugerindo ser este o caso do grupo pesquisado. Faz-se apenas o alerta, de modo a confirmar a necessidade de se removerem do campo da Assistência Social, práticas autoritárias e fortalecedoras do caráter subsidiário do Estado no enfrentamento da questão social.

Estava certa Yazbek (1995), ao cunhar a expressão "refilantropização da questão social". De fato, como os resultados observados indicam, essa cultura resiste bravamente à noção do direito social.

O resultado observado diante da variável "Responsabilidade financeira da população" permite complementar as observações anteriores. Procurando verificar o posicionamento dos gestores acerca dessa temática, solicitou-se que eles manifestassem seus níveis de acordo ou desacordo diante da seguinte afirmação:

Quadro XII — Responsabilidade financeira da população

Número Questionário	Itens	Percentuais		
		Muito acordo/ Acordo	Nem acordo/ Nem des.	Desacordo/ Muito des.
1	A população precisa contribuir financeiramente com as entidades sociais, para que estas dêem conta de sua tarefa.	43,0%	22,0%	35,0%

Fonte: Pesquisa Cultura Política e Assistência Social.
Elaboração: Heloisa Maria José de Oliveira. Florianópolis-SC, 2000.

Os percentuais favoráveis a essa questão confirmam dedução segundo a qual as opiniões dos gestores se dividem, consideravelmente, diante de estímulos que não mencionam os procedimentos que devem pautar a gestão da política de Assistência Social. Acompanhando uma cultura privatista, que atribui à sociedade a responsabilidade financeira no atendimento às demandas sociais, os gestores concordam, ainda que não em sua totalidade, com a noção de que compete à população participar no custeio desse atendimento.

É certo que, sem o apoio da população, é pouco provável que as Entidades possam manter os serviços que prestam a seus usuários. Essa constatação, porém, traz em si um paradoxo, já indicado nas análises precedentes; ou seja, na medida em que os gestores reiteram o protagonismo fundamental da sociedade, no sentido de contribuir financeiramente com as Entidades Sociais, reforçam, ao mesmo tempo, a lógica privatista que as incumbe de assumir os custos da ausência de Proteção Social pública.

Esse contexto, somado à cultura do "dever moral" que motiva a sociedade benemerente a cuidar de seus pobres, por certo favorece a ideologia segundo a qual o "social" se resolve pelos mecanismos competitivos do mercado. Como afirma Schons (1999:173), a benemerência fora do mercado deve ocupar-se apenas "das desigualdades gritantes, pois os liberais acreditam no dever moral da assistência". Nesse sentido, comunga-se uma nova visão de igualdade, em que prevalece o *slogan "Vive la liberté, vive la fraternité,* mas chega de *egalité",* ou: Viva a liberdade, viva a fraternidade, mas chega de igualdade (1999:174).

A dimensão "Descentralização administrativa da Assistência Social", por outro lado, toca num aspecto que contraria as diretrizes previstas na LOAS, a qual recomenda a descentralização política *e* administrativa da Assistência Social, e não apenas esta última. Essa dimensão aglutinou três itens e eles sugerem o que segue:

Quadro XIII — Descentralização administrativa da Assistência Social

Número Questionário	Itens	Percentuais		
		Muito acordo/ Acordo	Nem acordo/ Nem des.	Desacordo/ Muito des.
36	Cada município deve cuidar dos seus pobres.	38,0%	20,0%	40,0%
19	Os empresários merecem isenções fiscais para contribuírem com a A. S.	50,0%	21,0%	29,0%
2	O segmento governamental precisa participar dos Conselhos de A. S., para não perder sua autonomia.	40,0%	24,0%	36,0%

Fonte: Pesquisa Cultura Política e Assistência Social.
Elaboração: Heloisa Maria José de Oliveira. Florianópolis-SC, 2000.

Cabe observar que essas três afirmações, de conteúdos aparentemente distintos, traduzem uma mesma orientação; ou seja, de um lado, encontra-se implícita a noção de que a responsabilidade para com a pobreza cabe às redes locais de atendimento (q. 36) e aos empresários (q. 19), os quais devem contribuir em seu custeio, o que significa *menos Estado*, e, de outro, está presente a concepção de que o poder decisório não pode escapar ao controle do governo, o que supõe *mais Estado* (q. 2). Enfim, descentralizam-se funções, mas não se descentraliza poder.

As atitudes dos gestores diante dessas afirmações não foram consensuais mas, ao mesmo tempo, tal como os conteúdos nelas implícitos, aglutinaram um resultado comum, ou seja, os níveis de acordo, opiniões não direcionadas e desacordo mantiveram-se praticamente idênticos nos três casos, variando entre 38% a 50% nos casos de acordo, 20% a 24%, no caso das opiniões não direcionadas e 29% a 40%, nos casos de desacordo.

Esses resultados, já observados sob a lente de variáveis relacionadas com a estrutura político-administrativa tecnocrática, vistos aqui, em conjunto, e na perspectiva de uma mesma dimensão-descentralização administrativa, permitem que se estabeleçam algumas ponderações complementares às já registradas.

Chama atenção, nesse sentido, o grau de homogeneidade das posições favoráveis à Cultura privatista de valorização das iniciativas da sociedade, em detrimento, ainda que involuntário, do protagonismo do Estado nesse processo.

Analisando-se a primeira afirmação, por exemplo, encontram-se traços de um comportamento muito semelhante (e já indicado anteriormente) àquele que Castel (1998) identifica como existente no século VI do mundo europeu. Data dessa época, ele esclarece, a *matrícula*, lista nominal dos pobres que deveriam ser mantidos pela Igreja[13] local. A relação de proximidade entre os que assistem e os que são assistidos se estabelece, a partir de então — ao lado do critério relativo à capacidade ou incapacidade para o trabalho —, como um dos requisitos principais para o atendimento dos "pedintes". Esse atendimento, que passa a se organizar cada vez mais em base local, é questionado mais tarde pelos liberais, que necessitavam de mão-de-obra circulante e livre[14].

---

13. Castel (1998:82-3) explica que não se pode atribuir apenas à caridade cristã tudo o que se faz de "caridoso". Formas mais generosas de compaixão manifestaram-se tanto no seio do povo crente quanto entre alguns dignitários da Igreja.

14. Essa questão é abordada em Oliveira (1996) e em Schons (1999).

De qualquer forma, é a lógica originária da mesma tradição — a liberal — que, atualmente, defende que "cada um deve cuidar dos seus pobres". Esse *cada um*, no caso, é a própria sociedade, a quem resta a tarefa de suprir a ausência do Estado.

Questão tão polêmica quanto a primeira é a que propõe incentivos fiscais aos empresários, para que contribuam com a Assistência Social. Sob a alcunha de *filantropia empresarial*, crescem iniciativas dessa natureza, muitas vezes sem a clareza de sua verdadeira motivação[15].

O que se pretende deixar claro, quanto aos temas sob análise, é o fortalecimento da cultura privatista e desresponsabilizadora do Estado perante a questão social, tal como os níveis de concordância dos gestores diante de tais questões puderam traduzir.

Menos Estado para a sociedade e *mais Estado* para o próprio governo é a tendência que as afirmações observadas parecem indicar. Descentralizar, nesse sentido, significaria, então, *desconcentrar* a gestão da pobreza, mas não a gestão do poder?

Por fim, a categoria "Republicanismo na Assistência Social" permite novas observações. As questões que procuraram avaliar as atitudes dos gestores, diante do caráter público da Assistência Social, tratam da divisão de poderes entre as diferentes esferas de governo, do controle social, e da gratuidade como princípio básico dos serviços prestados pelas Entidades Sociais, conforme a seguir.

Quanto aos temas relacionados ao controle social e à necessária divisão de poderes implícita no princípio republicano, os gestores se manifestaram de forma bastante favorável, indicando sua adesão a esses valores, considerados indispensáveis à consolidação de uma sociedade democrática. Vale frisar que as afirmações ora observadas, e que referem esses conteúdos, articularam os maiores índices de apoio dos gestores, dentre as 38 questões que lhes foram apresentadas. É o caso da questão número 15, por exemplo, em que o percentual, de acordo com a afirmação, chegou a 99%, e da questão número 12, que resultou em 93%, traduzindo um comportamento nitidamente republicano, quando se avaliam questões que, como refere Vita (2000), são *endógenas* ao processo político.

Retoma-se aqui essa ponderação, porque resultados tão expressivamente favoráveis ao tema em análise não foram observados perante

---

15. Não se pode tratar aqui dessa questão, cujo caráter exige uma leitura cuidadosa dos limites que cercam o privado e o público. Para início de conversa, sugere-se Elizabeth de Melo Rico (1998).

Quadro XIV — Republicanismo na Assistência Social

Número Questionário	Itens	Percentuais		
		Muito acordo/ Acordo	Nem acordo/ Nem des.	Desacordo/ Muito des.
15	As ações da A. S. devem se dar de forma articulada e complementar entre União, Estados e Municípios.	99,0%	1,0%	0,0%
25	A gratuidade é princípio básico de uma entidade de A. S.	58,0%	13,0%	29,0%
12	Nos conselhos, a sociedade organizada tem como tarefa, controlar e fiscalizar as ações de A. S.	93,0%	1,0%	6,0%

Fonte: Pesquisa Cultura Política e Assistência Social.
Elaboração: Heloisa Maria José de Oliveira. Florianópolis-SC, 2000.

uma questão que Vita chamaria de *exógena* ao debate público, como o é, infelizmente, a *gratuidade* (q. 25). Princípio inscrito na LOAS, dado o caráter não contributivo da Assistência Social, conforme expressa essa lei, a gratuidade parece se constituir em polêmica de difícil equação. É nesse sentido que a gratuidade se afirma como um indicador que permite aquilatar o impacto exercido pela retórica da privatização sobre a cultura do interesse público.

A questão social, nessa perspectiva, define-se como sendo de responsabilidade da própria sociedade, a qual deve buscar no *próximo* (Castel, 1998) o alívio para os dilemas que lhe são impostos, muitas vezes, na esfera do que é público, como exemplificam as taxas de desemprego e a precarização das relações de trabalho a que ela é constantemente submetida.

Verifica-se, dessa forma, no comportamento dos gestores, a convivência de valores republicanos com a ideologia privatista, que fragiliza o ideal público da política de Assistência Social e o reporta para um mundo distante daquele sonhado pelos republicanos Joaquim Gonçalves Ledo e Januário da Cunha Barbosa, que, em 1822, afirmavam: "a publicidade [...] é a alma das constituições" (conforme Leite, 2000:84).

Enfim, como se pode inferir do conjunto dessa análise, os níveis de concordância dos gestores são mais expressivos diante de elementos favorecedores do caráter instrumental da democracia ou, no caso da Assistência Social, do seu formato descentralizado e participativo.

O mesmo não se pode concluir no tocante ao caráter normativo dessa política, em relação ao qual as orientações dos gestores se aproximam das culturas tecnocrática e clientelista, que estimulam práticas pautadas no atendimento focalista e emergencial aos necessitados.

Chega-se, desse modo, sob a lente de variáveis diferenciadas, às mesmas deduções estabelecidas na discussão anterior, as quais puderam indicar que a Cultura Política dos gestores, diante da Assistência Social, move-se entre o apoio a valores democráticos e a adesão a valores tecnocráticos e clientelistas, ou entre a lógica que defende a participação da sociedade organizada no debate público e a lógica que referenda o atendimento às demandas sociais sob a ótica do dever moral.

Revelam-se, assim, os paradoxos de uma política pública que foi transformada e democratizada desde a promulgação da LOAS, em 1993, mas que mantem, ainda, a "concepção da Assistência Social à moda antiga, privilegiando seu caráter adjutório" (Sposati, 1998:10).

Como elucida a autora: "Este caráter adjutório do assistencial, forma compensatória e parcial de alívio da pobreza, impregna as ações de Assistência Social e suas conformações em aparatos, recursos financeiros, humanos e materiais" (p. 10).

Almeja-se, com as conclusões que seguem, ponderar em que medida as orientações dos gestores da Assistência Social em Santa Catarina, sinalizam na perspectiva de reiterar ou, em contrapartida, de superar tal Cultura Política.

[...]
Não sou eu quem descrevo. Eu sou a tela
E oculta mão colora alguém em mim.
Pus a alma no nexo de perdê-la
E o meu princípio floresceu em Fim.
[...]

Fernando Pessoa

Conclusão

Para que se possam elaborar as conclusões deste trabalho, é necessário fazer uma retrospectiva do caminho percorrido, com o objetivo de decifrar alguns enigmas que inviabilizam a efetivação da política pública de Assistência Social e apontar, ao mesmo tempo, os questionamentos e desafios identificados no percurso de sua realização.

A história da Assistência Social não começa em 1988, mas foi nesse ano, com a promulgação da "Constituição Cidadã", que ela conquistou o estatuto que ainda hoje almeja consolidar. Seriam suas fragilidades efeito desse mesmo momento? Afinal, o período em que se discutiu e elaborou sua Lei Orgânica (LOAS) coincidiu com o da "transição" do regime autoritário para o regime democrático no Brasil.

Esse cenário, propício ao florescimento dos ideais universalistas de Proteção Social, Seguridade Social e Assistência Social, não escondia, contudo, a presença de uma Cultura Política que resistia solenemente a essas mudanças e colocava limites à construção de um novo patamar de cidadania para a população brasileira.

A Assistência Social, tradicionalmente perpassada por valores elitistas e clientelistas, amalgamou os novos valores democráticos instaurados na Constituição de 1988 e, mais tarde, na LOAS, mas não logrou desvencilhar-se de seu traçado reducionista, compensatório e reiterador das desigualdades.

Distintos e contraditórios valores passaram, portanto, a se entrelaçar, imprimindo traçados difusos ao novo desenho proposto para a Assistência Social. Que Cultura Política poderia prevalecer em tais circunstâncias?

Tentando desvelar tais valores e atitudes, identificaram-se três tendências que, historicamente produzidas, orientam a Cultura Política que matiza a Assistência Social como direito de cidadania: a democracia, a tecnocracia e o clientelismo. O que poderia resultar de um "mix" tão difuso, de limites tão tênues, se não uma cultura *híbrida*, mesclada por tons "verde-amarelos"?

Antes de revelar os efeitos dessas culturas na política de Assistência Social, é preciso relembrá-las, a começar pela *democracia*, em suas versões elitista, participativa e delegativa.

Para a primeira — democracia elitista —, basta que se garanta a liberdade de escolha de lideranças qualificadas e competentes, pois não lhe compete prover a plena cidadania. Democracia, nessa perspectiva, significa apenas forma de governo, tese reforçada pelos "minimalistas", que preferem ver o Estado distante dos cuidados com as injustiças sociais, tão desconsideradas nessa visão mercantil e privatista.

A democracia participativa, por seu turno, dá especial ênfase à forma coletiva de tomar decisões, e nesse aspecto é publicista, geradora de consensos e de igualdade, ainda que essa igualdade se limite à distribuição de poder.

Na democracia "delegativa", em sua interface com o clientelismo, proliferam, em contrapatida, o individualismo, o "decretismo" e as relações de poder que se institucionalizam, dispensando os mecanismos favorecedores de *accountability*.

A *tecnocracia*, por outro lado, associou-se historicamente ao autoritarismo e, mais recentemente, ao neoliberalismo, atualizando sua retórica de eficiência e eficácia, principalmente em momentos de emergência e crise, em que trata de adotar, com maestria, suas estratégias "racionalizadoras" e cientificistas.

Cabe revelar, ainda, os traços peculiares do *clientelismo*, cuja mediação fundamental, o favor, semeia vínculos entre protetores e protegidos, excluindo dessa relação os já historicamente excluídos e acentuando uma lógica perversa que "desconstrói" a cidadania. Essa é "fortuita", e para acessá-la, joga-se... como nas loterias.

Em conseqüência da "mixagem" dessas culturas, seria a própria LOAS *híbrida*? Talvez, mas, ainda assim, o seu *design* é muito claro e o que defende é a democracia na sua visão mais ampla, formal e substantiva, asseguradora da equidade e da cidadania. Democracia na gestão da política de Assistência Social, na efetivação de suas diretrizes e pressupostos, no atendimento de seus destinatários. Democracia também no financiamento dos recursos necessários e no conceito por ela fixado, que prevê direitos aos mínimos sociais.

A realidade, contudo, é diversa, pois a tecnocracia mina suas certezas, corrói seus benefícios, inviabiliza serviços em nome do "Privatize-se!". O clientelismo, não menos amargo, constrói favores, dilui direitos, tece redes de protecionismo e literalmente "rasga" sua retórica publicista.

A Assistência Social, em meio a tantos e tão diversos valores, resiste, mas incorpora, por certo, essa Cultura Política que, se de um lado a fortalece, com um *design* participativo, de outro a fragiliza, na medida em que lhe impõe traçados tecnocratas e clientelistas.

Para melhor compreender esses dilemas é oportuno recuperar as contribuições de Cheibub e Lima (1996) sobre a democracia. Como eles informam, a democracia é associada à dinâmica jurídico-institucional, pois esse é o formato mais valorizado na Cultura Política brasileira. A primeira etapa de transição para a democracia no Brasil, anunciam esses autores, já foi cumprida, e o reconhecimento das instituições poliárquicas, de que nos falaram Dahl (apud Heid, 1987) e O'Donnell (1998b), é consensual. Cabe perguntar, todavia, qual a conexão desses valores com a dimensão normativa da democracia e como se posicionam os brasileiros quanto ao "distributivismo" que se refere às políticas destinadas a minorar desigualdades.

Conforme os autores citados indicam, e nesse aspecto são acompanhados por Castro (1998), há um descompasso entre atitudes políticas ligadas à democracia, como forma e como conteúdo. A adesão às instituições políticas representativas, conforme ponderam Cheibub e Lima (1996), restringe-se à esfera institucional da sociedade e aos valores político liberais, não se estendendo às relações sociais, em especial no tocante à dimensão da igualdade. Ou seja, não há, na Cultura Política dos brasileiros diante da democracia, uma associação entre suas dimensões político-institucionais e igualitárias.

Na visão das elites estudadas pelos autores citados, e disso se falou neste trabalho, pobreza significa insegurança e criminalidade. Com isso, conforme eles concluem, mesmo aqueles que atribuem alto valor às instituições poliárquicas não partilham de uma visão mais democrática das relações sociais. Predominariam, nesse sentido, o elitismo e a visão hierárquica da vida social. Se o aprofundamento da democracia — como sugerem os autores citados, e dessa visão se comunga — resulta do efeito combinado de instituições e valores, o ritmo de transformações dessas duas dimensões não é coincidente, pois a modernização das instituições políticas convive, no Brasil, com dimensões não-democráticas da Cultura Política.

Conforme complementam Cheibub e Lima (1996:101), "o consenso processual com relação às instituições poliárquicas não gera necessariamente o ideal normativo de igualdade, ainda que sem o primeiro é pouco provável que se obtenha o segundo".

Reside, nisso, o paradoxo sugerido por Castro (1998), pois o apoio à instituição de procedimentos democráticos formais, como meio de garantir a democracia, não significa a solução dos problemas sociais. Aceita-se, assim, um sistema que não os resolve.

Paradoxos à parte, parece possível associar esse debate sobre a democracia à política de Assistência Social. Seu marco mais expressivo, a LOAS, é democrática, ainda que um pouco *híbrida*, e defende as duas dimensões implícitas na democracia quanto à forma e conteúdo, ou à dimensão instrumental e à dimensão normativa. Forma e procedimentos significariam a defesa do jogo participativo; conteúdo, a defesa dos mínimos sociais.

Se é a LOAS que se defende, foi a partir dela que se perguntou qual seria a Cultura Política da Assistência Social. É a LOAS, portanto, a referência que se adota para revelar as orientações dos gestores diante da Assistência Social.

Sujeitos dessa história, esses gestores emprestaram seus discursos, que ora são resgatados, para desvelar os paradoxos de uma política já batizada de "relutante"[1].

Cabe lembrar os caminhos trilhados, no intuito de captá-los, para o que se recorreu à experiência compartilhada com esses sujeitos nos Fóruns de discussão da Assistência Social, à literatura produzida sobre o tema e ao parecer dos especialistas em Políticas Públicas.

O desenho de pesquisa escolhido, pouco usual no campo da Assistência Social, permitiu que se vislumbrassem as atitudes dos gestores a partir de critérios compatíveis com a seriedade que o objeto de investigação exigia. Pôde-se constatar, por meio desse desenho, de caráter quali-quantitativo, que a "transição" de um modelo "centralizado", para um modelo "descentralizado e participativo" da Assistência Social, foi reali-

---

1. Conforme Pereira (1996).

zada e o novo formato da Assistência Social "consolidado" na Cultura Política dos gestores, numa perspectiva democrática. O mesmo não se pode dizer, conforme os dados indicam, quanto à adesão aos seus valores substantivos.

Um olhar para esses dados revela os desafios inerentes à consolidação da Assistência Social e permite afirmar que a Cultura Política dos gestores é predominantemente democrática, mas reveladora de algumas contradições que indicam a presença de orientações tecnocráticas e clientelistas. Observados a partir da LOAS, bem como das variáveis e indicadores considerados no processo investigativo, os resultados demonstram os pontos em que isso ocorre e evidenciam, assim, os conteúdos da Assistência Social que foram incorporados por esses sujeitos em uma perspectiva democrática e aqueles que revelam outras culturas.

Começando pelo *conceito* da Assistência Social, percebe-se que o que impera na cultura observada não é a democracia em sua dimensão substantiva, pois a defesa do caráter não contributivo de tal política — implícito na noção de direito social e de cidadania, bem como de seu papel estratégico em termos de Proteção Social — não foi revelada de modo homogêneo, indicando a presença de atitudes ora tecnocráticas, ora clientelistas. Se o entendimento dos gestores é de que a Assistência Social não altera a pobreza, só a atenua, como defender seu caráter preventivo, afiançador dos mínimos sociais? Se, da mesma forma, ela não é reiterada como gratuita, resta a cultura que valoriza a compensação e o favor no atendimento às mazelas sociais.

A inconsistência das opiniões dos gestores, diante da questão referida, que é estratégica para a sustentação da política de Assistência Social, pode traduzir algumas dificuldades em se absorver a lógica do direito, conforme inserida no artigo primeiro da LOAS, que trata do conceito da Assistência Social e acentuar, ao mesmo tempo, a contradição entre a noção de direito universal e acesso focalizado aos benefícios e serviços previstos nessa lei.

As orientações quanto aos *pressupostos* e aos *destinatários* da Assistência Social traduziram, da mesma forma, tendências favoráveis ao assistencialismo e ao caráter fortuito da cidadania, o que fortalece a noção de que a missão da Assistência Social não é atender sujeitos com direito à Proteção Social, mas grupos vulneráveis em situações emergenciais e de carência. Não prevalecem, desse modo, atitudes favoráveis ao entendimento de que os destinatários dessa política estão inseridos em um contexto histórico e social, permeado por desigualdades que exigem atendimento.

Tais orientações se mantêm, quando se discute quem paga a Assistência Social, pois dessa tarefa "todos podem participar", seja com doações ou diferentes formas de contribuição social, o que fragiliza a noção de que é necessário um *orçamento público* que garanta o atendimento dos mínimos sociais. O que menos se defende, nessa perspectiva, é democracia, pois predominam, no que tange ao custeio da Assistência Social, atitudes clientelistas e também orientações compatíveis com a tecnocracia, fortalecedoras da noção de que, dos pobres, todos podem e devem cuidar, preferencialmente a sociedade caridosa e benemerente.

As orientações mudam, quando se discute a forma de gerir a Assistência Social, porque se trata, nesse caso, de procedimentos, e, para os gestores, é fundamental tomar parte no processo decisório dessa política, o que reitera sua adesão ao modelo descentralizado e participativo que a LOAS prerroga.

Ainda assim, alguns dilemas permanecem e, quando se fala dos níveis de *gestão* e da *responsabilidade* pela condução da política de Assistência Social, as opiniões se dividem, porque nem todos percebem que discordar do caráter *centralizador* do Estado não é a mesma coisa que falar da sua *centralidade* nesse processo. Essa *centralidade* é condição primeira quando se pensa em Comando Único da Assistência Social, na perspectiva de direitos. É justamente a *centralidade*, a condição necessária para que se minimize a fragmentação institucional, um dos fatores da ineficácia da política de Assistência Social brasileira e para que se viabilizem esforços de coordenação nacional, o que permitiria a orientação dessa política e suas reformulações, a partir de uma agenda ampliada.

A pouca clareza que se tem sobre o valor desse princípio pode impedir que a Assistência Social deixe de ser considerada, eternamente, *transitória*. De qualquer modo, se relembrada sua história, já é um grande ganho para a Assistência Social a incorporação dessa nova forma de conduzi-la, conforme se pôde constatar na cultura observada.

Vale lembrar, neste ponto, a contribuição de Dagnino et alii (1998:13), que afirmam que, por mais que esse discurso democrático seja retórico, tal sensibilidade "pode ser o primeiro passo para a difusão e o enraizamento de novas práticas culturais".

Nessa perspectiva, cabe pontuar que os gestores acreditam no potencial dos Conselhos de Direitos, o que é extremamente positivo, se considerada a história da Assistência Social, cujo "caldo cultural" pouco lhe permite extrapolar os espaços do mundo privado. A prática dos Conselhos é, de fato, inovadora e, a par de alguns limites que possa traduzir, sua assimilação representa, por certo, um alento em meio a tantos dissabores que a Assistência Social ainda enfrenta.

Divisão de poderes é argumento aceito pelos gestores, ainda que não se abra mão, totalmente, da "autonomia" do Poder Executivo, no sentido de administrar os recursos destinados à Assistência Social. É assim que a tecnocracia e o clientelismo se infiltram na Cultura Política analisada, "nublando" o ideal da democracia que, em excesso, "pode gerar direitos incontroláveis". Nesse aspecto, indicam os resultados, não se dispensam contatos políticos, considerados "necessários" para se obterem tais recursos.

Em se tratando dessa "rubrica", a questão se torna mais complexa pois, em seu nome, justifica-se, muitas vezes, uma forma de relação que fragiliza o "vigor democrático" da Assistência Social. Nesse contexto, vale quem é mais "competente", atributo que não se estende, por certo, à sociedade civil representada nos Conselhos.

Parece claro, ao analisar as atitudes observadas, que o que não se aceita é a exclusividade de quem quer que seja na condução da Assistência Social. Admite-se que dela "todos podem cuidar", seja a filantropia, seja a sociedade solidária, ainda que estas se constituam em parceiras do Estado, o que confirma que seu caráter central, nesse processo, não é tão nítido como a LOAS intenta confirmar. Correm-se, dessa forma, certos riscos; dentre eles, o reforço à idéia de privatização do atendimento das demandas sociais e a penetração da ideologia neoliberal propícia à defesa da des-responsabilização do Estado quanto a esse atendimento.

Cabem ainda, à guisa de síntese, algumas observações sobre a Cultura Política observada, lembrando que há consenso quanto à forma de gestão descentralizada e participativa da Assistência Social, do mesmo modo que se defende uma gestão compartilhada entre Estado e sociedade. Da participação não se abre mão, o que é salutar e revelador das orientações democráticas dos gestores diante do novo formato da política de Assistência Social. Não se concorda com a idéia de *centralização* na condução dessa política, o que é igualmente pertinente, ainda que não se perceba a importância da *centralidade* para a política de Assistência Social, conforme previsto no artigo quinto da lei.

Se há consenso quanto ao caráter instrumental da democracia, o mesmo não se pode dizer em relação ao seu caráter normativo. Nesse aspecto, os resultados não são tão animadores para o fortalecimento da retórica publicista da LOAS e se percebem atitudes favoráveis à tecnocracia e ao clientelismo. Basta que se avaliem tais orientações diante de questões como *conceito, destinatários, pressupostos* e *financiamento* da Assistência Social. Isso porque, se é evidente a convicção dos gestores quanto ao formato democrático da Assistência Social, o mesmo não se pode dizer em relação ao seu conteúdo ou aos seus fins, em relação aos quais as atitudes dos gestores são mais compatíveis com as estruturas tecnocrática e clientelista, favorecedoras do atendimento pontual e descontínuo das demandas sociais.

Quanto à tecnocracia, essas atitudes se revelam, por exemplo, diante de temas que tratam de *recursos* e *autonomia do poder Executivo*, ao passo que valores típicos do clientelismo aparecem diante de expressões como *miséria, pobreza, crise econômica* e *filantropia*.

Esse é um paradoxo complexo, que pode ser entendido melhor recorrendo-se aos ensinamentos dos teóricos elitistas. Weber (1996), por exemplo, entendia que, mais do que os fins últimos, o que importa são os fins dados. Schumpeter (1984) também dizia que o ideal substantivo do bem comum é tarefa de pouco êxito.

Pode-se presumir, então, que na Cultura Política dos gestores há orientações elitistas, em meio a orientações de cunho participativo, o que pode favorecer a incorporação de atitudes que priorizam a dimensão técnica e não a dimensão política na condução da Assistência Social (Diniz, 1978). Ao mesmo tempo, pode-se deduzir que tais orientações facilitam o "ingresso" da lógica da privatização e da focalização a que se referia Draibe (1988) nessa Cultura Política. Cabe perguntar, por outro lado, em que medida essas atitudes traduzem a influência do neoliberalismo e da lógica do mercado na Cultura Política dos gestores da Assistência Social, ou podem, paradoxalmente, como já indicado, favorecer seu ingresso nessa cultura.

O clientelismo também pôde transparecer nas orientações diante da Assistência Social, pois é típico dessa cultura entender que essa política é compensatória e, como tal, responsabiliza-se apenas pelas situações de miserabilidade e de perdas já instaladas, não sendo capaz de prevenir possíveis e futuras eventualidades no campo das necessidades sociais.

Se esse é o resultado a que se pôde chegar, é possível então afirmar que a Cultura Política dos gestores revela consenso quanto aos meios democráticos, e dissenso quanto aos fins da Assistência Social, estes mais próximos da tecnocracia e do clientelismo. Haveria, então, um hiato entre a compreensão da Assistência Social entendida em seu formato participativo e a idéia de sua finalidade precípua, que é a garantia da igualdade e dos direitos sociais.

As orientações dos gestores diante dessa política, cabe reiterar, revelam uma dicotomia entre a noção de Assistência Social como política pública e o caráter privado do atendimento às demandas sociais, o que confirma a presença de uma herança histórica favorecedora de práticas autoritárias, sejam elas tecnocráticas ou clientelistas.

A cultura dos gestores seria então *híbrida*, reveladora de subculturas políticas, no que tange à Assistência Social, resultado da "mixagem" ou "amálgama" das diferentes formas de poder na formação de sua Cultura Política.

Examinando-se a LOAS, podem-se identificar numerosos ganhos e avanços conquistados a partir de sua aprovação, mas também incontáveis dilemas. Seria a LOAS o próprio limite? Ou são os gestores que não correspondem ao seu projeto? Até que ponto a defesa hegemônica de procedimentos democráticos se estende à gramática substantiva da LOAS? Mais do que respostas, ficam indagações.

É conveniente, por outro lado, relembrar que a LOAS é fruto de um momento em que se acreditava no modelo universalista de Proteção Social. Submetida aos impactos do mundo cada vez mais globalizado, ela encontrou nos espaços da "democracia delegativa" solo fértil para sua "baixa efetividade".

Restaria perguntar, ainda, em que medida tal legislação, pensada a partir da lógica dos movimentos sociais, foi incorporada pelas burocracias. Ainda que não se discuta a LOAS propriamente dita, mas até que ponto a Cultura Política dos gestores é compatível com seu projeto democrático, vale lembrar que essa cultura sofre, por certo, os efeitos do grau de compromisso que as burocracias estabelecem com essa legislação. Da mesma forma, ela traduz os impactos que o atual contexto social, político e econômico exerce sobre a formação dos valores relacionados aos sistemas de Proteção Social, de modo particular, naqueles que se referem à Assistência Social. Isso porque, a Cultura Política expressa múltiplas dimensões da realidade, não podendo ser explicada ou compreendida sob uma perspectiva exclusiva ou descolada desse contexto no qual se insere e enraíza.

É necessário, também, avaliar em que medida a Cultura Política diante da Assistência Social reflete o *hibridismo* da Cultura Política dos brasileiros diante da democracia. Não faltam estudos para sugerir uma conclusão a respeito. Alguns deles podem ser relembrados, com o objetivo de acentuar a existência de um padrão que combina comportamentos políticos tradicionais, como o elitismo e o populismo, com atitudes democráticas (Moisés, 1995; Echegaray, 1996; Cheibub e Lima, 1996; Castro, 1998).

Como referem Cheibub e Lima (1996), há consenso entre as elites brasileiras quanto à dimensão institucional da democracia, entendida como regra do jogo político ou método de escolha política. Tal consenso, no entanto, não se estende às relações sociais pautadas na igualdade.

O mesmo paradoxo é apontado por Castro (1998), quando lembra a presença, na Cultura Política latino-americana, de uma forte adesão aos procedimentos democráticos e uma fraca adesão aos valores democráticos, o que tem sido caracterizado pela literatura como uma *dupla racionalidade*. Decorre daí sua afirmação de que atitudes políticas aparentemente incoerentes manifestam, na verdade, uma visão fragmentada da realidade.

Caberia, então, retomar o paralelo estabelecido a partir de Vita (2000a), no sentido de que o modelo descentralizado e participativo da Assistência Social seria *endógeno* ao debate público, mas a crença nas finalidades e princípios igualitários dessa política seria *exógena* a esse mesmo debate, confirmando a dissociação entre os meios e os fins da Assistência Social na Cultura Política dos gestores estaduais.

Pode-se, por fim, sintetizar as respostas às questões iniciais de pesquisa e reafirmar que a Cultura Política dos gestores diante da Assistência Social é *híbrida*, revelando, nesse aspecto, distintas subculturas políticas que ora favorecem a democracia, ora tendem para a tecnocracia e para o clientelismo.

Desse modo, se em alguns aspectos ela fortalece a gramática da Assistência Social, conforme inscrita na LOAS, em outros a fragiliza. No primeiro caso, isso fica evidente quanto ao formato dessa política, descentralizado e participativo, e, no segundo, quanto ao seu conteúdo, entendido na perspectiva do caráter compensatório de atendimento às desigualdades sociais. Não se percebe, dessa forma, a defesa da idéia de Proteção Social implícita no sistema de Seguridade Social no qual a Assistência Social se insere. Nesse sentido, estimulam-se, paradoxalmente, práticas pontuais e focalistas de atendimento às demandas sociais, o que pode ser considerado contraditório em relação à defesa do modelo descentralizado e participativo que se postula.

Uma Cultura Política democrática convive, assim, com orientações tecnocráticas e clientelistas, indicando os numerosos desafios que essa "relutante" política ainda precisa enfrentar. A "transição" não deixaria, assim, lugar para a "consolidação" da Assistência Social, pois a passagem de uma para outra implicaria a superação de uma Cultura Política historicamente marcada por "mesclas e impurezas" (Faoro:1993).

Isso permite que se considere pertinente a hipótese de pesquisa, segundo a qual a Cultura Política dos gestores não é monolítica, pois tendências distintas e contraditórias quanto à Assistência Social transitam no processo de sua condução, o que pode ser tomado como relevante para o entendimento dos seus principais paradoxos e dilemas.

A par dessas conclusões, algumas inquietações permanecem. Quais gestores seriam mais democráticos: os da esfera Executiva de gestão da Assistência Social ou os da esfera Deliberativa? Os conselheiros do CEAS seriam mais democráticos do que os demais conselheiros, dada sua interface direta com a política estudada? Que elementos poderiam interferir nas variações ou na intensidade das orientações observadas? Função exercida (técnicos, diretores, gerentes), provimento (efetivos, comissionados), posição política, religião?

Mais do que responder a essas questões, no entanto, é preciso sugerir que entre *consensos* e *dissensos*, cabe aos gestores da Assistência Social, personagens não da política-representação, mas da política-execução, como sugere Nogueira (1997:17), "adquirir uma outra cultura técnica", ou, acrescente-se, política, que descarte "os restos do 'patrimonialismo' que privatizam a esfera pública, assim como a dinâmica formalista que nos atormenta o cotidiano — a dinâmica que torna os gestores dependentes da norma [...]".

Diferentemente dos gestores privados, o gestor público precisa, para Nogueira (1998:190), "atuar como difusor de estímulos favoráveis à democratização, à transparência governamental, à cidadania, à redefinição das relações entre governantes e governados, Estado e sociedade civil".

Se transitar no campo da Assistência Social significa conviver entre o passado e o presente, espera-se, ainda assim, que o futuro consolide uma Cultura Política compatível com os princípios e prerrogativas da Assistência Social em sua dimensão pública e cidadã conforme inscrito na LOAS. Esse é o maior desafio e, para enfrentá-lo, somente com democracia, em suas dimensões formal *e* substantiva.

Bibliografia

ABRANCHES, Sérgio H. *Os despossuídos*: crescimento e pobreza no país do milagre. 2. ed. Rio de Janeiro, Zahar, 1985.

_____. Política social e combate à pobreza: a teoria da prática. In: ABRANCHES, S. H. et alii. *Política social e combate à pobreza*. Rio de Janeiro, Zahar, 1987.

_____. O Leviatã Anêmico: Dilemas presentes e futuros da Política Social. In: *Planejamento e Políticas Públicas*, n. 1, jun. 1989, p. 7-31.

ABRUCIO, F. L.; SAMUELS, D. A Nova Política dos governadores. In: *Lua Nova* — Revista de Cultura e Política. São Paulo, n. 40-41, 1997, p. 137-66.

ALBUQUERQUE, J. A. Guilhon. Identidade, oposição e pragmatismo: uma teoria política do voto. In: *Lua Nova* — Revista de Cultura e Política. São Paulo, n. 26, 1992, p. 53-79.

ALMEIDA, Maria Hermínia Tavares de. Federalismo e Políticas Sociais. In: *RBCS* — Revista Brasileira de Ciências Sociais. São Paulo, n. 28, ano 10, jun. 1995.

ALONSO, Ângela. Resenha de: clientelismo e política no Brasil do século XIX de Richard Graham. In: *Novos Estudos*. São Paulo, Cebrap, n. 49, nov. 1997, p. 231-7.

ARANTES, Rogério Bastos. *Judiciário e Política no Brasil*. São Paulo, Idesp/Editora Sumaré/Fapesp/Educ, 1997.

ARANTES, Rogério Bastos e KERCHE, Fábio. Judiciário e democracia no Brasil. *Novos Estudos*/CEBRAP, n. 54, julho de 1999, p. 27-41.

ARRETCHE, Marta T. S. Emergência e Desenvolvimento do *Welfare State*: Teorias explicativas. In: *BIB*. Rio de Janeiro, n. 39, 1, sem. 1995, p. 3-40.

_____. Mitos da descentralização: mais democracia e eficiência nas políticas públicas? In: *RBCS* — Revista Brasileira de Ciências Sociais. São Paulo, n. 31, ano 11, jun. 1996.

ARRETCHE, Marta T. S. O Sistema de Proteção Social Brasileiro: em direção a um modelo descentralizado. In: *São Paulo em Perspectiva* — Revista da Fundação Seade. São Paulo, v. 11, n. 3, p. 20-31, jul./set. 1997.

AVELINO FILHO, George. Clientelismo e política no Brasil: revisitando velhos problemas. In: *Novos Estudos*. São Paulo, Cebrap, n. 38, p. 225-40, mar. 1994.

AVRITZER, Leonardo. Cultura Política, atores sociais e democratização: uma crítica às teorias da transição para a democracia. *Revista Brasileira de Ciências Sociais*. Associação Nacional de Pós-Graduação e Pesquisa em Ciências Sociais, n. 28, ano 10, p. 109-122, jun. 1995.

_____. *A moralidade da democracia*: ensaios em teoria habermasiana e teoria democrática. São Paulo/Belo Horizonte, Perspectiva/Ed. UFMG, 1996 (debates).

_____. Teoria democrática e a construção democrática: reflexões acerca da contradição entre o elitismo democrático e a democratização. *A sociedade democrática no final do século*. Antônio Augusto Cançado Trindade e Marcus Faro de Castro (orgs). Brasília: Paralelo 15, p. 87-126, 1997.

_____. Teoria democrática e deliberação pública. In: *Lua Nova* — Revista de Cultura e Política. São Paulo, Cedec, n. 50, p. 25-46, 2000.

BAPTISTA, Dulce Maria T. O debate sobre o uso de técnicas qualitativas e quantitativas de pesquisa. In: MARTINELLI, Maria Lúcia (org.). *Pesquisa qualitativa*: um desafio instigante. São Paulo, Veras, 1999. (Série Núcleo de Pesquisa, 1)

BAPTISTA, Myriam Veras et alii. A política do bem-estar social no Brasil no contexto do desenvolvimento, na década de 70. In: *Serviço Social e Sociedade*. São Paulo, Cortez, ano III, n. 7, p. 5-34, dez. 1981.

BAQUERO, M.; CASTRO, H. & GONZÁLEZ, R. S. (orgs.). *A construção da democracia na América Latina*: estabilidade democrática, processos eleitorais, cidadania e cultura política. Porto Alegre/Canoas, Ed. Universidade — UFRGS/Centro Educacional La Salle de Ensino Superior, 1998.

BARBALET, J. M. *A cidadania*. Lisboa, Estampa, 1989.

BATTINI, Odária (org.). *Assistência Social*: constitucionalização, representação, práticas. São Paulo, Veras, 1998. (Série Temas, 2)

BEHRING, Elaine Rossetti. *Política social no capitalismo tardio*. São Paulo, Cortez, 1998.

BENEVIDES, Maria Vitória de M. *A cidadania ativa*: referendo, plebiscito e iniciativa popular. São Paulo, Ática, 1991.

_____. Educação para a democracia. In: *Lua Nova* — Revista de Cultura e Política. São Paulo, Cedec, n. 38, p. 223-37, 1996.

BIGNOTTO, Newton (org.). *Pensar a república*. Belo Horizonte, Ed. UFMG, 2000.

BOBBIO, Norberto. *Qual socialismo?* Debate sobre uma alternativa. Trad. Iza de Salles Freaza. Rio de Janeiro, Paz e Terra, 1983.

BOBBIO, Norberto. *O futuro da democracia*: Uma defesa das regras do jogo. 2. ed. Trad. Marco Aurélio Nogueira. Rio de Janeiro, Paz e Terra, 1986b.

_____. *Estado, governo e sociedade*: Por uma teoria geral da política. Trad. Marco Aurélio Nogueira. Rio de Janeiro, Paz e Terra, 1987.

_____. *A era dos direitos*. Trad. Carlos Nelson Coutinho. Rio de Janeiro, Ed. Campus, 1992.

BOBBIO, N.; Matteucci, N. & Pasquino, G. *Dicionário de política*. 2. ed. Brasília, UnB, 1983.

BORON, Atílio A. *Estado, capitalismo e democracia na América Latina*. Rio de Janeiro, Paz e Terra, 1994.

BRASIL, Ministério da Previdência e Assistência Social — MPAS. Conselho Nacional de Assistência Social — CNAS. *Oficina de trabalho sobre entidades e organizações de Assistência Social*. Brasília, 1997.

BRESSER PEREIRA, Luiz Carlos. A reforma do Estado dos anos 90: Lógica e mecanismos de controle. In: *Lua Nova* — Revista de Cultura e Política. Rumo das Reformas. São Paulo, Cedec, n. 45, p. 49-95, 1998.

CANDIDO, Antonio (org.). *Sérgio Buarque de Holanda e o Brasil*. São Paulo, Fundação Perseu Abramo, 1998.

CARDOSO, Fernando Henrique. Notas sobre a reforma do Estado. In: *Novos Estudos*. São Paulo, Cebrap, n. 50, mar. 1998.

CARVALHO, Maria do Carmo B. et alii. O protagonismo do movimento social de luta pela criança. In: *Serviço Social e Sociedade*. São Paulo, Cortez, p. 39-46, abr. 1993.

CARVALHO, Maria do Carmo B. Controle Social na Assistência Social. In: I Conferência Nacional de Assistência Social. MPAS/CNAS. *Anais...* Brasília, 1995.

_____. Gestão social: Alguns apontamentos para o debate. In: MELO RICO, E. e RAICHELIS, R. (org.). *Gestão Social*: uma questão em debate. São Paulo, Educ/IEE, p. 19-29, 1999.

_____. A política de Assistência Social no Brasil: dilemas na conquista de sua legitimidade. In: *Serviço Social e Sociedade*. São Paulo, Cortez, ano XXI, n. 62, p. 144-55, mar. 2000.

CASTEL, Robert. *As metamorfoses da questão social*: uma crônica do salário. Trad. Iraci D. Polti. Petrópolis: Vozes, 1998.

CASTRO, Henrique Carlos de Oliveira de. Cultura Política, democracia e hegemonia. In: BAQUERO, M; CASTRO, H; GONZÁLEZ, R. S. (Orgs.). *A construção da democracia na América Latina*: estabilidade democrática, processos eleitorais, cidadania e cultura política. Porto Alegre/Canoas: Ed. Universidade/UFRGS/Centro Educacional La Salle de Ensino Superior, 1998.

CASTRO, Maria Helena G. & FARIA, Vilmar E. Política Social e consolidação democrática no Brasil. In: MOURA, Alexandrina S. (org.). *O Estado e as* políticas públicas na transição democrática. São Paulo/Recife, Vértice/Revista dos Tribunais/Fundação Joaquim Nabuco, p. 194-218, 1989.

CHAUI, Marilena. Cultura e democracia: o discurso competente e outras falas. 2. ed., 7. ed., São Paulo, Moderna, 1981 e 1987.

_____. Público, privado, despotismo. In: NOVAES, Adauto (org.). Ética. São Paulo, Companhia das Letras/Secretaria Municipal de Cultura, p. 345-90, 1992.

_____. Raízes teológicas do populismo no Brasil: teocracia dos dominantes, messianismo dos dominados. In: DAGNINO, Evelina (org.). Anos 90: Política e sociedade no Brasil. São Paulo, Brasiliense, 1994.

_____. Universidade em liquidação. Folha de S. Paulo. São Paulo, 11 jul. 1999, caderno Mais.

_____. Brasil: mito fundador e sociedade autoritária. São Paulo, Fundação Perseu Abramo, 2000.

CHEIBUB, José Antônio & PRZEWORSKI, Adam. Democracia, eleições e responsabilidade política. In: RBCS — Revista Brasileira de Ciências Sociais. São Paulo, n. 25, v. 12, p. 49-61, out. 1997.

CHEIBUB, J. A.; PRZEWORSKI, A.; ALVAREZ, M. & LIMONGI, F. O que mantém as democracias? In: Lua Nova — Revista de Cultura e Política, n. 40-41, p. 113-35, 1997.

CHEIBUB, Zairo B. & LIMA, M. Regina S. Instituições e valores: As dimensões da democracia na visão da elite brasileira. In: RBCS — Revista Brasileira de Ciências Sociais. São Paulo, n. 31, ano 11, p. 83-110, jun. 1996.

COHN, Gabriel. Virtude, Interesse, Desejo (sobre PENSAR A REPÚBLICA). In: Lua Nova — Revista de Cultura e Política. São Paulo, Cedec, n. 51, p. 162-8, 2000.

COIMBRA, M. A. Abordagens teóricas ao estudo das Políticas Sociais. In: Abranches, S. et alii. Política Social e combate à pobreza. Rio de Janeiro, Zahar, p. 65-104, 1987.

CORRÊA, Carlos Humberto et alii (org.). A realidade catarinense no século XX. Florianópolis, Instituto Histórico e Geográfico de Santa Catarina, 2000.

COUTINHO, Carlos Nelson. Representação de interesses, formulação de políticas e hegemonia. In: TEIXEIRA, Sônia Fleury (org.) Reforma sanitária: Em busca de uma teoria. São Paulo/Rio de Janeiro, Cortez/Abrasco, 1989.

_____. Contra a corrente: Ensaios sobre democracia e socialismo. São Paulo, Cortez, 2000.

COVRE, M. de Lourdes M. A. A fala dos homens: análise do pensamento tecnocrático — 1964-1981. São Paulo, Brasiliense, 1983.

DAGNINO, Evelina. (org.). Anos 90: política e sociedade no Brasil. São Paulo, Brasiliense, 1994.

DAGNINO, Evelina. et alii. Cultura democrática e cidadania. In: *Opinião Pública*. Campinas, Cesop/Unicamp, v. V, n. 1, p. 11-43, nov. 1998.

DaMATTA, Roberto. *Carnavais, Malandros e Heróis: para uma sociologia do dilema brasileiro*. Rio de Janeiro, Zahar Editores, 1979.

_____. Estado e sociedade: a casa e a rua. In: DEL PRIORE (org.). *Revisão do paraíso*: os brasileiros e o Estado em 500 anos de história. Rio de Janeiro, Campus, 2000.

DAHL, Robert A. *Who Governs?* Democracy and Power in na American City. New Haven/London, Yale University Press/Twenty-First Printing, 1974.

_____. *Análise política moderna*. 2. ed. Trad. Sérgio Bath. Brasília, UnB, 1988. (Coleção Pensamento Político, 26)

DEL PRIORE, Mary (org.). *Revisão do paraíso*: os brasileiros e o Estado em 500 anos de história. Rio de Janeiro, Campus, 2000.

DÍAZ, M. Magadán e García, J. Rivas. *La Europa Social*. Barcelona, J. M. Boschi, editor, 1999.

DINIZ, Eli. Burocracia, clientela e relações de poder: um modelo teórico. In: *Dados*. Rio de Janeiro, Iuperj, n. 17, p. 97-115, 1978.

_____. Governabilidade, democracia e reforma do Estado: Os desafios da construção de uma nova ordem no Brasil dos anos 90. In: *Dados* — Revista de Ciências Sociais, Rio de Janeiro, v. 38, n. 3, p. 385-415, 1995.

_____. Em busca de um novo paradigma: a reforma do Estado no Brasil dos anos 90. In: *São Paulo em Perspectiva*. São Paulo, Fundação Seade, v. 10, n. 4, p. 13-26, out./dez. 1996.

_____. Uma perspectiva analítica para a Reforma do Estado. In: *Lua Nova* — Revista de Cultura e Política. São Paulo, Cedec, n. 45, p. 29-48, 1998.

_____. Globalização, democracia e reforma do Estado: paradoxos e alternativas analíticas. In: MELO RICO, E. & RAICHELIS, R. (orgs.). *Gestão social*: Uma questão em debate. São Paulo, Educ/IEE, p. 91-103, 1999.

DINIZ, Eli; LOPES, José Sergio & PRANDI, Reginaldo (orgs.). *O Brasil no rastro da crise*. São Paulo, Anpocs/Hucitec/Ipea, 1994.

DOWNS, Anthony. *Uma teoria econômica da democracia*. Trad. Sandra Guardini T. Vasconcelos. São Paulo, Edusp, 1999.

DRAIBE, Sônia M. O *Welfare State* no Brasil: características e perspectivas. In: *Revista de Ciências Sociais*. São Paulo, Anpocs, 1988.

_____. Qualidade de vida e reformas de programas sociais: o Brasil no cenário latino-americano. In: *Lua Nova* — Revista de Cultura e Política. São Paulo, Cedec, n. 31, p. 5-46, 1993a.

_____. As políticas sociais e o neoliberalismo. Dossiê Liberalismo/Neoliberalismo. In: *Revista USP*, n. 17, p. 86-101, mar./abr./maio, 1993b.

DRAIBE, Sônia M. Uma nova institucionalidade das Políticas Sociais? Reflexões a propósito da experiência latino-americana recente de reformas e programas sociais. In: *São Paulo em Perspectiva*. Revista da Fundação Seade. São Paulo, v. 11, n. 4, p. 3-15, out./dez. 1997.

DRAIBE, Sônia M. & Henrique, Wilnês. *Welfare State*, crise e gestão da crise: um balanço da literatura internacional. In: *RBCS — Revista Brasileira de Ciências Sociais*. São Paulo, n. 6, v. 3, fev. 1988.

ECHEGARAY, Fabián. Atitudes da classe trabalhadora e democracia no Brasil. In: *Opinião Pública*. São Paulo, Cesop/Unicamp, v. IV, n. 1, p. 26-39, abr. 1996.

_____. A escolha eleitoral em tempos de mudança: explicando os resultados eleitorais na América Latina, 1982-1995. In: BAQUERO, M.; CASTRO, H. & GONZÁLEZ, R. S. (orgs.). *A construção da democracia na América Latina*: estabilidade democrática, processos eleitorais, cidadania e cultura política. Porto Alegre/Canoas, Ed. UFRGS/Centro Educacional La Salle de Ensino Superior, 1998.

ESPING-ANDERSEN, Gosta. As três economias políticas do *Welfare State*. In: *Lua Nova — Revista de Cultura e Política*. São Paulo, Cedec, n. 24, p. 85-116, set. 1991.

_____. O futuro do *Welfare State* na nova ordem mundial. In: *Lua Nova — Revista de Cultura e Política*. São Paulo, Cedec, n. 35, p. 73-111, 1995.

ESTADO DE SANTA CATARINA. Secretaria de Estado do Desenvolvimento Social e da Família. Plano Estadual de Assistência Social-Plurianual, 2000-2003.

FALEIROS, Vicente de Paula. *A política social do Estado capitalista*: as funções da Previdência e da Assistência Social. 2. ed., São Paulo, Cortez, 1982.

_____. *O trabalho da política*: saúde e segurança dos trabalhadores. São Paulo, Cortez, 1992.

_____. *Entidades de Assistência Social*. Relatório final de consultoria ao CNAS sobre regulamentação dos artigos 3° e 9° da LOAS. Brasília, maio 1997.

FAORO, Raymundo. A aventura liberal numa ordem patrimonialista. In: *Revista USP*, São Paulo, n. 17, p. 6-29, mar./abr./maio, 1993.

_____. *Os donos do poder*: formação do patronato político brasileiro. 11. ed., São Paulo, Globo, v. 1 e 2, 1997.

FARIA, Cláudia Feres. Democracia deliberativa: Habermas, Cohen e Bohman. In: *Lua Nova — Revista de Cultura e Política*. São Paulo, Cedec, n. 50, p. 47-68, 2000.

FARIA, José Eduardo. A eficácia do direito na consolidação democrática. In: *Lua Nova — Revista de Cultura e Política*, São Paulo, n. 30, 1993.

FERREIRA, Ivanete S. B. A relação Estado — mercado no processo de constituição da Assistência Social durante o governo Collor. *Serviço Social e Sociedade*. São Paulo, Cortez, ano XIV, n. 43, p. 45-70, dez. 1993.

_____. Assistência Social: os limites à efetivação do direito. In: *Katálysis*, n. 4, UFSC/CSE/DSS. Florianópolis, Edufsc, 2000.

FIGUEIREDO, Argelina Cheibub. Princípios de Justiça e Avaliação de Políticas. In: *Lua Nova* — Revista de Cultura e Política. São Paulo, n. 39, p. 73-103, 1997.

FIGUEIREDO, Argelina Cheibub & LIMONGI, Fernando. Mudança constitucional, desempenho do Legislativo e consolidação institucional. *Revista Brasileira de Ciências Sociais*. Associação Nacional de Pós-Graduação e Pesquisa em Ciências Sociais, n. 29, ano 10, p. 175-200, out. 1995.

_____. O Congresso e as medidas provisórias: Abdicação ou delegação? In: *Novos Estudos*. São Paulo, Cebrap, n. 47, p. 127-54, mar. 1997.

_____. *Executivo e Legislativo na nova ordem constitucional*. Rio de Janeiro, Fundação Getúlio Vargas, 1999.

FIORI, José Luís. *Os moedeiros falsos*. 4. ed. Petrópolis, Rio de Janeiro, Vozes, 1997.

FLEURY, Sônia. *Estado sem cidadãos*: Seguridade Social na América Latina. Rio de Janeiro, Fiocruz, 1994.

FOUCAULT, Michel. *Saber y verdad*. Trad. Julia Varela y Fernando Alvarez-Uriá. Madrid, Las Ediciones de La Piqueta, 1985. (Coleção Genealogia del Poder)

_____. *Microfísica do poder*. 8. ed., Rio de Janeiro, Graal, 1989.

FREUND, Julien. *Sociologia de Max Weber*. 2. ed., Rio de Janeiro, Forense, 1975.

FURTADO, Celso. *O mito do desenvolvimento econômico*. 5. ed., Rio de Janeiro, Paz e Terra, 1981.

_____. *O Brasil pós-milagre*. 8. ed., Rio de Janeiro, Paz e Terra, 1983.

GOHN, Maria da Glória. *História dos movimentos e lutas sociais*: a construção da cidadania dos brasileiros. São Paulo, Loyola, 1995.

_____. *Educação não-formal e Cultura Política*. São Paulo, Cortez, v. 71, 1999. (Coleção Questões de Nossa Época)

GOHN, M. G.; ZALUAR, A. M. et alii. *Sociedade civil e educação*. Campinas/São Paulo, Papirus/Cedes/Ande/Anped, 1992. (Coletâneas CBE — 6ª Conferência Brasileira de Educação)

GOMES, Ana Ligia. A nova regulamentação da filantropia e o marco legal do terceiro setor. In: *Serviço Social e Sociedade*. São Paulo, Cortez, ano XX, n. 61, p. 91-108, nov. 1999.

GOMES, José Maria. *Política e democracia em tempos de globalização*. Petrópolis. Rio de Janeiro, Vozes; Buenos Aires: CLACSO. Rio de Janeiro, LPP — Laboratório de Políticas Públicas, 2000.

GOUGH, Ian et alii. Assistência Social nos países da OECD — Organização para Cooperação e Desenvolvimento Econômico, 1997. Tradução e Organização de Aldaiza Sposati. In: *Assistência Social*: tendências e debates. Caderno de textos. PUC-SP 1999.

GRAHAM, Richard. *Clientelismo e política no Brasil do século XIX*. Rio de Janeiro, Editora UFRJ, 1997.

GRYNSZPAN, Mario. *Ciência, política e trajetórias sociais*: uma sociologia histórica da teoria das elites. Rio de Janeiro, Fundação Getúlio Vargas, 1999.

GUTMANN, Amy. A desarmonia da democracia. In: *Lua Nova* — Revista de Cultura e Política. São Paulo, Cedec, n. 36, p. 5-37, 1995.

HABERMAS, Jurgen. Três modelos normativos de democracia. In: *Lua Nova* — Revista de Cultura e Política. São Paulo, Cedec, n. 36, p. 39-53, 1995.

_____. *Direito e democracia*: entre facticidade e validade. Trad. Flávio Beno Siebeneichler. Rio de Janeiro, Tempo Brasileiro, v. I e II, 1997.

HADDAD, Fernando. O mercado no Fórum (uma teoria econômica da demagogia). In: *Lua Nova* — Revista de Cultura e Política. São Paulo, Cedec, n. 50, p. 97-112, 2000.

HELD, David. *Modelos de democracia*. Belo Horizonte, Paidéia, 1987.

_____. Desigualdade de poder, problema da democracia. In: MILIBAND, David (org.). *Reinventando a esquerda*. Trad. Raul Filker. São Paulo, Unesp, 1997.

HOLANDA, Sérgio Buarque. *Raízes do Brasil*. 26. ed. São Paulo, Companhia das Letras, 1995.

IAMAMOTO, Marilda V. *Renovação e conservadorismo no Serviço Social*. Ensaios Críticos. São Paulo, Cortez, 1992.

IANNI, Otávio. *Teorias da globalização*. Rio de Janeiro, Civilização Brasileira, 1995.

INSTITUTO DE ESTUDOS ESPECIAIS. Diretrizes para elaboração de Planos Municipais de Assistência Social. São Paulo, IEE/PUC, 1998.

JOVCHELOVITCH, Marlova. O processo de descentralização e municipalização no Brasil. In: *Serviço Social e Sociedade*. São Paulo, Cortez, n. 56, ano XIX, p. 34-49, mar. 1998.

KING, Gary, et alii. *Designing Social Inquiry*. Princeton, Princeton University Press, 1994.

KLIKSBERG, Bernardo. *O desafio da exclusão*. Para uma gestão social eficiente. São Paulo, Fundap, 1997.

KRISCHKE, Paulo J. (org.). *Brasil*: do "Milagre" à "Abertura". São Paulo, Cortez, 1982.

_____ (org.). *O Contrato Social ontem e hoje*. São Paulo, Cortez, 1993.

_____. Regime ou cultura nos estudos de democratização. In: *Lua Nova* — Revista de Cultura e Política. São Paulo, Cedec, n. 50, p. 113-31, 2000.

KUGELMAS, Eduardo & SOLA, Lourdes. Recentralização/Descentralização: dinâmica do regime federativo no Brasil dos anos 90. In: *Tempo Social*: Revista de Sociologia da USP, FFLCH — Faculdade de Filosofia, Letras e Ciências Humanas. São Paulo, v. 11, n. 2, p. 63-81, fev. 2000.

KUNTZ, Rolf. Os direitos sociais em xeque. In: *Lua Nova* — Revista de Cultura e Política. São Paulo, Cedec, n. 36, p. 149-58, 1995.

LANDIM, Leilah (org.). *Ações em sociedade*: militância, caridade, assistência etc. Rio de Janeiro, NAU, 1998.

LECHNER, Norbert. Reforma do Estado e Condução Política. In: *Lua Nova* — Revista de Cultura e Política. São Paulo, Cedec, n. 37, p. 36-56, 1994.

LEITE, Dante Moreira. *O caráter nacional brasileiro*: história de uma ideologia. São Paulo, Ática, 1992.

LEITE, Renato Lopes. *Republicanos e libertários*: pensadores radicais do Rio de Janeiro (1822). Rio de Janeiro, Civilização Brasileira, 2000.

MAcPHERSON, C. B. *A teoria política do individualismo possessivo*: de Hobbes a Locke. Trad. Nelson Dantas. Rio de Janeiro, Paz e Terra, 1979.

_____. Necessitamos de uma teoria do Estado? In: *Revista de Cultura e Política*. São Paulo, Cedec/Paz e Terra, n. 2, p. 83-100, 1980.

LUNA, Sérgio Vasconcelos. *Planejamento de Pesquisa*: uma introdução. São Paulo, Educ, 1998.

MACRIDIS, Roy C. *Ideologias políticas contemporâneas*. Brasília, UnB, 1982.

MARCONI, M. de A. & LAKATOS, Eva M. *Técnicas de Pesquisa*. 3. ed. São Paulo, Atlas, 1996.

MARSHALL, T. H. *Cidadania, classe social e status*. Rio de Janeiro, Zahar, 1967.

MARTINELLI, Maria Lúcia (org.). *Pesquisa qualitativa*: um instigante desafio. São Paulo, Veras, 1999. (Série Núcleos de Pesquisa, 1)

MARTINS, Carlos Estevam. *Tecnocracia e capitalismo*: A política dos técnicos no Brasil. São Paulo, Brasiliense, Cebrap, 1974.

_____. *Capitalismo de Estado e modelo político no Brasil*. Rio de Janeiro, Graal, 1977.

_____. *O circuito do poder*. São Paulo, Entrelinhas, 1994.

MARTINS, José de Souza. *O poder do atraso*: Ensaios de sociologia da história lenta. 2. ed. São Paulo, Hucitec, 1999.

_____. *A sociabilidade do homem simples*: Cotidiano e história na modernidade anômala. São Paulo, Hucitec, 2000.

MARZAL, A. (ed.). *Crisis del estado de bienestar y derecho social*. Barcelona, J. M. Bosch Editor, 1999.

MELO, Marcus André. Reformando a reforma: interesses, atores e instituições da Seguridade Social no Brasil. In: *Perspectiva* — Revista da Fundação Seade. São Paulo, v. 10, n. 4, p. 69-77, out./dez. 1996.

MELO, Marcus André. . O jogo das regras. A política da reforma constitucional de 1993/96. In: *Revista Brasileira de Ciências Sociais*. São Paulo, Anpocs, n. 33, ano 12, p. 63-85, fev. 1997.

MELO RICO, E. & RAICHELIS, R. *Gestão social*: uma questão em debate. São Paulo, Educ/IEE, 1999.

MIGUEL, Luís Felipe. Sorteios e representação democrática. In: *Lua Nova* — Revista de Cultura e Política. São Paulo, Cedec, n. 50, p. 69-96, 2000.

MILIBAND, David (org.). *Reinventando a esquerda*. São Paulo, Unesp, 1997.

MISHRA, Ramesh. *O Estado-providência na sociedade capitalista*: Estudo comparativo das políticas públicas na Europa, América do Norte e Austrália. Trad. Ana Barradas. Oeiras, Celta Editora, 1995.

MOISÉS, José Álvaro. Democratização e cultura de massas no Brasil. In: *Lua Nova* — Revista de Cultura e Política. São Paulo, Cedec, n. 26, p. 5-51, 1992.

_____. *Os brasileiros e a democracia*: bases sócio-políticas da legitimidade democrática. São Paulo, Cedec, Ática, 1995.

MONTEIRO, Jorge V. O mecanismo institucional: as regras do jogo ao começo de 2001. *Revista de Administração Pública*. São Paulo, Fundação Getúlio Vargas, v. 35, n. 1, p. 185-93, jan./fev. 2001.

MOTA, Ana Elizabete. *Cultura da crise e Seguridade Social*: um estudo sobre as tendências da previdência e da assistência social brasileira nos anos 80 e 90. São Paulo, Cortez, 1995.

MOTA, Ana Elizabete. Seguridade Social. In: *Serviço Social e Sociedade*. São Paulo, Cortez, n. 50, ano XVII, p. 191-5, abr. 1996.

MOTA, Carlos Guilherme. *Ideologia da cultura brasileira*: 1933-1974. 9. ed. São Paulo, Ática, 1998.

_____ (org.). *Viagem incompleta*: A experiência brasileira (1500-2000): Formação: histórias. São Paulo, Senac, 2000.

NETTO, José Paulo. Transformações societárias e Serviço Social; notas para análise prospectiva da profissão no Brasil. In: *Serviço Social e Sociedade*. São Paulo, Cortez, n. 51, p. 87-132, abr. 1996.

_____. FHC e a política social: um desastre para as massas trabalhadoras. In: LESBAUPIN, Ivo (org.). *O desmonte da nação*: balanço do governo FHC. Petrópolis, Vozes, 1999.

NOGUEIRA, Marco Aurélio. Para uma governabilidade democrática progressiva. In: *Lua Nova* — Revista de Cultura e Política. São Paulo, Cedec, n. 36, p. 105-28, 1995.

_____. A dimensão política da descentralização participativa. In: *Perspectiva*: Políticas Públicas: o Estado e o Social. São Paulo, v. 11, n. 3, jul./set. 1997.

_____. *As possibilidades da política*: idéias para a reforma democrática do Estado. São Paulo, Paz e Terra, 1998.

NOGUEIRA, Marco Aurélio. . Um Estado para a sociedade civil. In: RICO, E. M. & RAICHELIS, R. (orgs.). *Gestão social*: uma questão em debate. São Paulo, Educ, 1999.

_____. *Em defesa da política*. São Paulo, Senac 2001. (Série Livre Pensar, 6)

NOVAES, Adauto (org.). *Ética*. São Paulo, Companhia das Letras/Secretaria Municipal de Cultura, 1992.

NOVOS ESTUDOS: Leituras de Gilberto Freyre. São Paulo, Cebrap, n. 56, mar. 2000.

NÚCLEO DE ESTUDOS DO TRABALHO E ASSISTÊNCIA SOCIAL — NETA/ DSS/UFSC. Por uma Assistência Social com dignidade para os catarinenses. Florianópolis, 1995. Mimeografado.

_____. As coisas não começam com um conto e não acabam com um (ponto). Artigo/Opinião. Florianópolis, Jornal do CRESS/12ª Região, dez. 1999.

O'DONNELL, G. Democracia delegativa? *Novos Estudos*. São Paulo, Cebrap, n. 31, p. 25-40, out. 1991.

_____. Sobre o Estado, a democratização e alguns problemas conceituais. In: *Novos Estudos*. São Paulo, Cebrap, n. 36, p. 123-45, jul. 1993.

_____. Uma outra institucionalização: América Latina e alhures. In: *Lua Nova* — Revista de Cultura e Política. São Paulo, Cedec, n. 37, p. 6-31, 1996.

_____. *Accountability* horizontal e novas poliarquias. In: *Lua Nova* — Revista de Cultura e Política. São Paulo, Cedec, n. 44, p. 27-54, 1998a.

_____. Poliarquias e a (in)efetividade da lei na América Latina. In: *Novos Estudos*. São Paulo, Cebrap, n. 51, p. 37-61, jul. 1998b.

_____. Teoria democrática e política comparada. In: *Dados*. Revista de Ciências Sociais. Rio de Janeiro, v. 42, n. 4, p. 577-654, 1999.

O'DONNELL, G.; MÉNDEZ, J. E. & PINHEIRO, P. S. (orgs.). *Democracia, violência e injustiça*: O não-Estado de Direito na América Latina. São Paulo, Paz e Terra, 2000.

O'DONNELL, G. & REIS, F. W. (orgs.). *A democracia no Brasil*: dilemas e perspectivas. São Paulo, Vértice/Revista dos Tribunais, 1988.

O'DONNELL, G.; Schmitter, P. C. & WHITEHEAD, L. (eds.). *Transições do regime autoritário*: América Latina. São Paulo, Vértice/Revista dos Tribunais, 1988.

OFFE, Claus. *Capitalismo desorganizado*. São Paulo, Brasiliense, 1989.

_____. *Problemas estruturais do Estado capitalista*. Rio de Janeiro, Tempo Brasileiro, 1984.

OLIVEIRA, Francisco. Da dádiva aos direitos: a dialética da cidadania. In: *RBCS* — Revista Brasileira de Ciências Sociais, n. 2, 5, ano 9, jun. 1994.

_____. Vulnerabilidade social e carência de direitos. In: *Cadernos ABONG*: subsídios à Conferência Nacional de Assistência Social. Brasília, n. 1, 1995.

_____. A questão do Estado. In: *Cadernos ABONG*: Subsídios à Conferência Nacional de Assistência Social. Brasília, n. 1, 1995. (Série Especial)

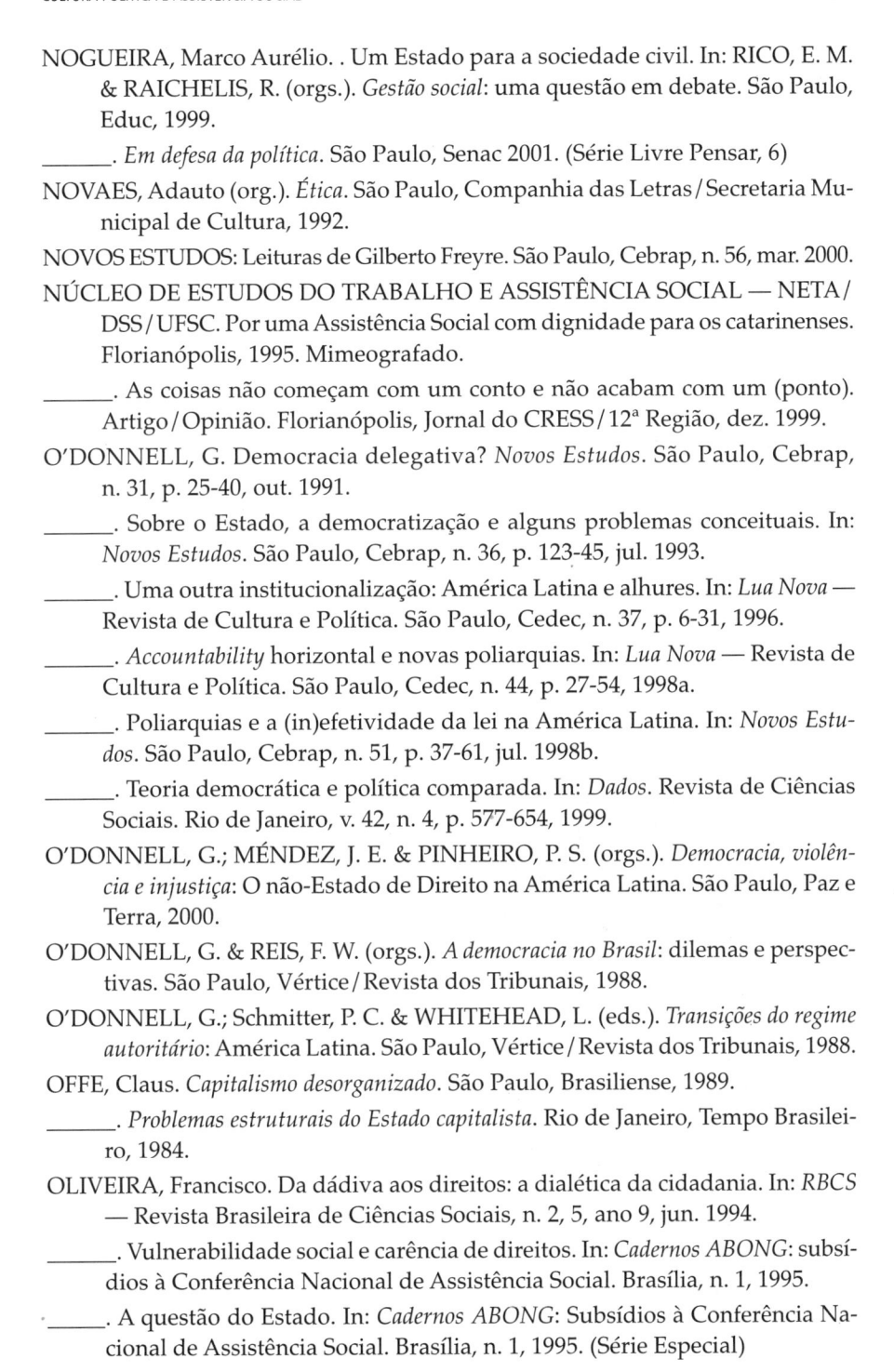

OLIVEIRA, Francisco. . *Os direitos do antivalor*: a economia política da hegemonia imperfeita. Petrópolis, Vozes, 1998.

_____. O lugar da República. *Folha de S. Paulo*, São Paulo, 10 fev. 2001. Jornal de resenhas, p. 3.

OLIVEIRA, Heloisa Maria J. de. Assistência Social: desafios e perspectivas. In: VII Congresso Brasileiro de Assistentes Sociais. Anais..., São Paulo, 1992.

_____. *Assistência Social*: do discurso do Estado à prática do Serviço Social. 2. ed. Florianópolis, Edufsc, 1996.

_____. Controle Social e Assistência Social: o desafio (im)possível. In: *Katálysis*, n. 4. DSS/CSE/UFSC. Florianópolis, Edufsc, p. 37-50, 1999.

OLIVEIRA, H.; TAPAJÓS, L. & PAIVA, B. O movimento pela Assistência Social em Santa Catarina: os desafios da participação e organização. In: VIII Congresso Brasileiro de Assistentes Sociais. Anais..., Salvador, p. 26-8, 1995a.

_____. *Benefício de prestação continuada*: um direito conquistado. Florianópolis, 1995b. Mimeografado.

OLIVEIRA, Heloisa M. J. & TAPAJÓS, Luziele M. S. O processo de descentralização da política de Assistência Social em Santa Catarina: realidade e análise preliminar. In: *A caminho da cidadania*: 5 anos de LOAS. Florianópolis, Editora da OAB-SC, 1999.

PAIVA, Beatriz A. *A Assistência Social como Política Social*: uma contribuição ao estudo da Lei Orgânica de Assistência Social. Dissertação de mestrado (UFRJ). Rio de Janeiro, 1993.

_____ (org.). Os novos conteúdos da Assistência Social como política pública. In: *Relatório síntese*: Oficina de trabalho sobre entidades e organizações de Assistência Social. Brasília, 1997.

_____. "Assistência social e políticas sociais no Brasil: configuração histórica, contradições e perspectivas". In: *Katalysis*, n. 4. DSS/CSE/EFSC. Florianópolis: EDUFSC, p. 11-34, maio 1999.

_____. Reflexões sobre pesquisa e processos de formulação e gestão. O Trabalho do assistente social e as políticas sociais. In: *Capacitação em Serviço Social e Política Social*. Programa de Capacitação continuada para Assistentes Sociais. Módulo 4. CFESS-ABEPSS-CEAD/NED-UnB, p. 79-94, 2000.

PAIVA, B.; Oliveira, M. N. & GOMES, A. L. Medidas de combate à pobreza: a propósito das iniciativas legislativas do senador Antônio Carlos Magalhães. In: *Serviço Social e Sociedade*. São Paulo, Cortez, ano XXI, n. 63, p. 27-44, jul. 2000.

PAOLI, Maria Célia; OLIVEIRA, Francisco de. (orgs.). *Os sentidos da democracia*: políticas do dissenso e hegemonia global. Petrópolis/Brasília, Vozes/Nedic, 1999.

PASSETTI, Edson (coord.). *Violentados*: crianças, adolescentes e justiça. São Paulo, Imaginário, 1995.

_____. Governamentalização do Estado e democracia midiática. In: *Perspectiva* — Revista Fundação Seade. São Paulo, v. 11, n. 3, jul./set. 1997.

PATEMAN, Carole. *Participação e teoria democrática*. Trad. Luiz Paulo Rouanet. Rio de Janeiro, Paz e Terra, 1992.

PEREIRA, Potyara A. *A Assistência Social na perspectiva dos direitos*: crítica aos padrões dominantes de proteção aos pobres no Brasil. Brasília, Thesaurus, 1996.

_____. Construindo a inclusão e universalizando direitos. II Conferência Nacional de Assistência Social. Anais..., MPAS/CNAS. Brasília, 1997.

_____. A política social no contexto da seguridade social brasileira: a particularidade da Assistência Social. In: *Serviço Social e Sociedade*. São Paulo, Cortez, ano XIX, n. 56, mar. 1998, p. 60-76.

_____. *Necessidades humanas*: subsídios à crítica dos mínimos sociais. São Paulo, Cortez, 2000.

PETRUCCI, V. & SCHWARZ, L. (orgs.). *Administração pública gerencial*: a reforma de 1995: ensaios sobre a reforma administrativa brasileira no limiar do século XXI. Brasília, UnB/ENAP, 1999.

POLANYI, Karl. *As grandes transformações*: as origens de nossa época. 3. ed. Rio de Janeiro, Campus, 1980.

POULANTZAS, Nicos. *Poder político e classes sociais*. São Paulo, Martins Fontes, 1977.

_____. *O Estado, o Poder, o Socialismo*. Trad. Rita Lima. Rio de Janeiro, Graal, 1980.

RAICHELIS, Raquel. *Esfera pública e Conselhos de Assistência Social: caminhos da construção democrática*. São Paulo, Cortez, 1998a.

_____. Assistência Social e esfera pública: os conselhos no exercício do controle social. In: *Serviço Social e Sociedade*. São Paulo, Cortez, ano XIX, n. 56, p. 77-96, mar. 1998b.

RATCLIFFE, John M. *Noción de validez, en la metodología de la investigación qualitativa*. Traduzido por Romulo Gallego (et alii) para uso del Seminário de Enfoques Metodológicos del magister de Educação. U. P. N.

REVISTA USP. Dossiê Intérpretes do Brasil — Anos 30, n. 38, jun./jul./ago. 1998.

RICHARDSON, R. J. et alii. *Pesquisa social*: Métodos e técnicas. São Paulo, Atlas, 1985.

RICO, Elizabeth de Melo. O empresariado, a filantropia e a questão social. In: *Serviço Social e Sociedade*. São Paulo, Cortez, ano XIX, n. 58, p. 24-40, nov. 1998.

RODRIGUES, Fernanda. *Assistência Social e Políticas Sociais em Portugal*. Lisboa, Departamento Editorial do ISSScoop/CPIHTS, 1999.

RUSCHEINSKY, Aloísio. *Metamorfoses da cidadania*: Sujeitos sociais, cultura política e institucionalidade. São Leopoldo, Ed. Unisinos, 1999.

SADER, E. & GENTILI, P. (orgs.). *Pós-neoliberalismo*: as políticas sociais e o Estado democrático. 3. ed., São Paulo, Paz e Terra, 1996.

_____. *Pós-neoliberalismo II*: que Estado para que democracia? Petrópolis, Vozes, 1999.

SAINT-PIERRE, Héctor L. *Max Weber: entre a paixão e a razão*. 2. ed. Campinas. Editora da Unicamp, 1994. (Coleção Repertórios)

SALES, Teresa. Caminhos da cidadania. In: *RBCS — Revista Brasileira de Ciências Sociais*. São Paulo, n. 25, ano 9, jun. 1994.

SALLUM JR., Brasílio. O Brasil sob Cardoso: neoliberalismo e desenvolvimentismo. In: *Tempo Social*: Revista de Sociologia da USP. São Paulo, Faculdade de Filosofia, Letras e Ciências Humanas, v. 11, n. 2, p. 23-47, 2000.

SAMPAIO JÚNIOR, Plínio de Arruda. *Entre a nação e a barbárie*: os dilemas do capitalismo dependente. Petrópolis, Vozes, 1999.

SANDOVAL, S.; LHULLIER, L. e CAMINO, L. (orgs.). *Estudos sobre comportamento político*: Teoria e pesquisa. Florianópolis, Obra Jurídica, Abrapso/Regional Sul, Letras Contemporâneas, 1997.

SANTOS, Boaventura de Sousa. A reinvenção solidária e participativa do Estado. In: *Seminário Internacional Sociedade e Reforma do Estado*. São Paulo, Mare, 1998.

SANTOS, Sílvio Coelho dos. O panorama sociodemográfico no início do século. In: CORRÊA, Carlos Humberto et alii (org.). *A realidade catarinense no século XX*. Florianópolis: Instituto Histórico e Geográfico de Santa Catarina, 2000.

SANTOS, Wanderley Guilherme dos. *Ordem burguesa e liberalismo político*. São Paulo, Duas Cidades, 1978.

_____. *Cidadania e justiça*. Rio de Janeiro, Campus, 1979.

_____. *Razões da desordem*. 3. ed. Rio de Janeiro, Rocco, 1993.

_____. *Décadas de espanto e uma apologia democrática*. Rio de Janeiro, Rocco, 1998a.

_____. Poliarquia em 3D. In: *Dados — Revista de Ciências Sociais*. Rio de Janeiro, v. 41, n. 2, p. 207-281, 1998b.

_____. Do diário de Sísifo: obstáculos econômicos à democracia sustentável. In: *Novos Estudos*. São Paulo, Cebrap, n. 50, p. 61-89, mar. 1998c.

SCHWARZ, Roberto. *Ao vencedor as batatas*. 2. ed. São Paulo, Duas Cidades, 1991.

SCHWARTZMAN, Simon. *Bases do autoritarismo brasileiro*. 3. ed. Rio de Janeiro, Campus, 1988.

SCHERER-WARREN, Ilse. *Redes de movimentos sociais*. São Paulo, Loyola, 1993.

_____. ONGs na América Latina: trajetória e perfil. In: *Meio ambiente, desenvolvimento e cidadania*: vários autores. São Paulo/Florianópolis, Cortez/Edufsc, p. 161-180, 1995.

SCHERER-WARREN, Ilse. Metodologia de redes no estudo das ações coletivas e movimentos sociais. *Cadernos de Pesquisa*/PPGSP (Programa de Pós-Graduação em Sociologia Política) — UFSC, n. 5, 1995.

SCHONS, Selma M. Assistência Social na perspectiva do neoliberalismo. In: *Serviço Social e Sociedade*. São Paulo, Cortez, ano XVI, n. 49, nov. 1995, p. 5-19.

_____. Assistência Social entre a ordem e a "des-ordem": mistificação dos direitos sociais e da cidadania. São Paulo, Cortez, 1999.

SCHUMPETER, Joseph A. *Capitalismo, socialismo e democracia*. Trad. Sérgio Góes de Paula. Rio de Janeiro, Zahar, 1984.

SEIBEL, Erni J. *Cultura Política e gestão pública: os limites político-administrativos para a efetivação de políticas públicas*. Florianópolis, 1997. Mimeografado.

SEIBEL, E. J. & Rover, O. J. *O dilema da participação política na concepção das diferentes instituições proponentes de uma política de agricultura familiar*. Florianópolis, 1998. Mimeografado.

_____. Gestão participativa e agricultura familiar. In: *Revista de Ciências Humanas*. UFSC/CFH. Edição especial temática: Organizações e Políticas Públicas. Florianópolis, Edufsc, p. 83-106, 1999.

SELLTIZ, C. et alii. *Métodos de Pesquisa nas relações sociais*. São Paulo, EPU/Edusp, 1974.

SEMINÁRIO MUNICIPALIZAÇÃO DAS POLÍTICAS PÚBLICAS. *Anais...* (Alexandre C. de A. Santos e Romany C. Garcia) (orgs.). Convênio Ibam/Ipea/Enap. Rio de Janeiro, IBAM, 1993.

II SEMINÁRIO NACIONAL DE ASSISTÊNCIA SOCIAL. Filantropia: marco legal, e a universalização dos direitos. Brasília, Câmara dos Deputados, Coord. de Publicações, 2000.

SILVA, Ademir Alves. Política de Assistência Social: o *locus* institucional e a questão do financiamento. *Serviço Social e Sociedade*. São Paulo, Cortez, ano XVI, n. 48, p. 69-83, ago. 1995.

SILVA, M. Ozanira S. (coord.). *O Serviço Social e o Popular*: Resgate teórico — metodológico do projeto profissional de ruptura. São Paulo, Cortez, 1995.

SINGER, André. *Esquerda e direita no eleitorado brasileiro*: A identificação ideológica nas disputas presidenciais de 1989 e 1994. São Paulo, Edusp, 2000.

SIMIONATTO, Ivete. *Gramsci*: sua teoria, incidência no Brasil, influência no Serviço Social. Florianópolis, Edufsc, São Paulo, Cortez, 1995.

_____. Globaritarismo e sociedade civil. In: *Plural*. Florianópolis. Apufsc/SSIND, ano 7, n. 10, p. 28-35, ago./dez. 1998.

SOLA, Lourdes & PAULANI, Leda M. (orgs.). *Lições da década de 80*. São Paulo/Genebra, Edusp/UNRISD, 1995.

SOLA, Lourdes & KUGELMAS, Eduardo. Recentralização/Descentralização: dinâmica do regime federativo: USP, Faculdade de Filosofia, Letras e Ciências Humanas, p. 63-81, 2000.

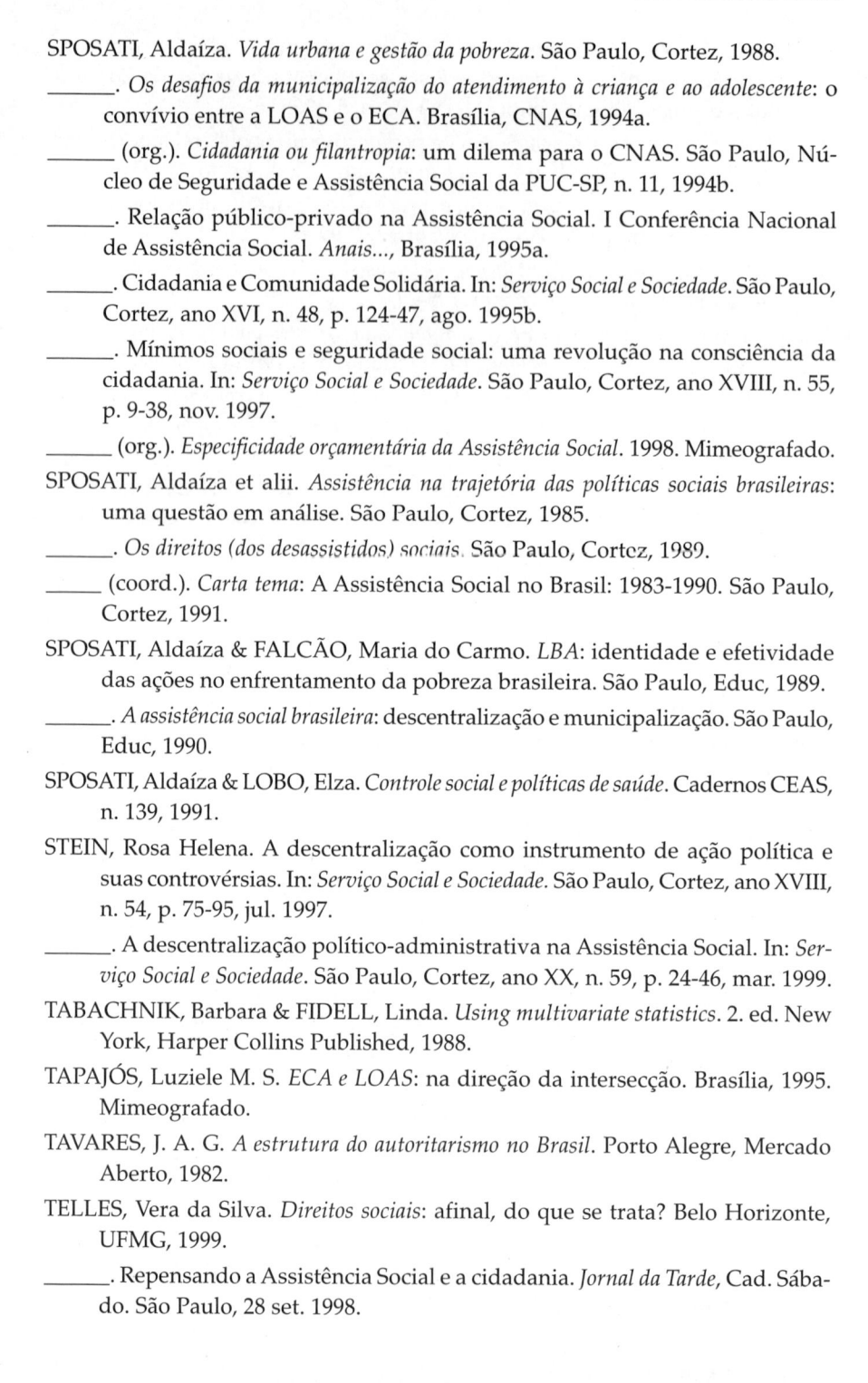

SPOSATI, Aldaíza. *Vida urbana e gestão da pobreza*. São Paulo, Cortez, 1988.

_____. *Os desafios da municipalização do atendimento à criança e ao adolescente*: o convívio entre a LOAS e o ECA. Brasília, CNAS, 1994a.

_____ (org.). *Cidadania ou filantropia*: um dilema para o CNAS. São Paulo, Núcleo de Seguridade e Assistência Social da PUC-SP, n. 11, 1994b.

_____. Relação público-privado na Assistência Social. I Conferência Nacional de Assistência Social. *Anais...*, Brasília, 1995a.

_____. Cidadania e Comunidade Solidária. In: *Serviço Social e Sociedade*. São Paulo, Cortez, ano XVI, n. 48, p. 124-47, ago. 1995b.

_____. Mínimos sociais e seguridade social: uma revolução na consciência da cidadania. In: *Serviço Social e Sociedade*. São Paulo, Cortez, ano XVIII, n. 55, p. 9-38, nov. 1997.

_____ (org.). *Especificidade orçamentária da Assistência Social*. 1998. Mimeografado.

SPOSATI, Aldaíza et alii. *Assistência na trajetória das políticas sociais brasileiras*: uma questão em análise. São Paulo, Cortez, 1985.

_____. *Os direitos (dos desassistidos) sociais*. São Paulo, Cortez, 1989.

_____ (coord.). *Carta tema*: A Assistência Social no Brasil: 1983-1990. São Paulo, Cortez, 1991.

SPOSATI, Aldaíza & FALCÃO, Maria do Carmo. *LBA*: identidade e efetividade das ações no enfrentamento da pobreza brasileira. São Paulo, Educ, 1989.

_____. *A assistência social brasileira*: descentralização e municipalização. São Paulo, Educ, 1990.

SPOSATI, Aldaíza & LOBO, Elza. *Controle social e políticas de saúde*. Cadernos CEAS, n. 139, 1991.

STEIN, Rosa Helena. A descentralização como instrumento de ação política e suas controvérsias. In: *Serviço Social e Sociedade*. São Paulo, Cortez, ano XVIII, n. 54, p. 75-95, jul. 1997.

_____. A descentralização político-administrativa na Assistência Social. In: *Serviço Social e Sociedade*. São Paulo, Cortez, ano XX, n. 59, p. 24-46, mar. 1999.

TABACHNIK, Barbara & FIDELL, Linda. *Using multivariate statistics*. 2. ed. New York, Harper Collins Published, 1988.

TAPAJÓS, Luziele M. S. *ECA e LOAS*: na direção da intersecção. Brasília, 1995. Mimeografado.

TAVARES, J. A. G. *A estrutura do autoritarismo no Brasil*. Porto Alegre, Mercado Aberto, 1982.

TELLES, Vera da Silva. *Direitos sociais*: afinal, do que se trata? Belo Horizonte, UFMG, 1999.

_____. Repensando a Assistência Social e a cidadania. *Jornal da Tarde*, Cad. Sábado. São Paulo, 28 set. 1998.

TEMPO SOCIAL. In: *Revista de Sociologia da USP*. Departamento de Sociologia, Faculdade de Filosofia, Letras e Ciências Humanas, Universidade de São Paulo, v. 11, n. 2, out. 1999 (ed. em fev./2000). São Paulo, USP, Faculdade de Filosofia, Letras e Ciências Humanas, 1999.

VÁRIOS AUTORES. Cidadania ou Filantropia: um dilema para o CNAS. *Cadernos do Núcleo de Seguridade e Assistência Social* — PUC-SP. São Paulo, n. 1, 1994.

_____. Assistência Social: polêmicas e perspectivas. *Cadernos do Núcleo de Seguridade e Assistência Social* — PUC-SP. São Paulo, n. 2, 1995.

_____. Mínimos de cidadania: ações afirmativas de enfrentamento à exclusão social. *Cadernos do Núcleo de Seguridade e Assistência Social* — PUC-SP. São Paulo, n. 4, 1996.

_____. Política de A.S. e reordenamento institucional. *Cadernos do Núcleo de Seguridade e Assistência Social* — PUC-SP. São Paulo, n. 6, 1997.

_____. Política de A. S. e direitos sociais. *Cadernos do Núcleo de Seguridade e Assistência Social* — PUC-SP. São Paulo, n. 7, 1997.

VÉRAS, Maura P. B. (ed.). *Por uma sociologia da exclusão*: o debate com Serge Paugam. São Paulo, Educ, 1999.

VIANA, Ana Luiza. Abordagens metodológicas em políticas públicas. In: *RAP — Revista de Administração Pública*. Rio de Janeiro, v. 30, n. 2, p. 5-43, mar./abr. 1996.

VIANNA, Maria Lúcia Teixeira Werneck. A emergente temática da Política Social na bibliografia brasileira. In: *BIB*. Rio de Janeiro, n. 28, p. 3-41, 2º sem. 1989.

_____. *A americanização (perversa) da seguridade social no Brasil*: estratégias de bem-estar e políticas públicas. Rio de Janeiro, Revan/UCAM/Iuperj, 1998.

_____. As armas secretas que abateram a seguridade social. In: LESBAUPIN, Ivo (org.). *O desmonte da nação*: Balanço do governo FHC. Petrópolis, Vozes, 1999.

VIEIRA, Evaldo. *Estado e miséria social no Brasil*: De Getúlio a Geisel. São Paulo, Cortez, 1983.

_____. *Democracia e política social*. São Paulo, Cortez, v. 49, 1992. (Coleção Polêmicas do Nosso Tempo)

VIOLA, Eduardo & MAINWARING, Scott. Novos movimentos sociais: Cultura política e democracia: Brasil e Argentina. In: *Uma revolução no cotidiano? Os novos movimentos sociais na América do Sul*. São Paulo, Brasiliense, 1987.

VITA, Álvaro de. O lugar dos direitos na moralidade política. In: *Lua Nova — Revista de Cultura e Política*. São Paulo, Cedec, n. 30, p. 5-34, 1993.

_____. Democracia e justiça. In: *Lua Nova — Revista de Cultura e Política*. São Paulo, Cedec, n. 50, p. 5-23, 2000a.

VITA, Álvaro de. *A justiça igualitária e seus críticos*. São Paulo, Unesp, 2000b.

YAZBEK, M. Carmelita. *Classes subalternas e Assistência Social*. São Paulo, Cortez, 1993.

_____. A política social brasileira nos anos 90: a refilantropização da questão social. In: *Cadernos ABONG/CNAS*. São Paulo, ABONG, out. 1995.

_____. Globalização, precarização das relações de trabalho e seguridade social. In: *Serviço Social e Sociedade*. São Paulo, Cortez, ano XIX, n. 56, p. 50-59, mar. 1998.

WANDERLEY, Luiz Eduardo. Os sujeitos sociais em questão. In: *Serviço Social e Sociedade*. São Paulo, Cortez, ano XIII, n. 40, p. 141-56, dez. 1992.

_____. Rumos da ordem pública no Brasil: A construção do público. In: *Perspectiva*: Revista da Fundação Seade. São Paulo, v. 10, n. 4, dez. 1996, p. 96-106.

WANDERLEY, M. B.; BÓGUS, L. & YAZBEK, Maria C. (orgs.). *Desigualdade e a questão social*. São Paulo, Educ, 1997.

WEBER, Max. *Ciência e Política*: duas vocações. Trad. Leonidas Hegenberg e Octany da S. Dias. São Paulo, Cultrix, 1968.

_____. *Economia y Sociedad*. México, Fondo de Cultura Económica, 1996.